라틴아메리카의
이해

글로벌지역학총서 25

라틴아메리카의 이해

노용석 · 최명호 · 구경모 지음

이 저서는 2018년 정부(교육부)의 재원으로 한국연구재단 대학인문역량강화사업(CORE)의 지원을 받아 수행된 저서임

머리말

홍겨운 삼바춤과 매혹적인 술 데킬라, 그리고 다양한 맛의 커피로 우리에게 잘 알려진 라틴아메리카 대륙. 하지만 아직까지 한국과 라틴아메리카 대륙은 밀접하게 연관되어 있다고 하기에는 많은 장애물이 가로 놓인 것이 사실이다. 우선 한반도와 라틴아메리카 대륙은 상당히 먼 거리에 위치해 있다. 아직까지 라틴아메리카 국가를 여행하기 위해서는 약 20시간이 넘게 비행기를 타야하고, 몇 개의 나라를 거쳐야만 목적지에 도착할 수 있다. 또한 이러한 지리적 위치뿐만 아니라 감성적으로도 라틴아메리카는 다른 대륙보다 훨씬 멀리 위치해 있는 것이 사실이다. 대부분의 한국인들은 유럽과 미국 등의 역사에 대해서는 많은 시간을 할애하여 공부한 경험이 있지만, 라틴아메리카 혹은 아프리카와 같은 소위 '제3세계'의 역사에 대해 교육을 받은 적은 거의 없다.

하지만 세계는 급속도로 가까워지고 있으며, 그러한 속도에 비례하여 라틴아메리카는 보다 가까운 장소에서 한국과 마주하고 있다. 라티노들은 이제 더 이상 먼곳에 위치한 이방인이 아니라 우리가 알고 이해해야 할 동반자로 성장해 가고 있는 것이다. 이러한 시기에 라틴아메리카를 소개하기 위한 입문서의 제작은 실로 중대한 일이며, 어떠한 연구자라 할지라도 제작을 심각하게 고려할 것이다.

이 책은 라틴아메리카를 전공하고 있는 세 명의 연구자가 각자 자기 연구분야에서 특화된 부분을 라틴아메리카의 역사문화와 연결시키고 있다. 연구자 최명호는 메소아메리카와 남미지역에서 발달하였던 고대문명을 중심으로 라틴아메리카의 문화에 대해 설명하고 있고, 연구자 구경모는 스페인 식민시기부터 라틴아메리카 독립에 이르기까지의 과정을 역사문화적으로 서술하고 있다. 마지막으로 연구자 노용석은 자신의 주요 연구주제인 과거사청산과 연관된 라틴아메리카의 정치역사를 소개하고 있다.

이 책은 외형적으로 라틴아메리카의 고대로부터 중세, 현대에 이르기까지 편년체의 방식으로 쓰여진 것처럼 보이나, 실제로는 세 명의 연구자가 각기 자기의 독특한 연구분야를 라틴아메리카와 연결하여 설명하고 있다. 이러한 이유로 인해, 이 책에는 라틴아메리카의 역사문화를 논할 때 필수적으로 들어가야 하는 일부 요소가 빠진 것들이 있다. 예를 들어 라틴아메리카 현대사에서 가장 중요한 부분이라 할 수 있는 '정치혁명'은 이번 책에서 상당부분 소개하지 못한 것이 사실이다. 이 것은 각 저자들의 전공 영역을 중심으로 서술하다보니 발생한 문제로서, 누락된 항목들에 대해서는 차후에 다시 정리하여 추가 보완판을 낼 것을 계획하고 있다.

아무쪼록 본 책이 라틴아메리카를 알고자 하는 많은 이들에게 좋은 입문서가 되었으면 하는 바램을 가지고 있으며, 책이 출판되는데 많은 도움을 주신 부경대학교 코어사업단의 여러 관계자분들게 감사의 말을 전한다.

2019년 1월
저자 대표 노용석

목 차

제3장 구대륙과 신대륙의 만남

제4장 라틴아메리카 식민 통치와 문화

제5장 라틴아메리카 독립과 근대국민국가 형성

제6장 라틴아메리카와 과거사청산

제 1 장

라틴아메리카 대륙의 개요

1.1 라틴아메리카 문명의 특성

역사에 대해 우리는 얼마나 정확히 알고 있을까?

역사에 대한 정보들은 무엇보다 사료를 기본으로 한다. 다시 말해 기록이 있어야 한다는 것이다. 하지만 종이와 인쇄술의 발전이 유럽에서 혁명처럼 일어났고 이것이 르네상스를 이끌었던 것을 기억하면 객관적으로 믿을 수 있는 유럽의 사료라는 것은 당연히 한계가 있으며 서양에서 만들어진 사료들은 르네상스 시대를 전후로 많은 차이를 보인다는 것을 인정하지 않을 수 없다. 더 나아가 그 사료가 만들어질 당시에도 과거의 이야기라면 대부분의 경우 들은 풍월 혹은 당시 사람들의 정치/경제적 가치를 반영한 것으로 완벽하게 신용하기 어려운 점이 있다. 다시 말해 동양의 사마천의 사기나 반고의 한서 모두 100% 객관적 사실만을 서술하였다고 보기는 어려운 것이다. 사실 저자가 존재한다는 것은 한 가지 이상의 관점을 갖는다는 것을 의미하기에 어쩌면 객관적 사실을 기대한다는 것 자체가 순진한 생각일 수 있다. 게다가 종이 이전에 사용된 죽간이나 파피루스, 양피지 등은 부패, 변질되기 쉬우며 특히 고온 다습한 지역이나 4계절이 있으며 여름철 장마철이 있는 우리나라 같은 경우에는 더욱 그 가능성이 높다. 또한 대규모 전쟁은 인명을 비롯하여 비단 역사적 사료만이 아니라 모든 고고학적 유물을 파괴하는 가장 반인류적인 행위이다. 폭력으로 모든 것이 사라져버리기 때문이다. 하늘에 닿을 듯 장대했던 바벨탑이 폐허가 된 것 같이, 치매로 모든 기억을 잃어버린 노인같이, 희미한 흔적 말고는 아무 것도 남지 않기 때문이다.

　교과서를 기준으로 보면 청동기 시대가 시작하는 BC 3500년경부터 BC2000년경 사이에 고대 문명, 일명 4대강 문명이 시작했다고 한다. 황하, 인더스, 나일, 티그리스-유프라테스(메소포타미아) 문명이 바로 그것이다. 그런데 현재 역사적 사료에 대한 연구 결과를 뛰어넘는 고고학적 발굴이 계속 되고 있다. 고고학적 발굴을 통해 발견된 유물들은 그 무엇보다 객관적이며 어떤 시점, 관점도 갖고 있지 않다. 물론 전해주는 정보 또한 한계가 있는 것도 사실이다. 하지만 그 고고학적 발굴을 통해 중국은 황하문명을 뛰어넘는 BC 5000-6000년경에 존재했던 것으로 보이는 장강문명의 존재를 알게 되었다. 4대강 문명 중 가장 앞선다는 메소포타미아 문명을 앞서는 것이었다. 하지만 고고학적 발굴은 거기서 멈추지 않았다. 요하문명의 발굴은 아시아의 역사를, 아니 세계역사를 다시 쓰게 한 사건이었다. BC 6000년 이상, BC6500년에서 BC7000년 사이, 혹은 그 이상의 아시아만이 아니라 세계적으로 가장 오래된 문명이 발굴되었던 것이다.[1] 말 그대

---

1) 물론 이것은 마치 챔피언 타이틀처럼 앞으로 바뀔 가능성이 높다. 중국, 이란, 이집트 그리고 라틴아메리카에서도 고고학적 발굴이 계속 이루어지고 있으며 공식적으로 공인되지는 않았지만 비공식적

로 반만년 역사의 문명이 요하지역에 있었던 것이다.

물론 우리는 요하문명이 고조선의 유적인지 아니면 고조선이전의 신시 때의 유적인지 아니면 사료에 언급되지 않았던 다른 문명인지 알 수 없다. 우리가 유적을 통해 알 수 있는 정보는 한계가 있기 때문이다. 물론 잘 알지 못하는 것은 요하문명이나 고조선 등의 고대사만이 아니다. 사실 신라가 어떻게 성립한 국가인지 건국신화에서 언급되는 하늘은 과연 어디를 의미하는지 고구려의 사회는 어떠했는지 부여는 어떤 국가였는지 고구려와의 관계는 어떤 것이었는지 그리고 발해가 패망한 진정한 이유[2]와 발해 패망이후 만주 동북부를, 심지어 상경성마저도 그대로 방치한 이유가 무엇인지 우리는 잘 알지 못한다. 우리가 알고 있는 것은 분명히 한계가 있다. 타임머신을 타고 당시로 이동해서 직접 자신의 눈으로 모든 역사적 사실을 확인하기 전까지 우리는 완벽한 사실을 안다고 말하기 어려운 것이 사실이다.

또한 스페인의 알레한드로 아메나바르*Alejandro Amenabar* 감독이 연출한 영화 ≪아고라*Agora*≫에서 당시 세계 최고의 도서관을 기독교인들이 파괴하는 장면이 나온다. 역사적 사실의 신빙성 여부를 떠나서 이교도의 책들이 기독교를 국교로 택한 로마에서 오랜 기간 보관될 수 있다는 것은 기대하기 어려운 것이다. 영화에서도 나타나지만 수많은 장서 중에서 일부만을 지켜내었으며 그것이 아랍제국으로 이어지고 아랍어로 번역된 것은 다시 라틴어로 번역하면서 고대의 진리가 중세로 이어지게 된다. 하지만 많은 부분이 소실되었다는 것

인 루트로 요하문명보다 더 오래된 문명이 발굴되었다는 소문 혹은 루머가 계속 들린다.

2) 일부에서는 백두산의 화산폭발을 발해 패망의 직접적인 원인으로 지적하기도 한다.

을 부정할 수 없다. 다시 말해 알렉산드리아 전성기 때의 로마, 로마의 학문을 우리는 알 길이 없다. 수많은 전설과 신화와 문학과 예술 그리고 과학과 인문과학 등이 인간의 무지로 사라지게 된 것이다.

구당서(舊唐書)에 의하면 백제의 수도 사비성이 함락했을 때, 그리고 고구려의 수도 평양성이 함락한 후 당나라의 사령관이었던 이세적(李世勣)이 모든 장서를 불태웠다고 한다. 특히 고구려의 수도 평양성의 경우 장안의 황궁보다 더 크고 화려했으며 정리되어 있는 장서의 수나 그 종류도 장안의 것을 능가하여 성도 파괴하고 장서들도 남김없이 태웠다고 한다. 고조선 혹은 그 이전부터 고구려와 백제로 이어진 우리의 문화가 재로 변해버린 순간이었다. 이후 발해가 비교할 수 없을 정도의 문화적 대국이 되었으나 거란에게 패망한 후 발해에서 출간된 사료들은 찾아보기 어려운 것이 사실이다. 동북아의 역사와 문화가 인간의 폭력성에 의해 사라져버린 것이다.

우리나라와는 비교도 할 수 없을 정도로 어려운 환경도 있다. 바로 라틴 아메리카가 그것이다. 아주 모순적인 상황이다. 사료는 거의 없으며 오직 유물만이 남아있을 뿐인데 남아있는 유물이라는 것도 집터, 성터가 아니라 거대한 피라미드이니 불균형이 말이 아니다.

인류의 역사에서 가장 큰 변화가 기원전 만 년경 빙하기가 끝나며 간빙기로 들어서면서 시작된다. 남극과 북극만이 아니라 대륙의 남과 북에서 엄청난 크기로 존재하던 빙하들이 녹기 시작한다. 대홍수의 시대가 온 것이다. 빙하가 녹으면서 내륙에 카스피 해, 흑해, 지중해 등을 만들고 대서양으로 빠져나간다. 지도의 모양만 봐도 대서양은 유럽의 빙하가 녹아서 흘러나간 곳이란 것을 어렵지 않게 짐작할 수 있다.[3] 전 세계가 요동쳤다. 녹아버린 빙하의 물이 바다로 흘러들어가 잠잠해지기까지 상당한 시간이 걸렸을 것이다. 그리고 올라간 기온 덕에 예전에는 살 생각조차 못했던 북쪽으로 이동할 수 있었을 것이다. 여기에 비례하듯 해수면은 상승했다. 바다가 넓어진 것이다. 예전에 살던 따뜻한 곳은 더운 지역이 되었고 어떤 지역은 바다에 수몰되었다. 사라져버린 것이다. 그리고 우리가 유물로, 유적으로 그리고 사료로 만날 수 있는 인간의 역사가 시작된다.

사실 전 세계에 광범위하게 퍼진 대홍수 전설의 실체는 아마도 녹아버린 빙하일 것이다. 당시 인류는 고산지대를 찾아 이동했을 것이다. 당연히 지구 멸망이 멀지않았다고 생각했을 것이고 묵시(默示)적 세계관이 지배적이었을 것이다. 또한 자연스럽게 제사장 계급이 발달하게 되었을 것이다.

사실 이런 자연재해가 일어날 때 인간의 종교적 측면, 자신의 무능함을 깨닫고 초월적 존재에 대한 믿음이 커져가는 것은 그리 특이한 일이 아니다. 이런 상황에서 수천 년이 지나고 대홍수가 전설처럼 여겨질 때 최초의 문명들이 성립되기 시작한 것이다.

빙하기가 끝나고 간빙기로 접어들었다는 것은 인간에게 많은 변화를 야기했을 것이다. 하지만 그보다 확실한 것은 빙하기 때는 분명히 좀 더 따뜻한 지역, 다시 말해 적도와 가까운 부분에 인류가 머물렀을 것이며 그 지역들은 현재 수장되었을 가능성이 높다. 다시 말해 사라진 도시, 사라진 문명 도시들은 전설이 아니라 실존했었을 가능성이 높다는 것이다.

---

3) 유라시아 대륙을 기준으로 보면 녹아버린 빙하는 상대적으로 서쪽으로 흘러나간 것 같다. 물론 우리나라에서도 산 정상에서 조개 화석 등이 발견되는 것을 보면 대홍수는 전 지구적 재앙이었을 것이다.

다시 말하면 신석기 시대의 진정한 중심지는 수장되었거나 홍수로 인해 소실되었으며 그 세계는 우리가 생각하는 것보다 더 발달한 문명이었을 가능성이 있는 것이다. 그 가능성을 바로 라틴 아메리카의 문명에서 찾을 수 있을 지도 모른다. 고도로 발달한 신석기 문명으로 15-16세기까지 존재했던 라틴 아메리카의 문명에서 말이다.

1.2 라틴아메리카 명칭의 기원

"인간문명/문화는 인위(人爲)적인 것이다."

보통 우리가 사는 이 세계를 오대양(五大洋) 육대주(六大洲)라고 한다. 다섯 개의 대양에는 태평양, 대서양, 인도양 그리고 남극해와 북극해가 속하고 육대주에는 아시아, 유럽, 아프리카, 북아메리카, 남아메리카 그리고 호주가 속한다. 이 구분 자체가 얼마나 인위적인 것인지는 조금만 생각해보면 알 수 있다. 우선 아시아, 유럽, 아프리카는 하나의 대륙이다. 아프로·유라시아(Afro-Eurasia)라고도 부르는데 이 지역이야 말로 구세계(El viejo mundo)라고 할 수 있다. 또한 파나마 운하가 존재하긴 해도 아메리카는 하나의 대륙이며 호주를 섬으로 볼 것인지 아니면 대륙으로 볼 것인지 논쟁의 여지가 있으나 아메리카와 호주가 신세계(El nuevo mundo)가 될 것이다. 그리고 누구나 아는 사실이지만 바닷물은 전 세계 어디서나 짜다. 다시 말하면 어떠한 구분도 없이 하나로 존재한다. 같은 맥락으로 전 지구적 관점으로 봤을 때 혹은 지구에 모든 수분이 제거되었다고 가정하고 보면 대륙도 하나이다. 결론적으로 그 어떠한 구분이나 개념

또한 인위적이며 만들어진 것이면서 동시에 의도에 따라 조작된 것이다. 우리가 인지할 수 있는 사실에 가장 가까운 것은 바다는 하나이며 대륙은 아프로-유라시아와 아메리카 그리고 호주, 이렇게 세 개의 대륙이 존재한다는 것이다. 구분의 기준이 인위적이며 조작된 것임을, 다시 말해 만들어진 것이며 조작된 것이고 결국 절대적 진리가 아님을 밝힐 때 위계로 존재하던 구분은 그 권위를 잃어버리게 된다. 또 다른 예로, 지구가 자전하고 있다는 것은 상식이다. 회전하고 있는 물체에 고정된 동쪽과 서쪽이 있다고 할 수 없다. 결국 동양과 서양이란 구분 또한 인위적인 것이다.

콜롬부스가 서인도제도에 도착했을 때 그곳은 인도였고 이후 신세계가 되었고 1507년, 독일의 지도학자인 마르틴 발트제뮐러가 세계 지도를 만들었을 때, 그는 ᄉ을 이탈리아의 탐험가이자 지도학자인 아메리고 베스푸치의 이름을 따 "아메리카"라고 명명하였다. 이후 신세계라는 명칭과 더불어 그 안의 각 부왕청virreinato으로 존재했다. 누에바 에스파냐, 페루, 누에바 그라나다, 리오 델라 플라타 부왕청으로 나누어졌고 그 안에 몇 개의 총독부가 존재했다. 이후 독립의 시기를 겪으면서 이전에는 존재하지 않았던 국가가 탄생했다. 국가가 탄생했다는 것은 영토와 국민 그리고 주권이 성립했다는 의미일 것이다. 모든 주권은 국민에게서 나오고 영토는 국민들의 삶의 터전이므로 결과적으로 국민이 탄생했다는 의미가 된다. 아르헨티나 사람, 칠레 사람, 페루 사람, 콜롬비아 사람, 멕시코 사람들이 탄생했다는 말이다. 그런데 그 이전에도 그 지역에 사람들이 살고 있었고 새로운 영토를 발견하고 대량으로 이주한 것도 아니었다. 어쩌면 그저 하나의 이름이 더 생긴 것이라 볼 수도 있다. 소쉬르 등으로 대표되는 언어학의 기본적인 이론을 도입하지 않더라도 어느 날 갑자기 생긴 이름에 어떤 본질적인 성격이 있을 리 없다. 하지만 그 명칭이 계속 사용되면 될수록 그 사용 시간에 비례하듯 의미가 만들어져갈 것이다. 아마도 라틴아메리카라는 명칭도 그리 다르지 않을 것이다. 언제 라틴아메리카가 탄생했는지 그 탄생에 식민지적 상황이 반영된 것인지 유럽의 창조물인지 단언하기 어렵다. 라틴아메리카를 대륙의 명칭으로 볼 수도 있지만 대륙의 명칭은 앞에서 밝힌 것과 같이 그 대륙은 아메리카이고 라틴이건 앵글로 색슨이건 그것은 인종적 혹은 문화적 구분이 될 것이다. 또한 유럽의 창조물이라고 할 때 '유럽'이라는 명칭에도 모호함이 있다. 행위의 주체자이지만 그 자체로 모호한 표현이다. 일반적으로 말할 때 50개국 이상이 존재하고 있고 민족/종족은 관점에 따라 더 다양하게 존재하고 있다. 과연 이 모든 유럽의 국가와 민족이 제국주의적 주체였다고 단언하기 어렵다.

언어를 기준으로 보면 스페인계 아메리카라는 명칭이 더 정확하며 브라질을 포괄하는 이베로아메리카라는 용어도 있으나 라틴아메리카에는 수많은 원주민 종족들이 있고 그들의 언어도 존재하고 있음을 부정하기 어렵다. 또한 네덜란드어를 사용하는 수리남, 프랑스어를 사용하는 프랑스령 기아나, 영어를 사용하는 벨리스와 가이아나가 분명히 라틴아메리카에 존재하고 있다.

"라틴아메리카가 라틴아메리카로 되기까지"

옥타비오 파스는 세르히오 마라스Sergio Marras와의 대담「복수와 단수의 아메리카América en plural y en singular」에서 19세기에는 스페인계 아메리카América española라는 표현이 더 빈번하게 쓰였으며 라틴아메리카 문학 근대화의 기수 루벤 다리오 또한 자신의 시 「Onda a Roosevelt」에서 'América española'와 'América católica'라는 표현을 사용하고 있음을 밝힌다. 또한 20세기부터 사용되기 시작한 America Latina는 프랑스에서 유래한 용어이며 색슨계 아메리카 América sajona처럼 정확하지 않고 애매한 표현이 바로 América Latina라고 밝히고 있다. 미국 혹은 캐나다를 색슨의 나라 혹은 앵글로 색슨의 나라라고 명명하기에는 다양한 민족과 문화가 섞여있으며 '라틴'이라는 명칭 또한 애매하다는 것이다. 옥타비오 파스는 대담에서 색슨이라는 명칭은 제한적이며 라틴이라는 명칭은 너무 모호하다고 밝히면서 언어적 특성에 기반을 둔 용어로 'Hispano'라는 명칭이 더 확실한 의미를 담고 있다고 설명하고 있다. 이 대담이 이루어질 때까지 어떤 용어가 확실한 기반을 갖춘 것은 아니었던 것으로 보이고 역설적으로 '라틴'이라는 명칭의 모호함이 다양성과 연결되며 라틴아메리카의 다양성을 담아낼 수 있는 용어가 된 것인지도 모를 일이다.

최초로 'América Latina'라는 표현을 쓴 사람은 칠레 출신의 작가이자 사상가인 프란시스코 빌바오Francisco Bilbao이다. 미국인 윌리엄 워커(William Walker)에 의해 1856년 니카라과가 침공 당하자, 이에 분개하여 빌바오는 1856년 6월 24일 파리의 한 모임에서 「Iniciativa de la América」란 제목의 짧은 에세이를 발표하는데 여기에서 비단'América latina'라는 용어만이 아니라 'latinoamericano'란 형용사도 사용하였다(Alvaro Garcia, 2013, 143). 하지만 1862년 프랑스가 멕시코를 침공하고 나폴레옹 3세가 주도하는 프랑스 중심의 제국주의에 '라틴', '라티나' 등의 용어가 사용됨으로 인해 최초의 사용자임에도 불구하고 그 사용에 부정적 입장을 표명했다(Bilbao, 2008, 8) 미국은 1800년대 초부터 1898년 미서전쟁까지 다양한 지역에서 다양한 전쟁을 일으키고 있었고 여기에 위기의식을 느낀 라틴아메리카의 지식인들은 앵글로 색슨계가 아닌 아메리카를 하나로 묶을 용어가 필요했고 그래서 고안된 것이 바로 '라틴'이라는 용어였던 것이다. 이 용어를 처음 발표한 곳이 프랑스 파리였다는 것 또한 역사의 아이러니라고 할 수 있다. 또한 미국의 독립과 프랑스 혁명, 에펠탑과 자유의 여신상으로 상징되던 두 국가가 제국주의로 돌아섰다는 점, 그리고 동시에 '라틴'이라는 용어가 사용되고 그 안에 다양한 정치적 메시지를 담게 된 계기가 되었다는 것도 주목할 만한 부분일 것이다. 하지만 'América latina'라는 용어를 프란시스코 빌바오만의 창작으로 보기는 어렵다. 같은 해 9월 26일에 콜롬비아 출신의 시인 호세 마리아 토레스 까이세도José María Torres Caicedo은 베네치아에서 『Las dos Américas』라는 시를 발표했는데 출판은 이듬해 1857년 2월 15일 El Correo de Ultramar라는 신문에 발표되었다. 1858년에 에드문드 오골맨Edmundo o'Gorman은 아메리카는 발견된 것이 아니라 유럽에 의해 만들어진 것이라 주장했고(Edmundo o'Gorman, 2008, 8) 1968년 존 펠란John Phelan은 두 개의 아메리카, 라틴아메리카와 앵글로 아메리카로 구분하였는데 이것 또한 1860년 유럽, 정확히는 프랑스에 의해 만들어진 것이라 결론 내렸다(John Phelan,1968, 279-298). 결론적으로 '라틴'이란 용어 자체가 의도적으로 만들어진 것으로 그 용어를 사용하면 할수록 그 의도를 충실히 수행하는 것이란 생각을 할 수 있다. 같은 맥락으로 '라틴'이란 용어 자체에 식민지적 의미가 담겨있다고 주장할 수도 있다. 하지만 이것은 그저 한 용어의 연대기적 의미의 흐름을 본 것이다. 단적으로 프랑스의 제국주의가 현재까지 존재하고 있고 '라틴'이란 용어가 현재도 그 의도를 충실히 수행하고 있다면 문제가 되겠지만 그것이 아니라면 그리 큰 문제가 될 리가 없다. 또한 역설적으로 나폴레옹의 스페인 침공은 라틴아메리카 독립의 열풍과 연결되어 있고 식민지 모국이 사라진 그 짧은 시기가 라틴아메리카 사람들의 정체성을 생각하는 시기가 되었다는 것도 시사하는 바가 적지 않다. 멕시코의 경우 씬꼬 데 마이요(Cinco de mayo)라고 불리는 1862년 5월 5일 프랑스와의 전쟁에서 승리함으로 인해 멕시코의 국가적 정체성이 공고해졌음은 부정하기 어렵다. 그러므로 용어로서 '라틴' 혹은 'América Latina'에 대한 식민성을 언급하는 것은 그리 큰 의미가 없다고 할 것이다.[4] 어쩌면 식민지 모국(母國)으로서 스페인에서 강조하는 스페인성Hispanidad과 라틴성Latinidad 그리고 미국이 주장했던, 그리고 시몬 볼리바르로 대표되는 두 개의 서로 다른 범아메리카주의Panamericanismo가 경쟁 중이었는데 역설적으로 가장 먼저 도태된 라틴성이 그 원래의 의미를 잃어 오히려 현재 그 의미가 모호하면서도 가장 많은 사용 빈도수를 보이고 있다고 할 수 있다.

하지만 더 큰 의미를 갖는 것은 현재 무엇이 라틴아메리카를, 더 정확하게는 라틴아메리카라는 용어의 의미를 구성하고 있는가 하는

---

4) 1992년 스페인 살라망카에서 열린 신대륙 발견 500주년을 기념하는 스페인어문학자들의 학술대회에서 Latinomérica, latinoamericano란 표현은 그 의미가 애매라고 모호하므로 사용을 지양하고 스페인어권 혹은 스페인어를 모국어로 하는 아메리카를 지칭하기 위해 Hispanoamérica, hispanoamericano라는 용어를 사용할 것을 권고하고 브라질을 포괄하는 개념으로 Iberoamérica, iberoamericano라는 용어를 사용할 것을 권고하였고 이것은 스페인 왕립 학술원(Real Academia Español)에 의해 정식 권고사항으로 인준 받았다. 하지만 이것이 전 세계적으로 라틴아메리카라는 용어가 널리 사용되는 것을 막지는 못했다. 이 또한 언어의 자생적 특성을 보여주는 예시가 될 것이다.
Cfr. Paul Estrade(1994), Observaciones a don Manuel Alvar y demás académicos sobre el uso legítimo del concepto "América Latina", revista Rábida #13

것이다. 이 관점에서 본다면 라틴아메리카의 정체성은 그것이 약간 막연하다고 해도 변증법적 구조를 따를 것이다. 식민시대와 그것을 부정하는 것 그리고 그 둘 사이에서 나타난 합, 스페인적이면서도 스페인적이지 않고 유럽적이면서도 유럽적이지 않은 라틴아메리카라는 단계에 올라가면 라틴아메리카적 정체성이 갖추어졌다고도 할 수 있을 것이나 너무 거시적이며 19세기부터는 이 문화적 정체성외에도 근대성 혹은 현대성이라는 것이 정치, 경제, 문화 등의 분야에서 달성되어야 했고 불행히도 산업화를 선취한 서유럽의 일부 국가들이 이 부분에서 주도권을 쥐고 있었던 것도 부정할 수 없는 사실이다.

사실, 히스패닉, 라티노라는 용어가 가장 논쟁적으로 사용된 곳은 바로 미국이다. 라틴아메리카라는 대륙을 명명하기 보다는 그 지역 출신 혹은 그 지역 출신의 후손이라는 의미로 사용되고 있는 히스패닉/라틴노라는 용어는 그 자체로 차별적 요소를 담고 있다고 할 수 있다. 이것의 기반은 백인중심주의인데, 그 좋은 예가 케냐 출신의 흑인 아버지와 미국 백인 어머니 사이에서 태어난 물라토인 버락 오바마 미국 대통령을 흑인으로 인식하는 것이라 할 것이다. 히스패닉이Hispanic란 용어가 미국에서 공식적으로 사용된 것은 1970년 백악관 관리 예산처(The Office of Management and Budget, 약칭 OMB)에서 시행한 조사였다. 멕시코, 푸에르토리코, 쿠바 및 중앙-남아메리카 출신 혹은 스페인계 사람을 인종에 상관없이 구분하는 명칭으로 사용되었는데 1997년부터 히스패닉의 구분이 히스패닉 혹은 라티노Hispanic or Latino라 변경되었다. 미국 인구조사국(United States Census Bureau)에서 실시한 인구조사에 의하면 인종적으로 메스티소로 구분될 수 있는 멕시코계와 히스패닉을 백인으로 구분했고 1970년 조사에서는 출신지역과 모국어 혹은 유아기 가정에서 사용한 언어 등으로 세분했다. 2000년 조사부터 히스패닉/라티노라는 범주를 인종적 범주와 함께 사용하기 시작했는데 이것은 인종적 구분이 아닌 문화적 구분이다. 물론 넓게 히스패닉/라티노를 하나의 인종으로 볼 수 있으나 이 히스패닉/라티노 안에서도 구체적으로 피부색을 중심으로 인종적 구분이 있으므로 기준이 다른 하나의 구분으로 보는 것이 옳을 것이다. 인종에 상관없이 미국의 히스패닉/라티노의 수는 2000년에 35,305,818명으로 미국 인구의 약 12.5%에 해당한다. 2010년 조사에서는 50,477,594명으로 우리나라 인구와 비슷하며 미국 전체 인구의 약 16%에 해당한다. 이것은 히스패닉/라티노의 개념이 인종적인 것이 아니라 문화적인 것이며 인종을 뛰어넘는 혹은 다양하면서도 열린 개념이라는 것을 반증하는 것이다. 또한 이것은 카를로스 푸엔테스가 그렸던 포괄적 라틴계 세계의 이미지 혹은 '라틴'이란 용어에서 느낄 수 있는 모호하지만 포괄적 세계의 이미지가 구체적으로 드러난 것이라 할 수 있다. 그러므로 라틴아메리카의 '라틴'의 의미는 미국에서 구체화되고 있다고 볼 수 있고 더 나아가 히스패닉/라티노 출산율(평균 2.3명)을 고려하면 상황은 조금 더 역동적인 미래를 맞이할 수 있다. 현재 미국 내 히스패닉/라티노들은 이주 혹은 이민에 의한 증가보다 미국 내 출산으로 인한 인구증가가 약 3배 이상 높다. 다시 말해 불법 이민을 포함한 이주가 아닌 미국 내 자생적 증가율이 높다는 것으로 이것은 앞으로 미국의 정치경제에서 히스패닉/라티노가 어떤 역할을 할지가 가장 중요한 문제가 될 수 있다는 것을 의미한다.

"우리 혹은 우리들의 라틴아메리카 혹은 중남미(中南美)"

현재까지 역사적 사실과 이론과 주장 등은 모두 일리가 있다. 하지만 이것은 라틴아메리카 내부 혹은 스스로 라틴아메리카 사람 혹은 다른 국적을 갖고 있지만 종족적 정체성을 갖고 있는 경우와 타자적 입장이지만 탈식민주의 학자이면서 외국인인 사람들에게는 중요한 이야기일 수도 있다. 모든 사실과 주장이 중요하다는 것을 인정한다는 것이 우리가 그것을 그대로 받아들여야 한다는 것을 의미하지 않는다. 예를 들어 코리아와 대한민국 혹은 한국의 차이만큼이나 명칭과 대상의 거리가 있을 수 있다. 라틴아메리카 대륙을 의미하는 우리나라의 공식 용어는 중남미이다. 외교부 홈페이지에 의하면 중남미 혹은 라틴아메리카의 의미는 다음과 같다.

> 중남미(Latin America)는 미주대륙의 북미지역인 미국과 캐나다를 제외한 중미, 카리브 및 남미지역의 총칭으로, 위도 상 북위 32도, 남위 54도에 위치한다. (…) 33개 독립국(중미 8개국, 카리브 13개국, 남미 12개국)과 남아메리카 북동부 및 카리브해의 영국, 미국, 프랑스, 네덜란드령 식민지로 이뤄져 있다.
> '라틴아메리카'라는 명칭은 북미의 '앵글로색슨 아메리카'에 대응되는 개념으로, 라틴 문화권이라는 공통의 문화적, 역사적 배경에서 연유하는 동질성을 강조하는 표현으로 사용되기 시작했다. 그러나 중남미 지역에는 영어 및 네덜란드어를 사용하는 카리브 국가도 포함되어 있기 때문에 UN 등 국제기구에서는 공식적으로 라틴아메리카와 카리브국가(Latin America and the Caribbean Countries)라는 명칭을 사용한다. (…) 아메린디오(Amerindio), 메스티소(Mestizo), 크리오요(Criollo), 아프로-아메리칸(Afro-american) 등 다양한 인종으로 구성되어 있다.[5]

---

5) 외교부 홈페이지
 (http://www.mofa.go.kr/countries/southamerica/local/index.jsp?menu=m_40_40_10) (2010.10.10)

앵글로 아메리카 혹은 앵글로 색슨 아메리카의 개념은 미국의 인종의 용광로라는 이름으로 불리기 시작하는 순간부터 사라진 것으로 20세기 초의 인종차별 정책이 끝나고 대규모 이민이 시작되면서 앵글로 색슨이라 불릴 수 있는 아메리카는 사라졌다고 할 수 있다. 그저 북미의 2개 국가, 미국과 캐나다가 존재한다고 할 수 있다. 앞에서도 논의되었지만 지리적으로는 멕시코는 북미에 속하고 과테말라부터 파나마까지가 중미지역이며 그 아래로는 남아메리카라고 할 수 있다. 다시 말하면 라틴아메리카는 북-중-남 아메리카에 걸쳐있는 문화적 블록이나 '라틴아메리카·카리브국가공동체(CELAC)'가 출범하고 나서 돌아보면 1951년 설립된 '미주기구(OAS·35개 회원국)에서 미국과 캐나다를 제외한 것과 같다는 것이다. 어쩌면 배타적 문화블록이 바로 라틴아메리카·카리브 국가공동체이며 이 개념이 다시 라틴아메리카라는 용어의 성질을 재구성할 수 있다고 생각할 수도 있다.

하지만 지금 초점은 라틴아메리카의 상황이 아니라 바로 우리나라의 상황이다. 어떤 용어가 혹은 어떤 명칭이 그 언어권에서 식민지적 의미의 맥락이 있거나 제국주의적 맥락이 있거나 탈식민적 맥락이 있거나 하는 것은 우리 언어와는 그리 상관없는 일이다. 그저 그쪽의 용어들이 이런 맥락과 배경을 갖고 있다는 것, 이런 저런 역사적 사건이 개입되어 있다는 것을 그저 상식의 수준에서 이해하는 것으로 충분할 것이다.

동북아에 아메리카라는 명칭을 알린 것은 바로 미국이었다. 청나라 시대 중국인들이 '아메리칸'을 중국어 발음에 가깝게 적은 음역인 '미리견美利堅'에서 왔다. 이 말의 기원은 미국이라는 뜻인 'American'

이다. 당시 청나라 시대 중국인들은 이것을 '메리칸'으로 들었고, 가까운 중국어 발음인 '메이리지안(美利堅)'이라고 하였다. 이를 줄여 '메이궈'(美國)로도 표기하였고, 당시 조선인들이 이를 한국어식 한 자음으로 읽어 '美利堅(미리견)', 미리견들의 국가 '미국(美國)'으로 읽고 표기하였다. 일본에서는 '亞米利加'(아메리카)로 표기하였으며, 이를 줄여서 '베이코쿠(米国)'로 표기하기도 하였다. 이후 지리적인 개념이 도입되면서 중남미(中南美)라는 명칭이 라틴아메리카 대륙을 의미하는 용어로 사용되었다. 이후 남미라는 명칭이 라틴아메리카를 의미하기도 하고 라틴아메리카가 그대로 사용되기도 하였다. 영미권에서 공부한 학자들이나 영미권의 영향이 강한 경우에는 라틴아메리카라는 용어가 더 빈번하게 사용되었지만 앞에서 언급한 것과 같이 현재 외교 공식용어는 중남미이다. 또한 1995년부터 라틴아메리카와 중남미는 서로 비슷한 말로서 표준어로 사전에 등재되었다. 현재 두 용어는 외교부의 홈페이지에서처럼 큰 위상의 차이 없이 혼용되어 사용되고 있다. 결국 두 용어의 위계 차이는 없다고 봐도 무방할 것이다.

우리가 한국인이라 부르면서 외국으로 나가면 코리안 혹은 꼬레아노라고 불리며 중국인의 경우는 중국인리 차이니스 혹은 치노이며 일본인의 경우는 재패니스 혹은 하쁘네스로 불리는 것처럼 라틴아메리카와 중남미가 동시에 사용되는 것은 어쩌면 당연한 일이라고 할 수도 있을 것이다. 그런데 동북아에서 일본은 이미 라틴아메리카를 음역한 'ラテンアメリカ'이라는 표현을 쓰고 있고 중국 또한 라틴아메리카를 의미하는 '拉丁美洲 [LādīngMěizhōu]'라는 표현을 쓰고 있다. 앞에서 언급한 것과 같이 '중남미'라는 용어는 그 원

래의 의미에서 북미지역에 위치한 멕시코를 소외시킨다는 것을 부정하기 어렵다. 전 세계적으로 라틴아메리카라는 용어가 지칭하는 대상이 멕시코와 중앙아메리카 그리고 남아메리카라는 것에는 그리 이견이 없을 것이다. 그렇다면 우리도 '중남미'라는 용어보다는 '라틴아메리카'라는 용어를 사용하는 것이 더 좋다고 할 수 있을 것이다. 또한 국가연합(UN)에 라틴아메리카 카리브 경제위원회(ECLAC 또는 UNECLAC 스페인어로 CEPAL)가 등장한 이후 지역과 언어를 넘어서 하나의 정치-경제-문화적 블록으로 점점 강화될 가능성은 높다. 하지만 '라틴아메리카 카리브'라는 용어는 그 정확한 의미에도 불구하고 발음해야 하는 길이의 문제와 불편함의 문제를 고려하는 것만이 아니라 '라틴'이라는 의미에 카리브의 도서지역이 포함될 수 있다는 가능성을 고려하면 앞으로 '라틴아메리카'라는 용어가 더 많이 사용되고 점진적으로 '중남미'라는 용어를 대체하는 것이 더 좋지 않을까 생각한다. 물론 여기에는 이견이 있을 수 있다. 그럼에도 불구하고 라틴아메리카 내부의 상황과 다른 언어권의 상황을 고려하면 라틴아메리카를 표현하기 위해 라틴아메리카라는 용어만큼 어울리는 용어는 없을 것이다.

'신세계Nuevo mundo' 이후 특히 냉전시대 라틴아메리카와 아시아, 아프리카의 신생독립국을 의미하던 용어는 제3세계였다. 하지만 제1세계의 상징이라고 할 수 있는 경제협력개발기구O.E.C.D.에 멕시코와 칠레가 회원국이며 콜롬비아는 가입 초청국이다. 또한 비슷한 의미이나 약간 다른 G20(Group of 20)에는 멕시코, 아르헨티나, 브라질이 회원국이다. 라틴아메리카의 전체 국가는 아니라고 해도 일부는 이제 제3세계라는 용어로 규정하기 어려운 것이 사실이다. 또한 1493년부터 1800년까지 전 세계 은의 85%, 금의 75%가 아메리카 대륙에서 채굴된 것이며 은의 대부분은 라틴아메리카에서 채굴된 것이다.(Andre Gunder Frank, 1998,141-142) 라틴아메리카의 은은 결국 가격혁명과 상업혁명으로 이어지며 최종적으로 산업혁명이 시작하게 된 원동력이었다. 또한 동시에 근대 자본주의를 성립케한 원동력이기도 했다. 이 역시 논쟁적인 부분이지만 라틴아메리카의 존재 자체가 어쩌면 근대라는 변화를 이끈 원동력이었다고 할 수 있다. 이 관점에서 보면 라틴아메리카는 주변부가 아니라 중심부 중에서 중심부라고 할 수도 있는 것이다.

주변부이지만 주변부이지만은 않고 서구적이지만 서구적이지만은 않고 스페인 적이나 스페인 적이지만은 않고 원주민 적이나 원주민 적이지만은 않은 모호한 문화블록을 명명하는 데에 '라틴'이라는 용어만큼 적합한 용어는 없을 것이다. 동시에 라틴아메리카를 표현하기 위해 라틴아메리카라는 용어만큼 어울리는 용어를 찾기는 쉽지 않을 것으로 보인다.

앞에서 언급한 것과 같이 두 용어 사이 어떠한 위계가 없고 동시에 우리말 사전에 표준어로 등재되어 있는 상황에서 어느 한 용어만을 사용해야 한다고 주장하는 것은 억지이며 어떤 면으로는 폭력일 수도 있다. 하지만 미국 내에서 성장하고 있는 히스패닉/라티노의 숫자와 그래미 라티노(Grammy latino 혹은 Latin grammy), 엠티브 라티노(MTV Latino) 등으로 대표되면서 팝문화 시장에서 인정받고 있는 라틴대중문화의 힘을 고려하면 약간 다른 관점으로 용어의 문제를 바라 볼 수 있다. 여기서 'Latino, Latin'은 Latinoamericano, Latin america의 축약형으로 볼 수 있는데 영어권만이 아니라 우리나라에서도 라틴뮤직, 라틴음악이라는 용어는 라틴아메리카 음악을 의미하므로 멀지 않은 미래에 라틴이라는 용어가 라틴아메리카의 축약형으로 사용될 가능성이 높아도 할 것이다.

스페인의 작가 라몬 마리아(Ramón María del Valle-Inclán)은 문학과 예술의 미적 원칙, 예술을 통해 영속케 되는 것은 눈앞에 놓인 사물, 그 자체가 아니라 우리의 기억 속에 머무는 바로 그것이라는 것을 표현하기 위해 "Nada es como es, sino como se recuerda"라고 표현했다. 이와 비슷한 맥락으로 가르시아 마르케스는 자신의 자서전을 이렇게 시작한다.

> La vida no es la que uno vivió, sino la que uno recuerda y cómo la recuerda para contarla.(Gabriel García Márquez, 2014,1)
> 삶은 한 사람이 살았던 것 자체가 아니라. 현재 그 사람이 기억하고 있는 것이며, 또한 그 삶을 이야기하기 위해 어떻게 기억하는가이다.

삶 자체와 기억하고 있는 것 사이의 거리와 이야기 혹은 구술되면서 재구성된 삶과 기억하고 있는 자신의 삶은 분명히 거리가 있다. 라몬 마리아가 실체와 예술적으로 재구성된 것 사이의 거리를 표현했다면 실체와 기억과 그리고 예술적 혹은 문학적으로 재구성된 삶, 이렇게 3단계를 보여준다. 이것은 문화적 정체성과도 연관시켜 볼 수 있다. 문화적 정체성 또한 인간이 주체가 되는 현상이므로 무엇보다 주체인 인간이 필요하다. 이 주체가 어느 단위 이상으로 문화를 공유하는 공동체이므로 공동의 기억, 다시 말하면 그들을 하나로 묶어줄 수 있는 역사가 존재해야 한다. 그리고 이 역사를 스스로 말하게 할, 교육 혹은 통치 전략이 필요할 것이다. 이것은 또한 인구조사와도 흡사하다. 인구조사에서 질문을 하는 존재가 있기는 하지만 그 대답에 어떠한 제약도 없으며 그 대답을 하는 주체가 모든 것을 결정하는 것이다. 결국 히스패닉 혹은 라티노라고 스스로 말하는 사람이 있고 그것을 말하는 순간, 바로 그 사람의 정체성이 결정되고 견고화되는 것이다. '중남미'라는 표현은 기본적으로 중미와 남미의 합성어로 그 의미 지리적으로 확실하며 그렇기에 의미의 유동성이 그리 크지 않다고 할 것이다. 하지만 '라틴', '라틴아메리카'는 지리적인 표현이라기보다는 문화적인 표현으로 두쎌의 말처럼 문화적 블록을 의미한다고 하면, 이 블록은 유동적인 것으로 그 문화의 역량에 따라 그 크기는 변화할 것이다. 앞으로 미국의 히스패닉/라티노 커뮤니티는 계속 성장할 것으로 보이고, 이들을 포괄하고 더 나아가 식민지 모국이었던 스페인마저 포괄할 수 있는 문화적 개념이 '라틴', '라틴아메리카'라고 한다면 우리가 라틴아메리카를 사용해야 하는 이유는 분명해진다. 문화적으로 더 성장하는 라틴아메리카를 보기 위함이다. 또한 동시에 지리적/지정학적 의미의 한계를 벗어나 인류학적/문화적/사회적/역사적인 연구테마, 문화정체성을 기반으로 한 새로운 연구테마, 연구 대상이 되는 것이다. 미국 안에서만이 아니라 미국과 현재 중남미 국가들의 상황, 미국 외의 라틴계 이주민들의 문화, 유럽과 아시아에서의 라틴문화 등등 수많은 연구주제들이 연결된다. 특히 정치학 혹은 통치에 개념에서 '어떻게 기억하게 할 것이냐', '어떻게 말하게 할 것이냐'를 정책적으로 모색하는 연구도 가능하다. 그러므로 '라틴아메리카'라는 용어를 쓰는 것이 더 용이하다 할 것이다.

제 2 장

라틴아메리카
원주민 문명

2.1 라틴아메리카 원주민의 기원 및 정착

(1) 알려진 이야기

많이 알려진 라틴아메리카 원주민의 유래는 대체로 미국 인류학자들이 주장하는 것으로, 바이칼 호에서 발원한 몽고족 혹은 아시아계 유목민족이 당시에 연결되어 있던 베링해협을 따라 아시아에서 아메리카 대륙으로 이동했다는 것이다. BC 13000-8000년 사이 이주가 이루어졌으며 당시에는 마치 대륙 간 다리처럼 이주가 어렵지 않았을 것이란 주장이다. 가장 많이 알려진 이론으로 어떤 곳에서는 사실처럼 언급하기도 하지만 이것도 그저 하나의 가설일 뿐이다. 물론 완전히 가짜라거나 허무맹랑한 이론이라고 보기는 어렵다. 다만 이 가설은 빙하기가 끝나고 대홍수의 시대 혹은 대홍수 이후에 왜 인간이 대륙의 끝, 동북쪽으로 이동했냐는 것에 대한 특별한 답이 없다. 대홍수 시대를 겪으며 고산지대를 중심으로 문명이 발달했을 것이다. 대홍수 같은 재앙에 가까운 대형 자연재해에 대한 공포는 적어도 천년 이상을 갔을 테니 말이다. 그런데 낮은 지대 그것도 바다와 가까운 지역을 통해 이주한다는 것은 상당히 신빙성이 떨어지는 일이다. 물론 지구는 구형이라 평면으로 표시된 지도에서는 베링해협과 아시아와 아메리카 대륙의 거리는 실재 거리보다 길게 표시된다. 우리의 예상보다는 가까운 것이 사실이다. 하지만 이 이론은 왜 북아메리카지역이 아니라 멕시코를 포함한 중앙아메리카 지역[6]과 남아메리카 지역에서 문명이 발달하고 꽃을 피웠는지, 미국과 캐나다에서는 문명이 발달하지 않은 이유를 설명하지 못하고 또한 이들이 북아메리카지역에서 중앙아메리카와 남아메리카로 이동한 이유 또한 확실하게 규명하지 못한다. 아시아에서 북아메리카에서 남아메리카까지 이동 루트로만 보면 세계 최장이지만 이 이주의 원인과 이유를 확실히 밝히지 못하는 것이 베링해협을 통한 이주설이다. 게다가 요즘 고고학적 발굴에 의하면 메소아메리카 지역(멕시코와 중미지역)보다 남미지역에서 먼저 인류가 거주하였다고 한다. 이것이 옳다면 당연히 베링해협 이동 설은 사실이 아닌 것이다.

또한 동남아시아의 말레이 군도, 뉴질랜드 등의 폴리네시안 인들이 카누와 같은 쪽배를 타고 태평양을 건너 태평양 해류를 타고 중미지역으로 입성했다는 이론이 있다. 이 이론은 중미지역과 남미지역을 중심으로 문명이 발달한 이유를 설명하며 인종적으로 봐도 폴리네시안 인과 라틴 아메리카의 원주민은 특별히 구분하기 어려운 것이 사실이다. 하지만 마찬가지로 이주의 이유를 찾기 어렵다는 것, 그리고 가장 먼 루트인 적도 지방을 따라 이동했다는 것, 여러가지

---

6) 보통 메소아메리카와 부른다.

위험요소로 인해 지속적인 이주가 어렵다는 점 등이 한계로 지적된다. 다만, 간빙기가 아니라 빙하기에 이주하기 시작했다고 한다면 이야기는 달라진다. 해수면은 낮았고 날씨는 추웠고 사람들은 더 따뜻한 곳을 찾기 마련이었으니 말이다. 또한 태평양 중앙에 하와이만이 아닌 일련의 섬들이 존재했었다면 이주는 우리의 예상보다 훨씬 더 쉬웠을 것이다.

극소수이기는 하지만 아프리카와 이집트의 일부 부족이 대서양을 건너 아메리카 대륙으로 이동했다는 설이 있다. 이것은 초기 예술의 미적 감각을 비롯하여 건축 스타일의 유사함 등을 고려하면 문화적으로 제일 가까운 쪽이라 할 수 있다. 하지만 역시 바다를 건너는 것은 쉽지 않은 일이며 대규모의 이주가 쉽지 않은 것이 사실이다. 하지만 대홍수의 여파라고 본다면 상당히 일리가 있다. 빙하는 러시아에서 유럽 쪽으로 이동한 것으로 보이고 남서방향, 다시 말해 지중해 쪽으로 빠져나간 것으로 보인다. 대규모 홍수의 영향으로 새로운 세계를 찾아 떠나는 일이 있었을 것이라고 어렵지 않게 짐작할 수 있다. 하지만 해수면이 높아진 상황에서 과연 대규모의 이주가 연속적으로 가능했을 것인가에 대한 의문은 해결되지 않는다.

(2) 잘 알려지지 않은 이야기

물론 완벽하게 새로운 이야기는 아니며 앞에서 언급된 사실들을 조합한 것으로 다른 책들, 라틴 아메리카의 문명을 다룬 책에서는 찾아보기 어려운 내용들이다.

우리가 초등학교를 다닐 때 탐구생활에 이런 숙제가 있었다. 세계

지도를 오려서 서로 붙이고 대륙이 서로 하나였고 대륙이 이동하여 현재의 모습이 되었다는 이야기를 들어본 기억이 다들 어렴풋이 날 것이다. 대륙이동설은 판구조론으로 이어지며 현재도 계속 발전하고 있다.

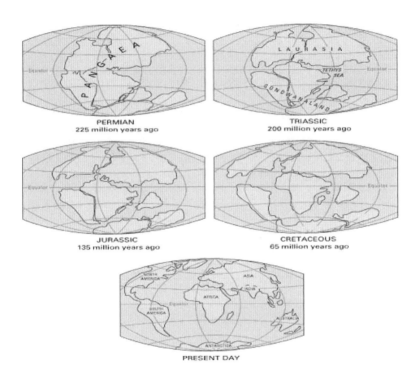

북아메리카는 유럽에 그리고 남아메리카는 아프리카에 붙어있었으며 대양 중에서는 대서양이 가장 젊은 바다라는 것을 알 수 있다. 특히, 아프리카 대륙의 서쪽부분과 남아메리카의 동쪽부분은 서로 정확하게 겹쳐진다.

또한 두 대륙이 서로 하나였다는 것을 증명하는 화석도 이미 발굴되었다. 물론 인간의 역사와 비교할 수 없는 세월의 차이가 있기는 하지만 적어도 두 대륙이 현재보다 가까웠다는 것은 부정하기 어려운 사실이다. 게다가 위성의 발달로 인해 대서양의 바다 아래에 상당한 높이의 산맥이 존재한다는 것도 밝혀졌다.

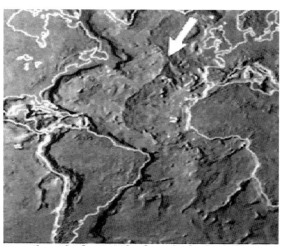

The mid-Atlantic Ridge (arrow), clearly visible

다시 말하면 빙하기 해수면이 낮았을 당시 두 대륙이 서로 연결되어 있지 않았다고 해도 적어도 그 사이, 대서양 중앙에 거대한 섬의 형태로 대륙이 존재했을 가능성이 있으며 현재 카리브 해의 모습과 비슷하게 일련의 섬들로 연결되어있었을 가능성도 있다. 이런 것으로 보면 전설속의 아틀란티스7)나 뮤 대륙8)이 단지 전설만이 아니었을 가능성도 상당히 높다고 할 수 있다.

이 가설은 중미지역을 중심으로 메소아메리카의 문명이 발달한 이유를 설명해주며 또한 고산지대에서 아메리카의 문명이 발달한 이유도 설명해준다. 간빙기 초기 고산지대를 제외한 거의 모든 지역이 물에 잠겼거나 늪지대와 같았을 것이며 홍수의 피해를 예방하기 위해 높은 지역으로 자연스럽게 이동했을 것이라 어렵지 않게 짐작할 수 있기 때문이다. 물론 이것 또한 하나의 가설로 모든 것을 설명하지는 못한다.

또 다른 가설은 다른 이론을 기본으로 한다. 바로 DNA 분석이다. 미토콘드리아에서 분석한 결과에 의하면 아프리카에서 최초의 인류가 기원했으며 아프리카를 중심으로 동서로 인류가 이동했다는 것이다.

---

7) 아틀란티스(그리스어: Ἀτλαντίς, "아틀라스의 딸")는 플라톤의 저작 티마이오스와 크리티아스에 언급된 전설상의 섬이자 국가이다. 플라톤에 따르면 아틀란티스는 "헤라클레스의 기둥 앞에" 위치한 해상 국가로, 솔론 시대에서 9,000년 전에 혹은 약 기원전 9,600년경에 서유럽과 아프리카의 여러 지역을 정복했다고 한다. 아테네 침공이 실패한 뒤 아틀란티스는 "하룻밤 새 재난으로" 대양 속으로 가라앉았다고 한다. 이 재난이 빙하기에서 간빙기로 이어지는 시기에 이루어졌을 가능성도 상당히 높다.

8) 뮤 대륙은 기원전 70000년경 남태평양에 존재했다고 이야기되는 가상의 대륙이다. 서쪽으로는 일본의 요나구니 섬에서부터 동쪽으로는 칠레의 이스터 섬까지 이어져 있으며 오늘날의 하와이 제도도 원래 뮤 대륙의 일부로 뮤 대륙 최북단에 해당되었다. 또한 남쪽으로는 뉴질랜드 북쪽 해안과 인접해있는 엄청난 규모의 대륙이었다.

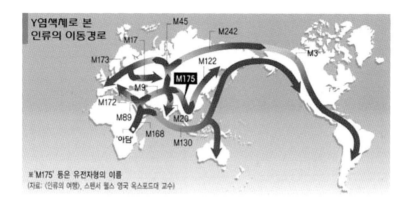

※'M175' 등은 유전자형의 이름
(자료: 〈인류의 여행〉, 스펜서 웰스 영국 옥스포드대 교수)

　이 지도로만 보면 가장 유명한 가설인 베링해협을 건너 아메리카 대륙으로 이주한 것이 사실처럼 보인다. 절대 연대 측정법에 의하면 이주한 연대가 대략 2만전이라고 한다. 한 가지 주의해야 할 사실은 현재의 지형이 당시의 지형과 완벽하게 일치한다는 보장이 없다는 것이다. 또한 유전자 분석에 의하면 아메리카 대륙의 원주민들에게서 M3, M130 등이 발견되고 또한 시베리아 유전자형인 M242, 중앙아시아 유전자형인 M45도 발견된다고 한다. 아프리카에서 아메리카까지 가장 멀고 험한 인류의 이동으로 보이지만 여기에 지구는 둥글다는 것, 자꾸 걸어 나가면 온 세상 어린이들 다 만나고 온다는 동요를 생각해보면 약간 다른 생각을 할 수 있다. 다시 말해 지도에서 **아메리카 대륙을 아프리카와 유럽의 옆으로 이동시키게 되면** M130의 이동 루트는 중동에서 유럽을 거쳐 아메리카에 이르는 쪽, 다시 말해 양방향 이동으로 수정되어야 하며 M3와 연결되는 M242의 루트 또한 마찬가지로 수정되어야 한다.9) 좀 더 설명하면 태평양

---

9) 미토콘드리아 DNA 분석에 의한 자료 또한 이와 흡사한 오류가 있다. 아프리카 중앙아시아 그리고 아시아를 지나서 아메리카 대륙으로 연결되는 라인은 아메리카 대륙을 유럽과 아프리카 옆으로 이동시키면 본문에서 언급한 것과 같은 이동 루트가 만들어지기 때문이다. 아메리카의 원주민이 다른

남단에 위치했던 뮤 제국이 전설이고 아틀란티스 제국도 전설이라 해도 약 2만전 상황, 빙하기 때의 상황을 고려해보면 아프리카에서 아메리카로 바로 이주했을 가능성이 상당히 높은 것이다. 물론 아프리카에서 중앙 아시아지역 그리고 유럽지역을 거쳐 이동했을 가능성도 있고 인도와 동남아시아 그리고 호주와 뉴질랜드 지역을 거쳐 태평양을 통해 이주했을 가능성도 있다. 또한 한 가지 루트를 통해 이주한 것이 아니라 베링해협을 통해 북아메리카 북부지역 그리고 다양한 루트를 통해 메소아메리카지역과 남아메리카지역으로 이주했음을 짐작할 수 있다. 유전자 분석을 통한 인류의 이동은 과학적 자료를 통한 분석이므로 가장 객관적이라 할 수 있다. 또한 남아메리카에서 태평양 연안을 중심으로 문명이 발달했고 메소아메리카지역에서는 대서양 연안과 카리브 해를 중심으로 문명이 발달한 이유도 설명이 가능하다.

재미있는 것은 아메리카 대륙에서 BC 1400년경 가장 먼저 발달한 문명체계를 이룩했으며 이후 마야를 비롯한 메소아메리카의 모든 문명에 영향을 준 아메리카의 그리스 문명이라 할 수 있는 올메까(Olteca)문명의 초기 유물에서 큰 쌍꺼풀과 넓은 코 그리고 두꺼운 입술을 가진, 다시 말해 아프리카 출신의 사람 모습으로 보이는 두상이 발견되었다는 것이다.

누구도 아닌 아시아人이 되어야 한다는 것은 어떤 의도를 담은 생각이 아닌지 의심스럽다. 모든 가설은 신빙성을 중심으로 검토되어야 한다.

　이것은 적어도 올메까문명의 사람들 중에서 아프리카계의 특징을 보이는 사람이 존재했다는 것을 의미하며 또한 아메리카 원주민이 몽고계라던가 아시아에서만 이주했다는 것을 부정할 수 있는 좋은 자료이기도 하다. 결국 다양한 시대에 다양한 인종이 다양한 루트로 이동했다고 볼 수 있는 것이다. 물론 이주가 아닌 원래 원주민도 있었을 가능성도 있다.

　그렇다면 과연 아메리카 대륙은 콜롬부스 이전에는 인류의 역사에 등장하지 않았을까?

　여기에 대해서도 재미있는 자료가 존재한다. 일단 아프리카의 부족들과 아메리카의 부족들이 서로 접촉했었다는 설들이 존재하긴 하지만 객관적으로 증명하기 어려운 설들이며 현재까지는 역사적 사실이라기보다는 전설에 가까운 것이 사실이다.

하지만 놀라운 사실이 있다. 오스만 제국의 해군 제독이었던 삐리 레이스Pîrî Reis가 1517년 제작한 세계지도에 중미지역과 카리브 해 지역 그리고 남아메리카 지역이 등장한다. 물론 1492년 콜롬부스는 카리브 해에 도착한다. 하지만 중요한 차이가 있다. 아메리카 대륙으로 꼬르떼스Fernando Cortés가 들어간 시기는 1519년이다. 그런데 그 이전인 1517년 오스만 튀르크의 해군 제독이 만든 지도에 카리브 해와 남아메리카의 지형이 들어갔다는 것은 상식적으로 이해하기 어려운 부분이다. 그는 남극과 남아메리카의 지형이 상세히 묘사된 세계 지도를 제작했는데 이런 작업은 1-2년 사이에 이루어지는 것이 아니며 또한 이전에 제작된 세계 지도를 참조했을 것이라 짐작해본다면 아메리카는 우리가 알고 있는 것보다 더 이전부터 세계 역사 등장했었다는 것을 짐작할 수 있다.

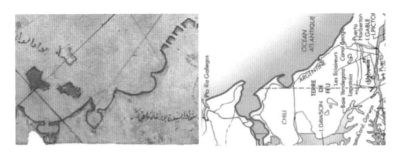

삐리의 지도와 현대 지도 사이 해안선 비교. 현재 아르헨티나 부근이다.

물론 세계지도에 아메리카 대륙이 등장한 것은 삐리의 지도보다 약간 앞선다. 1501-1502년 이탈리아의 탐험가 아메리코Americo는 현재 베네수엘라 지역을 탐사하고 이 대륙이 인도가 아니라 새로운 대륙이라 주장하며 자신의 이름을 따 아메리카라 명명한다. 이 명칭이 현재도 이어지고 있다. 1507년에 독일의 수도사 마르틴 발트제뮐러Martín Waldseemüller가 세계지도를 만들었는데 여기에도 아메리카 대륙이 등장한다.[10] 1519년 포루투칼의 마젤란이 세계 일주를 하기 전까지 아메리코의 탐사 이후 대규모의 탐사는 없었다. 물론 카리브 해의 식민지에서 스페인 카디스로 연결되는 항로로 적지 않은 배들이 오고 갔지만 이것은 그저 상업적인 항해로 지리적 탐사와는 거리가 멀다. 약 15년 만에 아메리카 대륙의 모습을 확인하고 지도 화하는 작업을 할 수 있다는 것은 현실적으로 불가능하다고 할 수 있다. 우리나라의 지도를 만든 김정호의 작업이 20년 동안 이루어졌다는 것을 생각하면 더더욱 그렇다. 10년 후에 발간된 삐리의 지도 또한 발트제뮐러의 지도와 비슷한 양상으로 아메리카 대륙이 왜곡되어 있으나 특히 해안선의 부분은 위에서 언급한 것과 마찬가지로 실제 관측에 의한 제작이라고 생각할 수밖에 없는 정확도를 보여준다.

그리스 로마 시대의 문화적 유물은 아랍제국으로 이어졌다고 알려져 있다. 특히 동로마 지역을 정복한 아랍제국은 소크라테스, 플라톤, 아리스토텔레스 등 그리스의 유명한 철학자들의 양피지부터 그들의 과학기술도 전수받은 것으로 알려져 있다.

---

10) 현재까지 밝혀진 바로는 아메리카 대륙이 등장한 가장 오래된 세계지도이다.

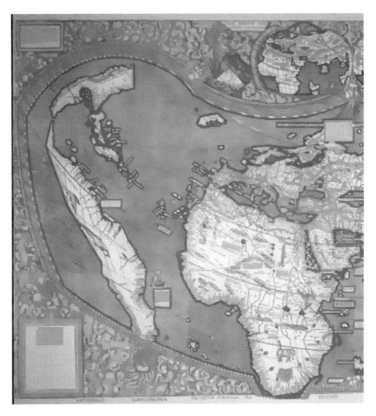

뮐러의 세계지도 중 아프리카-유럽-아메리카 대륙의 모습.
아메리카 대륙의 많이 왜곡되어 있다.

또한 아랍어로 이들의 책을 번역하기도 했으며 이 아랍어 버전의
텍스트들이 스페인 똘레도에서 다시 라틴어로 번역되면서 유럽세계
에 이들의 철학이 소개된다. 물론 철학만이 아니라 지리 등의 정보
도 이들에게 전수되었을 것으로 보인다. 결국 뻬리의 지도는 1492년
이전에도 아메리카 대륙의 존재를 알았으며 특히 해안의 경우 무역
도 있었을 수 있다는 것을 알려준다. 물론 당시에도 라틴아메리카의

모든 문명이 해안 근처가 아닌 고산지대에서 발달했음으로 카리브해의 도서(島嶼)지역과 중앙아메리카 마야 문명권을 제외하면 아메리카 대륙은 거대한 무인도로 보였을 수도 있을 것이다. 하지만 적어도 콜롬부스가 자신이 도착한 그곳을 인도로 생각했다면 인도로 오해할 수 있었던 근거, 즉, 콜롬부스가 참고한 세계지도 혹은 대서양 지도가 있었다는 것이며 더 나아가 아메리카 대륙이 표시된 지도가 그 당시에 있었을 가능성도 있는 것이다. 또한 발트제뮐러의 1507년 지도 - 삐리의 1517지도-아브라함 오르텔리위스의 1570년 지도로 이어지며 세계지도[11]가 자리 잡은 것을 기억한다면 1522년 마젤란의 세계 일주를 상당히 정확한 세계지도와 함께 했을 가능성이 높다. 또한 언급된 지도들이 해안선 부분을 제외하고는 이전에 존재했던 자료와 지도를 참조했을 가능성이 높은데 1570년에 제작된 지도에는 아메리카 대륙의 내륙지역 하천과 산맥들도 상당히 정확하게 표시되어 있다. 프란시스코 삐싸로Francisco Pizarro로가 잉카 제국을 정복한 것이 1533년경이고 1572년까지 잔존 세력들의 저항에 시달렸다. 다시 말하면 지역 탐사를 하고 지도를 만들 여력이 없었던 것이다. 실제 관측하지 않았다면 가능성은 단 하나이다. 이전에 존재하던 자료를 참고했다는 것이다.

---

11) 이 세지도의 특징은 일단 아메리카와 유럽 및 아프리카의 거리가 현재와 비교하여 상대적으로 가깝다는 것이다. 또한 그 사이에 상당히 많은 섬들이 존재한다는 것도 공통점이면서 특이하다.

로마제국과 아랍제국도 통일신라시대 혹은 그 이전부터 한반도의 국가들과 교역했고 현재 통일신라와 직접 교역을 했던 것으로 보이는 유물도 상당수 발굴되었다. 7-8세기 혹은 그 이전에 아시아 대륙의 동쪽 끝이었던 신라까지 올 수 있었던 그들이 과연 아메리카 대륙은 가지 못했을 것인가를 생각해본다면 '신대륙'이란 단어나 '발견'이라는 단어는 철저하게 유럽적인, 편협한 시각일 수도 있는 것이다.

물론 그 세계를 정복하고 무력으로 제압하는 제국주의적인 만남이 최초였다는 것을 부정하기는 어렵다. 또한 그들이 말하는 대항해시대는 로마제국 이후 처음으로 지중해와 대서양 그리고 더 나아가 세계의 바다에 그들의 영향권이 커졌다는 자위적 환상일 수도 있는 것이다. 아니면 바다를 소유의 개념으로 타문화를 정복의 대상으로 보는 제국주의의 시작이라고도 할 수 있을 것이다.

아브라함 오르텔리위스의 세계지도 중 일부.
하천과 산맥이 자세하게 묘사되어 있다. 1570년까지 원주민 문명의 흔적을 지우고 원주민들을
가톨릭으로 개종시키며 잔존하고 있는 원주민 반란 세력을 제압하는 시기였다. 탐사하고 지도를
제작할 여력이 없었던 것은 확실하다.

2.2 메소아메리카 문명

(1) 메소아메리카 문명의 모태 올메카[Olmeca]

메소아메리카는 수많은 전설들과 고고학적 성과들이 발견된 곳이다. 특히 메소아메리카에서 나온 섬세하고 아름다운 예술품들은 지금도 수많은 예술가들에게 영감을 주고 있다. 밀림 속에서 갑자기 등장하는 웅장하고 아름다운 피라미드, 서구 유럽과는 전혀 다른 신화들과 전설들. 무엇보다 메소아메리카에는 고도로 발전한 상형문자가 존재했다. 과거에는 그저 기호나 무늬, 혹은 만화 같은 그림으로 인식했던 것들이 현재는 상형문자로 해독되고 해석되고 있다. 서적들은 불타 없어진 것이 많으나, 여러 석상이나 건물에 남아 있는 상형문자들이 해석되고 있다. 이 상형문자의 해석을 통해 여러 문명들이 스스로 어떻게 인식했고 어떻게 발전했는지 당시 사람들의 목소리로 직접 들을 수 있을 것이다.

메소아메리카 문명의 모태는 올메카[Olmeca] 문명이다. 현재 올메카에 대한 연구는 다양한 방면에서, 특히 예술과 건축 부분에서 집중적으로 이루어졌다.

올메카는 나와틀[Nāhuatl]어로 '고무 인간'이란 뜻이다. 실제로 올메카인들은 고무나무에서 채취한 고무를 사용했다고 알려져 있다. 올메카인들은 자신들을 Xi(시 혹은 쉬)로 불렀다고 한다. 20 세기 초까지만 하더라도 올메카 혹은 올멕[Olmec]이라는 명칭은 구체적인 민족 혹은 국가, 문명이 아니라 메소아메리카에서 예술과 건축을 담당했던 문화적 계층, 곧 장인 집단의 이름처럼 여겨졌었다. 혹은 상징적이거나 신화적인 집단으로 간주되기도 했고, 마야 후기에 등장한 포스트 마야 계급 또는 높은 문화적 수준을 자랑하던 마야계 유민이라는 설도 있었다. 그러다가 20 세기 중반부터 전설을 따라 정글 중앙으로 탐사와 발굴을 떠나는 시도가 늘어나게 되었다. 이에 따라 높은 습기와 온도로 인해 부패하기 쉬운 정글에서 자신의 자태를 거의 잃지 않은 올메카의 잃어버린 도시들이 수천 년의 세월을 뛰어넘어 그 모습을 드러내기 시작했다.

흑인 모습의 거석 두상 발굴

1930년대 후반에 최초로 올메카의 도시가 발굴되었다.[12] 라벤타 지역에서 발굴된 올메카의 도시는 충격 그 자체였다. 그 이전까지 메소아메리카뿐만 아니라 라틴아메리카 고대 문명의 문화적인 부분을 담당한 것으로 알려진 마야를 어떤 면으로 능가하면서도 더 오래

---

12) 올메카 문명의 발굴은 고고학자 매슈 스털링[Matthew Williams Stirling](1896~1975)과 그의 아내에 의해 이루어졌다. 현재 그 규모가 그리 크지 않아 도시로 보거나 독립된 문명으로 보기 힘들다는 시각도 적지 않다.

된 문명이 알려지는 순간이었다. 이후 라벤타의 남쪽에 위치한 산로 렌소[San Lorenzo]에서 흑인 혹은 흑인 계열로 보이는 두상이 몇 개 더 발견되었다. 무게가 30톤 정도 나가는 거대한 석상으로, 17개나 발견된 것으로 보아 족장이나 제사장 등을 조각한 것이라 추론한다. 서기전 1200년과 서기전 900년 사이에 만들어진 이 두상들은 짙은 회색빛 현무암으로 만들어져 상대적으로 풍화에 강했던 것으로 보 인다.

유카탄반도와 멕시코 중북부 고원의 사이, 즉 아스텍과 마야 사이에서 발전한 문명이 바로 올메 카였다.

올메카에 대한 연구와 논쟁은 현재까지 이어지고 있는데, 그 평가 는 시기에 따라 판이하다. 1990년대 중반까지만 해도 올메카는 메소아메리카의 어머니 문명이 아니라 다양하게 발달한 메소아메리카 문명 중 하나로 보는 경향이 강했다. 사실 지역적·문화적·관습적 차이가 서로 큰 라틴아메리카 문명 사이에서 직접적인 영향 관계를 밝히기란 쉬운 일이 아닐 것이다. 하지만 2000년대로 들어오면서 적어도 올메카가 공놀이(el juego de pelota), 태양력을 중심으로 한 달력, 수학과 상형문자 등의 원류임을 부정할 수 없다는 목소리가 높아지면서, 올메카를 메소아메리카의 어머니 문명으로 인정하는 분위기가 강해지고 있다.

재규어 신과 뱀 신을 새긴 부조.

(2) 천 년 왕국 싸포테카[Zapoteca]

일반적으로 가장 널리 알려진 메소아메리카 문명은 아스텍과 마야일 것이다. 하지만 가장 멕시코적이고 전통문화가 발달한 지역으

로는 멕시코 제2의 도시 과달라하라[Guadalajara]와 와하카를 꼽는
다. 과달라하라가 식민 시대 이후의 좀 더 근대적인 전통을 대표한
다면, 와하카 지역은 토속적인 전통문화가 살아 있는 곳이다. 물론
현재 와하카의 문화가 싸포테카와 동일하다고 보기는 어렵다. 그러
나 다르다고 말하기도 어렵긴 마찬가지다.

　서기전 500년 이후로 와하카 고산 분지에는 싸포테카인들이 살고
있었다. 싸포테카인들이 만든 도시 몬테알반은 메소아메리카의 첫
번째 도시로 꼽히기도 한다. 올메카의 유적지들이 있기는 하지만,
몬테알반은 보다 완벽한 도시의 형태를 갖추고 있기 때문이다. 또한
현재까지 이루어진 고고학적 발굴 및 연구 결과에 따르면, 싸포테카
인들은 메소아메리카 최초로 기록 가능한 문자와 함께 20진법을 기본
으로 하는 수[數] 체계를 가지고 있었다. 점과 선으로 표현된 수와 함
께, 태양력과 음력의 달력도 사용했던 것 같다. 이런 특징들은 이후
메소아메리카에 나타나는 문명들의 공통점으로, 이후 예술·종교·관
습·제도 등의 거의 모든 분야에서 싸포테카의 영향을 찾아볼 수 있
다. 이는 메소아메리카에서 주도권을 잡은 부족들에게 영향받지 않
은 강력한 전통의 문화가 있었음을 말하며, 그 중심이 올메카-싸포
테카로 이어지는 문명(아니 '문화'라 명명하는 것이 더 어울리는)이
라는 것이다. 또한 싸포테카는 동시대에 존재했던 멕시코 고산 분지
의 대도시 테오티우아칸과 마야의 도시 티칼과도 밀접한 관련을 맺
었던 것으로 보인다. 몬테알반과 싸포테카 문명은 750년경에 멸망
한 듯하나, 약 천이백 년 이상 와하카 지역에서 존재했던, 말 그대로
천 년 왕국, 아니 천이백 년 왕국인 것이다.
　싸포테카인들은 스스로 사람이란 의미의 '베에나아[béenáa]'라 불

렀으며, 지배 계급은 그들의 신들과 조상들이 하늘에, 그것도 구름 속에 살고 있다고 믿었다. 그래서 자신들도 죽으면 구름으로 돌아갈 것이라 믿었다. 예전에 우리나라에서도 천국을 구름 위에 온갖 성 [城]이 즐비한 모습으로 그린 적이 있는데, 그와 비슷한 믿음을 갖고 있었던 것 같다. 그들은 하늘에 있는 천국뿐만 아니라 종교적으로 중요한 지역을 '베에나아싸아[béenáaZáa]', 곧 '구름 인간' 혹은 '구름 인간의 지역'이라 불렀다. 16세기 에스파냐인들은 자신들이 정복한 부족들의 정보를 수집하기 위해 (당시에는 '멕시카[Méxica]'라 불린) 아스텍인과 면담을 했는데, 그들은 와하카 지역 사람들을 나와틀어로 '구름 인간'이란 뜻의 차포테카틀[Tzapotecatl]이라 말했으나 에스파냐인들이 잘못해 싸포테카로 기록되었고 그렇게 불리게 되었다.

올메카와 싸포테카

1930년대 후반 정글 지역에서 올메카의 유적이 발견되기 전까지 올메카는 전설과 신화 속에 등장하는 이름이었다. 이에 비해 싸포테카는 확실하게 실존하던 문명으로, 유적의 발견과 상관없이 에스파냐의 지배를 받을 당시에도 그 이름이 알려졌던 문명이다.

사실, 발견되는 유물로 미루어 두 문명이 서로 관련되어 있다고 하지만, 그 둘의 관계는 우리나라의 경우로 미루어보면 고조선과 부여의 관계와 흡사하다. 우리 민족의 시작을 고조선으로 보는 것이 일반적이지만, 고구려와 백제는 자신들의 실질적 조상을 부여로 보았던 듯하다. 고구려에서 추모성왕[鄒牟聖王]과 동명성왕[東明聖王]을 서로 혼용해 지칭하거나 백제가 자신들의 국호를 남부여로 바꾼 것을 보면, 신라를 제외하고 모두 부여를 자신들의 실질적 뿌리로 생각했던 것 같다.

마찬가지로 올메카는 그 실체가 확인되었고 지금도 여전히 발굴 작업이 이루어지고 있으나, 전설적·신화적·문화적 측면이 아직 많다. 이에 비해 싸포테카는 당시에 실질적으로 주변 지역에 영향을 미쳤고, 이후 멕시코 고원 지대에 생겨난 문명들 혹은 국가들에도 실질적인 영향을 주었다. 물론 메소아메리카의 경우를 우리나라와 직접 비교하기란 어렵다. 이 모든 문명이 에스파냐의 식민지가 되면서, 단절은 아니라고 해도 상당 부분 굴절되었기 때문이다.

(3) 신들의 도시 테오티우아칸[Teotihuacán]

바로 앞에서 올메카와 싸포테카를 고조선과 부여의 관계에 비유했다. 테오티우아칸은 우리 역사의 고구려와 흡사하다. 이후에 만들어질 피라미드와 도시의 기본 스타일이 바로 테오티우아칸에서 유래했다. 메소아메리카인들에게 '신들의 도시' 혹은 '신이 된 인간들의 도시'인 테오티우아칸은 일단 그 규모에서부터 지금도 많은 이들을 압도한다.

테오티우아칸은 서기전 150년에 성립하기 시작해 서기 750년에 멸망한 것으로 알려져 있다. 사실 라틴아메리카 전체에서 가장 미스터리한 것이 무엇이냐고 물어본다면, 개인적으로는 나스카 라인도, 맞추핏추도, 마야의 쇠락도, 올메카와 싸포테카의 섬세한 예술 작품도 아니고 바로 테오티우아칸이라 대답할 것이다. 다른 수식어가 하나 필요 없이 테오티우아칸의 존재 자체가 미스터리다. 테오티우아칸 사람들이 어디서 왔는지, 어떤 문화를 갖고 있었는지, 어떻게 쇠락하게 되었는지, 그 어떤 사실도 제대로 알려진 게 없다. 오직 관련 유적을 통해 그 비밀에 하나둘씩 접근해 갈 뿐이다. 만일 외계인의 도움이 있었다면 그것은 나스카가 아니라 테오티우아칸에서 있었지 않았을까 하는 생각이 들 정도로, 테오티우아칸 자체가 주는 충격은 엄청나다. 심지어 티칼과 치첸이싸 같은 마야 유적지를 이미 봤다고 해도, 테오티우아칸의 유적을 봤을 때는 질과 양에서 엄청나게 차이나는 충격을 느낄 수 있다.

상상을 초월하는 거대한 도시 유적

아스텍의 전설에 따르면, 테오티우아칸은 거인들에 의해 건설되었다고 한다. 아마도 아스텍 사람들은 거인이 아니고서는 그런 거대한 건물을 만들 수 없었으리라고 생각했나 보다. 현대인에게도 엄청난 문화적 충격을 주는 테오티우아칸은 당시 아스텍 사람들의 눈에는 몇 배나 더한 충격으로 다가왔을 것이다. 5~6세기에 테오티우아칸에는 벌써 10만에서 20만 명 사이의 인구가 살았던 것으로 보인다. 당시 우리나라는 삼국 시대였고, 중국은 수[隋]나라와 당[唐]나라가 성립되었을 때쯤이다. 당시 테오티우아칸은 적어도 세계에서 여섯 번째로 큰 규모의 대도시였다(이 순위는 고고학적 발굴을 통해 바뀔 수 있고, 물론 더 올라갈 수 있다). 면적 약 21제곱킬로미터에 수천의 공공건물과 주거지가 있었으며, 크고 작은 피라미드 600여 개도 자리했다. 이 중에 거대한 '태양의 피라미드'와 정교하며 위엄이 있는 '달의 피라미드', '케쌀코아틀[Quetzalcoatl]의 피라미드'가 있었다. 나머지 피라미드도 모두 저마다의 이유로, 종교적인 의식을 위해 지어졌다. 또한 거대한 시장과 2천 개 이상의 일반인 거주지와 궁전이 있었던 것으로 보인다. 테오티우아칸은 그저 종교적 중심지가 아니었고, 실제로 사람들이 살면서 경제 활동을 영위했던, 말 그대로 대도시였다.

계획에 의해 건설된 듯한 테오티우아칸은 멕시코 고산 분지에서 발원한 거의 모든 문명의 종교적·정신적 중심지였다. 멸망한 이후에도 이 도시는 메소아메리카에서 가장 신성한 곳으로 여겨졌으며, 그 영향은 멕시코 고산 분지와 심지어 마야 문명에까지도 미쳤다. 특히 테오티우아칸의 피라미드는 단일 규모로는 세계에서 세 번째로 큰 피라미드다. 보통 세계에서 가장 큰 피라미드는 이집트의 피라미드라고 생각하기 쉽다. 하지만 세계에서 가장 큰 피라미드는 현재 멕시코의 푸에블라[Puebla]시 근처의 촐룰라[Cholula]에 있는, 나와틀어로 '만들어진 산'이라는 의미를 지닌 '틀랄치왈테페틀[Tlachihualtepetl] 피라미드'다.[13]

떼오띠우아깐 '해의 피라미드' 전경

---

13) 물론 이집트 기자[Giza]의 피라미드가 높이 138.8미터로 66미터인 촐룰라의 피라미드보다 높으나, 규모는 촐룰라의 피라미드가 거의 두 배 정도 크다. 촐룰라의 피라미드는 445만 세제곱미터, 이집트의 기자 피라미드는 250만 세제곱미터다. 촐룰라의 피라미드는 훼손이 심하며, 안타깝게도 그 꼭대기에 성당이 지어졌다. 레메디오[Remedio] 성당이라 부르는 이 성당은 에스파냐의 식민 지배가 어떤 방식으로 이루어졌는지를 단적으로 보여준다.

건축물은 물론 도시 자체가 당시 메소아메리카에 비교할 대상이 없을 정도로 거대했지만, 문자를 사용했다는 증거를 보여주는 유적은 아직 발견되지 않았다. 현재 남아 있는 정보들은 16세기에 에스파냐 왕을 위해 수도사들이 조사해 보고한 것으로, 테오티우아칸 사람들에게 직접 물어보고 조사한 것이 아니라 아스텍 사람을 통해 들은 것뿐이다. 그러나, 후에 다시 기술하겠지만 아스텍은 그 기원이 메소아메리카가 아니라 그 북부, 현재 미국의 남부로 추정되고 있다. 아스텍인들의 언어와 풍습은 상이했으며, 그들은 메소아메리카의 이전 역사에 대한 어떠한 정보도 갖고 있지 않았다.

아스텍인들은 테오티우아칸에서 신이 인간을 창조했다고 믿은 만큼, 그곳을 신성한 곳이라 여겼다. 그러나 거기서 어떤 방식으로 제식이 이루어졌으며 어떤 풍습이 행해졌는지는 알지 못했다. 아마 그들도 이미 폐허가 된 테오티우아칸의 거대한 규모에 놀라 그렇게 믿게 된 것으로 보인다. 테오티우아칸이란 명칭도 아스텍인들이 쓰던 말로, '신들의 도시', '신성한 곳', '인간이 신이 된 곳' 정도를 의미한다. 모두 테오티우아칸에 대한 경외심을 표현한 것이다. 다시 말하면 아스텍인들은 테오티우아칸에 대해 아무것도 알지 못했다고 할 수 있다. 하지만 그들의 문화는 테오티우아칸을 계승했던 것 같다. 이에 대해서는 뒤에서 다시 기술할 것이다.

멕시코 고산 분지에 자리한 테오티우아칸은 현재 멕시코의 수도인 멕시코시티에서 동북쪽으로 40킬로미터 정도에 위치하고 있다. 도시 규모가 크고, 건물만 있는 것이 아니라 주변에 텍스코코와 같은 호수도 있으며, 지하수와 하천 또한 발달해 경작지로도 최적의 요건을 갖추고 있다. 이런 환경이 테오티우아칸이라는 대도시를 유지하게 했던 자연적 조건이다.

테오티우아칸의 천문학적 정보와 지식 또한 굉장히 뛰어났던 것으로 보이는데, 이런 사실은 건물들의 방위와 위치 등으로 증명된다. 도시를 남북으로 가르는 약 4.8킬로미터의 대형 도로를 중심으로 좌우에 많은 건물들이 위치하며, 250년경에 만들어진 달의 피라미드가 북쪽 끝에 자리한다. 그로부터 1.6킬로미터 남쪽으로 200년경에 만들어졌다고 추정되는 태양의 피라미드가 위치한다. 높이 61미터, 폭 213미터 정도의 대형 피라미드로, 도시를 내려다보며 엄청난 위용을 여전히 자랑한다. 피라미드는 도시를 둘러싸고 있는 산의 모양을 본뜬 것 같다. 현재는 그저 재료인 돌 색깔을 띠고 있으나, 원래는 채색되었던 듯하다. 지금도 일부에는 붉은색이 남아 있다. 도시의 남쪽에는 396미터 길이의 광장이 펼쳐지며, 예술적으로 가장 뛰어난 피라미드인 케쌀코아틀의 피라미드가 있다. 일부 학자들은 이 광장이 지배자들의 궁전이 있었던 곳이라 짐작한다.

깃털 달린 뱀14)의 모습이 예술적으로 장식되어 있는 케쌀코아틀의 피라미드는 마야의 피라미드와 비교할 수 있을 정도로 예술성이 높다. 남쪽의 광상이 지배자들의 궁선이라고 한다면, 바로 그 옆에 위치한 것이 케쌀코아틀의 피라미드, 케쌀코아틀의 신전이다. 실질적인 믿음의 대상 혹은 가장 중요한 신이 바로 케쌀코아틀이었음을 의미한다. 테오티우아칸의 영향 탓인지, 이후 아스텍을 비롯한 메소아메리카의 각 문명에서 케쌀코아틀은 가장 중요한 신으로 등장한다. 물론 다신교적인 종교관을 가졌던 테오티우아칸에는 약 5천여 개의 종교 행사를 위한 건물들이 현재에도 존재하는데, 그 규모는

---

14) 뱀에 깃털이 달렸다는 것은 날개가 있음을 뜻하며, 다름 아닌 용[龍]을 의미한다. 물론 동양의 개념과는 약간 다르지만, 깃털 달린 뱀은 무엇보다 비 혹은 물, 그리고 농사와 관련되었음을 뜻한다고 보는 것이 일반적이다.

그리 크지 않다. 테오티우아칸은 신성한 땅이면서 망자의 땅으로 불리기도 하는데, 그곳에서 수많은 무덤들이 발견되었기 때문이다. 지금도 발굴이 계속되어 더 많은 무덤과 매장품들이 발견됨으로써 테오티우아칸의 미스터리가 점점 풀릴 것으로 기대된다.

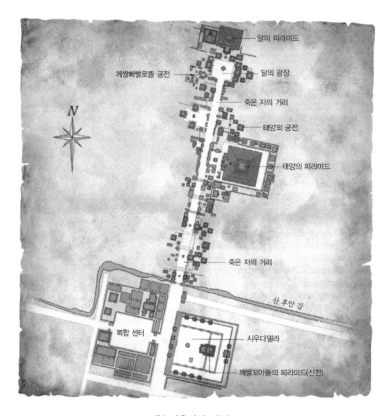

테오티우아칸 배치도.
북동쪽으로 약간 치우친 것은 실수가 아니라 위도 경도에 따라 태양의 위치를 정교하게 계산 한 것이다. 도시가 한 번에 완성된 것은 아니지만 정교하게 측량되고 계획아래 건설된 도시임을 알 수 있다.

메소아메리카 무역과 종교의 중심지

테오티우아칸은 대도시로서 종교적 성지이기도 했지만, 주변 지역은 경작지였으며 앞에서 언급한 것처럼 대규모 시장이 들어섰던 무역의 중심지였다. 주변에 있는 일곱 개 이상의 큰 시장에서 각종 상품들이 거래되었던 것으로 보인다. 근처의 하천과 호수를 통해 주변의 부족들이나 다른 국가들과 상당히 활발하게 교역했으리라고 추정한다.

견고해 무기나 공구를 만드는 데 쓰였던 흑요석 광산에서 일하는 이들도 적지 않았으며, 여러 장인들이 있었던 것으로 보인다. 고고학자들은 발굴을 통해 도시 근처에 500여 개의 크고 작은 작업장들이 존재했음을 알게 되었다. 또한 테오티우아칸 사람들의 건축 기술은 일상생활에도 반영되어, 300년경에 이르러 도시의 거주민들 대부분은 현대의 아파트와 비교할 만한 장방형 방과 부엌이 갖추어진 석조 건축물에서 생활했던 것으로 보인다. 방은 마당과 연결되었고, 건물은 마당으로 둘러싸였으며, 높은 담도 있었던 듯하다. 개인 혹은 가족을 위한 종교적 제단이 있어서, 씨족을 중심으로 종교적 제의가 이루어진 것 같다. 현재까지 거주를 위해 지어진 건축물이 2천여 개 발견되었다. 이 건축물들도 다양한 색채와 문양의 벽화로 장식되었으며, 모양이나 양식의 차이로 미루어볼 때 이주민들이 거주했을 가능성도 지닌다. 예를 들어 싸포테카나 마야 출신의 거주민들도 있었으리라고 본다.

테오티우아칸의 거주민들은 상당히 근대적인 생활을 했고, 상대적으로 여유로운 거주 환경 속에서 살았다. 또한 그들은 이슬람교나 유대교의 경우와 비슷하게 일상적으로 이루어진 종교 행사를 굉장히 중요하게 생각했다. 미학적·예술적 부분도 발달해서, 거주지는 매우 아름답게 장식되었고 채색된 도자기도 다수 발굴되어 높은 문화 수준을 보여준다.

지배자들의 경우에는 일반 거주민들에 비해 한 단계 더 높은 예술적 환경에서 생활했다. 그들의 집은 단층 건물로, 크고 작은 마당과 뜰을 갖추었으며 몹시 큰 방을 생활 공간으로 사용했다. 거의 모든 방이 아름다운 벽화로 장식되어 예술적으로 꽤 높은 수준을 지녔다.

테오티우아칸은 서기전 1000년경부터 주로 흑요석을 매개로 해서 싸포테카와 교역했던 듯하며, 이를 통해 작은 도시들이 멕시코 고산 분지에서 성장한 것으로 추정된다. 서기전 300년경 현재 멕시코시티 근처의 쿠이쿠일코[Cuicuilco]가 가장 먼저 인구 1만 정도의 도시로 성장했다. 하지만 서기전 100년경 주변 화산의 폭발로 쿠이쿠일코가 붕괴된 이후 테오티우아칸이 급속도로 발전하게 되었다. 이후 쿠이쿠일코가 재건되기도 했지만, 멕시코 고산 분지의 중심 도시는 이미 테오티우아칸이 되었다.

서기전 1세기경 멕시코 고산 분지 지역의 사람들은 거의 모두 테오티우아칸으로 이동했고, 도시는 점점 더 성장했다. 도시의 성장 원인은 무엇보다 가까웠던 흑요석 광산과 주변에 펼쳐진 비옥한 경작지 덕분이라고 보지만, 대도시로 발전하게 된 결정적 요인은 활발한 무역이었다. 메소아메리카 각 지역으로 연결될 수 있는 무역 루트를 통해 중계무역이 활발해졌고, 종교적 성지라는 점도 대도시로 발전하는 데 영향을 미쳤다. 일부 학자들은 유대인들의 유월절[逾越節] 행사나 이슬람의 메카 순례 행사의 경우처럼, 멕시코 고산 분지 사람뿐만 아니라 많은 메소아메리카 사람들은 테오티우아칸의 종교 행사에 참가하려 했으리라 주장하기도 한다.

또한 테오티우아칸에는 굉장히 강한 군대가 있었던 것으로 보이는데, 벽화 등에 정복 전쟁을 의미하는 장면이 종종 등장하기 때문이다. 400년경 테오티우아칸의 영향력은 엘살바도르와 벨리세, 그리고 과테말라까지 미쳐서 광범위한 경제 공동체를 만들었다. 물론 테오티우아칸이 식민지를 건설했다거나 제국으로서 다스렸다는 설이 없는 것은 아니다. 하지만 무역을 중심으로 한 사회였기에, 무역에 대한 불만이 없다면 군이 군사력으로 다른 세력을 제압할 이유가 없다. 그렇기 때문에 어떤 학자들은 테오티우아칸이 메소아메리카에서 로마 제국과 같은 위치였을 것이라 주장하기도 한다. 이는 굉장히 신빙성 있는 주장으로, 거의 모든 메소아메리카 지역에 영향을 미친 테오티우아칸은 경제 공동체를 이끌어나가면서 자연스럽게 문화 공동체로 발전해 갔기 때문이다. 강제적인 무력으로 이식된 문화는 결국 토착민들에게 거부되기 마련인데, 테오티우아칸이 붕괴하고 나서도 이들의 문화와 종교가 다른 문화권에 이식되고 성장했다는 것은 이들이 굉장히 문화적인 관계를 지향했음을 말해 준다.

케쌀코아틀을 숭배하는 농업 중심 사회

테오티우아칸의 사회에 대해 구체적으로 언급한 사료는 현재까지 존재하지 않는다. 다만 테오티우아칸 사람들이 신적인 권한을 누리지 않은 것은 확실한 듯하다. 지금까지 발굴된 유물 중에서 싸포테카와 같이 지배자와 제사장 계급을 경배하는 것으로 보이는 증거는 없었다. 신전을 비롯한 건축물에도 신이 아닌 그들의 지배자를 묘사한 것이 존재하지 않는다는 점에서, 계급이 다르다 해도 같은 부족,

민족이라는 의식이 있었던 것 같다. 최근 마야의 상형문자 기록물에서 발견된 지배 계급에 대한 기록에 따르면, 마야와 테오티우아칸 사이에 교류가 있었고 귀족 계급은 서로 혼인해 동맹을 맺은 것으로 보인다. 테오티우아칸의 지배자 이름이 등장하는 기록물도 있으나, 그것만으로 이들의 미스터리를 풀기란 쉽지 않다.

테오티우아칸은 앞에서도 밝혔듯이 메소아메리카 무역의 중심지로, 그 규모도 상당했을 것이다. 광업과 수공업 또한 꽤 높은 수준이었던 듯하나, 테오티우아칸 사람들의 주된 경제 활동은 농업이었으며 특히 옥수수와 콩을 주식으로 했다. 거주민의 대부분 또한 농부였다. 이들의 종교도 농업과 직접적으로 관련이 있었으며, 이는 특히 케쌀코아틀 숭배에서 단적으로 증명된다.

케쌀코아틀 신전에 장식된 케살꼬아틀의 모습

하지만 테오티우아칸의 종교는 그리 단순하지 않다. 신전과 피라미드로 보면 태양과 달, 그리고 케쌀코아틀이 가장 중요한 신이었으리라고 생각할 수 있으나, 벽화를 중심으로 보면 가장 중요한 신은 거미의 여신이었기 때문이다. 재규어 투구를 쓰고 거미줄 방패를 지닌 거미의 여신은 수많은 거미들로 둘러싸여 있다. 이 여신은 지하 세계의 여신이며, 어둠과 물, 동굴과 창조와 관련된 여신으로 알려져 있다. 북미의 원주민들에게서도 이 거미 여신을 볼 수 있는데, 그들이 '거미 할머니 여신'이라 부르는 것을 보면 테오티우아칸의 종교가 그들에게 영향을 미쳤다고 짐작할 수 있다.

테오티우아칸에서 가장 대중적인 신은 역시 깃털이 난 뱀, 케쌀코아틀이다. 거의 모든 메소아메리카 지역에서 보통 '폭풍과 비의 신'으로 여겨지는 케쌀코아틀 숭배 사상을 볼 수 있다. 케쌀코아틀이 농업을 관장하는 신이었음을, 농업이 메소아메리카에서 가장 중요한 경제 활동이었음을 증명하는 것이다.

또한 올메카에서부터 이어진 재규어 숭배 사상도 있었으며, 태양과 달, 그리고 수많은 동물들과 사물들이 숭배 대상이었다. 무역·예술·문화·종교 중심지로서의 영향은 일방적인 것이 아니라 상호적이란 것을, 테오티우아칸의 종교를 통해서 미루어 짐작할 수 있다. 인신 공양의 증거로 보이는 유골이 신전에서 발견되기도 했으나 그 행위가 예술 작품에서 소재가 되지는 않은 것으로 미루어볼 때, 인신 공양이 대규모로 이루어지지는 않았다고 추정한다.

테오티우아칸에는 상당히 발전한 수학과 천문학, 그리고 달력도 있었으며, 이런 학문적인 부분도 제사장 계급이 담당했던 것으로 보인다.

대규모 화재가 초래한 멸망

7세기경, 혹은 몇몇 학자에 따라서는 650년경 테오티우아칸에 대규모 화재가 일어났다. 그 이유에 대해서는 아직도 알 수 없고, 이 화재로 결정적인 손실을 입은 것 같지는 않지만 도시는 재건되지 않았다. 거주민들은 도시를 떠나기 시작했고, 도시는 급격하게 텅 비어버리면서 거대한 유적이 되고 말았다. 화재 원인을 외부의 침입이나 내부 갈등으로 인한 폭동으로 보기도 하지만, 화재의 흔적에 비해 전쟁이나 소요를 연상시키는 흔적은 아직 발견되지 않았다. 물론 기후나 자연환경의 변화가 있어났을 수도 있고, 20만 명이 상주하던 대도시였기에 전염병이 돌았을 가능성도 있다. 그러나 대도시에 치명적인 위협을 가할 정도의 재난이 일어났다든가 전염병이 돌았다는 증거는 없다. 테오티우아칸 같은 대도시가 점차 쇠퇴한 것이 아니라 갑자기 붕괴해서 거대한 박물관처럼 유적과 유물을 남겼을 경우에는 치명적인 전염병 탓일 가능성이 높다. 가장 성스러워야 했던 도시에 치명적인 전염병이 돌았다는 것은 그들의 신이 가진 능력이 다했음을 의미한다. 종교적 믿음이 강했던 이들에게 이런 사실은 절망과도 같았을 것이다.

테오티우아칸의 멸망은 그저 단순히 대도시 하나가 몰락한 것에 그치지 않고, 메소아메리카의 중심지가 없어졌음을 의미했다. 이후 200여 년 동안, 톨테카가 성립하기 전까지 멕시코 고산 분지 지역에서는 중심을 잃어버린 혼란의 시기가 펼쳐졌다. 또한 메소아메리카의 중심지는 마야 문명으로 이동해 유카탄반도가 교역과 문화의 중심지로 떠오르게 되었다.

(4) 제국의 여명 톨테카[Tolteca]

에스파냐인이 메소아메리카에 도착했을 때 멕시코 고산 지역에는 아스텍이, 유카탄반도에는 마야가 존재했다. 오랫동안 번성했던 마야는 이미 많이 약해져 있었고, 멕시코 고산 분지의 패자[霸者]는 아스텍이었다. 이 아스텍이 마치 자신의 선조처럼 생각한 것이 바로 톨테카다. 톨테카는 학자에 따라 멕시코 고산 분지 동북 지역의 툴라를 중심으로 한 몇 개의 도시 연합체였다는 설과, 테오티우아칸의 뒤를 이어 멕시코 고산 분지 지역을 비롯한 메소아메리카의 패자였다는 설이 있다. 현재의 연구 결과를 보면 메소아메리카의 패자였다는 설이 좀 더 신빙성 있는 것 같다. 여러 기록을 통해 드러났듯이, 아스텍이 톨테카 문화를 경배의 수준으로 숭배하고 수용했다는 점에서 그 이유를 찾을 수 있다. 메소아메리카의 패자였던 아스텍의 숭배를 받을 정도였다면 톨테카가 아스텍 못지않은 위용을 자랑한 제국이었다고 미루어 짐작할 수 있다. 실제로 많은 벽화에서 톨테카인들은 영웅이자 모든 과거의 문화를 집대성한 존재로 등장한다.

아스텍이 숭배한 영웅 톨테카

16세기 아스텍인들에게 톨테카의 모든 것은 좋고 완벽하며 경이로운 것이었다고 한다. 이는 당시 수도사들이 직접 아스텍인들과 인터뷰를 함으로써 알게 된 사실로, 상당히 신빙성이 있다. 물론 톨테카의 문화와 건축 등의 기술은 올메카와 싸포테카, 그리고 테오티우아칸에서 이어진 것으로, 톨테카만의 독창적 양식이라 할 수는 없다.

다만 메소아메리카의 문화적 결실이 톨테카에 이어졌다는 사실이 중요한 것이다. 테오티우아칸이 멸망한 지 약 150~200년 후, 멕시코 고산 분지 동북 지역에서 처음 자리 잡기 시작한 톨테카는 곧 그 지역의 패자가 된다. 현재 발굴된 유적이나 기록을 참조하면, 당시 경쟁 상대는 거의 없었던 것으로 보인다.

톨테카는 빠르게 발전해 특히 테오티우아칸의 문화유산을 흡수하며 상당히 발전된 문화, 적어도 테오티우아칸 수준의 문화를 누린 것으로 짐작된다. 하지만 불행하게도 그들의 첫 번째 수도였던 툴라는 너무 많이 훼손되었고 툴라의 많은 유물들이 아스텍인들의 수도 테노치티틀란을 건설하는 데 사용되었기에, 톨테카에 관한 정보는 고고학적 발굴보다 아스텍의 기록에 의존하는 면이 많다. 톨테카라는 이름도 아스텍인들이 부르던 것으로, 톨테카인들이 자신들을 무엇이라고 불렀는지는 현재 알 수 없다.

톨테카인들의 유목민적인 특성이나 언어로 미루어보면, 그들 또한 북쪽에서 이주해 온 것으로 보인다. 그 북쪽은 현재 미국의 동남부로 추정되며, 언어적 특징으로 보면 아스텍인들과 그리 멀지 않은 관계라 할 수 있다.

테오티우아칸이 전성기일 때부터 멕시코 고원 분지 지역에 북쪽에서 온 이주민들이 등장하기 시작했다. 그들을 당시에 '치치메카스[Chichimecas]'라고 불렀는데, 야만인이나 오랑캐를 의미한다. 당시 그들을 야만인이나 오랑캐라 불렀던 이유는, 농업이 전혀 발달하지 않은 상황에서 수렵 및 채집을 기본으로 유목 생활을 했기 때문이다. 대도시의 엄청난 석조 건축물 아파트에 살았던 이들의 눈에, 유랑하면서 간단한 텐트를 치고 사는 유목민들은 당연히 야만인으로 보였을 것이다.

700년부터 이주가 이루어져 약간의 무력적 충돌도 일어났던 것으로 보이나, 북쪽에서 이주해 온 이들의 전사적 자질이 더 뛰어났던 것 같다. 물론 700년에 무슨 일이 있었는지, 현재 미국의 인디언으로 보이는 이들이 왜 남하하기 시작했는지에 대한 구체적인 원인과 이유는 알 수 없다. 그러나 650년경에 대도시 테오티우아칸에 대규모 화재가 일어났고 곧이어 700년에 북아메리카의 원주민들이 남하하기 시작했다는 것은, 당시 어떤 환경적 변화가 있었음을 의미한다고 볼 수도 있다. 이때 이주하기 시작한 톨테카인들을 '원시 톨테카[Tolteca-Chichimeca]'라고 부른다. 이들이 다양한 부족에서 비롯되었을 가능성도 높으나, 원시 톨테카는 약 200여 년 동안 하나의 정체성을 가지며 하나의 공동체로 발전했다. 그리고 현재 멕시코시티에서 80킬로미터 북쪽에 위치한 툴라에 그들의 첫 수도를 건설했다.

독특한 피라미드와 석상이 있는 도시 툴라.
툴라의 피라미드는 그 주변과 꼭대기에 늘어선 기둥과 석상이 특징이다.

툴라는 보통 '갈대의 지역'이란 의미로 알려져 있는데, 12세기에 이민족의 침입으로 심하게 훼손되었다. 툴라는 지형상 자연 요새에 가깝다. 가파른 경사의 바위들이 주변을 둘러싸며 그 위로 마치 융기된 지형처럼 솟아난 곳에 툴라가 위치한다. 천연 성벽 위에 도시가 존재하는 것이다. 이 지역은 북쪽에서 이동해 오거나 메소아메리카 고산 분지 지역을 유랑하며 살아가는 유목민들에게 보금자리와도 같은 곳이었다. 대략 800년경에는 다양한 유목민이 거주하며 도자기와 흑요석으로 만든 도구들과 무기까지 생산하는 수공업 작업장이 도시 중앙에 들어서게 되었다. 유목을 하기보다 정착을 하고 기술을 익혀 물건을 생산하게 된 것이다. 이는 당시 메소아메리카의 경제 상황을 상징적으로 보여주는 것으로, 무역을 통해 안정적인 수입을 얻을 수 있었음을 나타낸다.

950년에 툴라는 경제적인 면에서 절정으로 치달았고, 이후 약 100여 년 동안 계획해 왔던 도시화를 완료했다. 3만5천에서 6만 명 정도의 거주민이 살았다고 짐작되는 이 도시는 폭이 약 9킬로미터에 이르렀다. 거대한 광장, 희생 제의를 위한 건축물과 피라미드, 신전, 그리고 공놀이를 위한 경기장도 마련되어 있었다. 하지만 도시의 가장 큰 피라미드는 훼손이 심해 현재까지 어떤 고고학적 연구의 성과물도 찾아보기 어렵다.

현재 남아 있는 피라미드는 독특한 스타일을 지녀서 다른 피라미드와 구별된다. 일단 주변으로 기둥이 늘어서 있는데, 이 기둥은 군인의 모습 등으로 장식되어 있다. 피라미드 꼭대기에는 거대한 석상들이 지금도 남아 있어서 툴라의 예술 스타일을 보여준다. 지금은 남아 있지 않지만, 피라미드의 꼭대기에 석상만이 아니라 의식을 벌이던 적어도 두 개 정도의 장소가 있었다고 추정된다. 석상의 스타일은 툴라 주변에서 남아 있는 좌상 등에서도 볼 수 있다. 톨테카의 석상은 올메카의 두상과 비교할 만한데, 인체 비율이 비현실적이라는 점에서 이 석상이 기둥 등의 용도로 만들어졌음을 짐작할 수 있다. 약 4.6미터가 넘는 거대한 석상들은 피라미드 위에 늘어서서 묘한 분위기를 자아낸다.

툴라에는 두 개의 피라미드가 더 있으며, 공놀이 경기장과 광장 주변으로 수많은 기둥이 줄지어 있다. 아마 수많은 기둥으로 장식하는 것이 당시의 스타일이었던 듯하다. 게다가 약 40미터에 달하는 '뱀의 벽'이 있다. 뱀이 인간을 먹는 섬뜩한 모습을 아주 정교하고 세밀하게 부조로 표현해 장식한 벽이다.

이곳에서 이루어진 공놀이는 단순한 놀이가 아니라 희생 제의를 위한 하나의 이벤트로서, 진 팀은 신전에서 신의 제물로 목이 베어졌다. 이런 공놀이도 메소아메리카의 문화적 공통점이다. 툴라 예술의 주된 테마는 희생과 전쟁으로, 툴라가 무력으로 세력을 확대했음을 보여주며 톨테카 전체가 어려운 상황들을 극복하고 군사력으로 주변 세력을 규합해 나갔음을 의미한다.

톨테카는 어느 문명과 영향을 주고받았나

톨테카의 도시와 왕궁은 아스텍과는 다르게 섬세하고 화려한 아름다움을 지녔다. 왕궁의 방들은 금과 보석, 조개, 화려한 깃털을 가진 이국적인 새, 그리고 벽화로 장식되었다. 또한 아름다운 노래를 부르는 새를 애완용으로 키움으로써 왕궁은 마치 다른 세상, 곧 천국을 연상케 했다.

그러나 약탈과 파괴로 인해 이런 아름다움을 지금은 찾아보기 어렵다. 톨테카의 섬세함은 마치 마야를 연상케 하는데, 사실 툴라와 치첸이싸의 유사성을 연구하는 학자들도 적지 않다. 광장 옆에 늘어선 수많은 기둥, 섬세한 부조로 장식된 벽들, 그리고 같은 포즈의 석상이 톨테카가 마야의 치첸이싸에 직접적으로 영향을 주었다고 보는 이유다.

(왼쪽 위부터 시계 방향으로) 툴라의 차크몰, 아스텍의 차크몰,
치첸이싸의 차크몰, 헨리 무어의 차크몰.

위의 사진은 '차크몰[Chac mool]'이라는 와상[臥床]으로, 배 위에 놓은 접시에 신에게 바치는 제물을 놓았다고 추정된다. 인신 공양을 할 경우에는 사람의 심장을 그 위에 놓고 신에게 바쳤다. 영국의 조각가 헨리 무어[Henry Moore]는 이 와상에 직접적으로 영감을 받아 같은 제목으로 몇 개의 작품을 선보이기도 했다. 사실 예술적인 부분은 쉽게 교류할 수 있고 서로 영향을 주고받기도 하지만, 그것이 종교와 관련된 부분이라면 이야기는 달라진다. 쉽게 영향을 주고받기 어려운 것이 바로 종교적인 부분이다. 또한 신전을 장식하는 조각이라면 더 말할 필요가 없다.

물론 연대의 문제, 즉 어디에서 어디로 영향을 주었느냐는 상황에 따라 달라질 수 있다. 두 문명 사이를 연결해 주던, 치첸이싸와 툴라 사이의 아직 알려지지 않은 또 다른 문명이 존재했었을 가능성도 있다. 하지만 중요한 것은, 툴라로 대표되는 멕시코 고원 분지 지역의 문명들과 유카탄반도의 마야가 서로 교류하고 있었다는 점이다. 한편 남아메리카 문명들과 메소아메리카 문명들이 서로 교류했는가 하는 문제는 그리 쉽지만은 않다. 메소아메리카 문명들은 멕시코만과 카리브해 등을 중심으로, 남아메리카 문명들은 절대적으로 태평양을 중심으로 교역했다고 보므로, 운하가 뚫리기 전에 그렇게 활발한 교류가 이루어졌을 가능성은 높지 않다. 물론 멕시코 고원 분지에서 발원한 문명 중에 태평양을 이용해 교류했던 문명의 흔적이 남아 있기도 하고, 남아메리카와 메소아메리카 사이에 활발한 교류가 없었다는 것은 현재까지의 관점에서 그렇게 본다는 것이다. 이는 새로운 고고학적 발굴을 통해 충분히 뒤집힐 수 있는 사실이다.

톨테카가 테오티우아칸보다 더 강력하게 메소아메리카를 통치했을 것이란 가설은 그들이 호전적인 부족이라는 데서 기인한다. 테오티우아칸은 자신들의 용병으로 호전적인 부족들을 이용했던 듯하다. 로마의 경우와 비슷하게, 이 용병들의 힘은 점점 커졌다. 물론 이 오랑캐 용병들과 테오티우아칸이 직접적으로 충돌하지는 않았던 것 같다. 테오티우아칸은 알 수 없는 이유로 멸망했고, 이후 톨테카가 성립하기까지는 적지 않은 시간이 흘렀기 때문이다. 하지만 테오티우아칸에 대한 톨테카인들의 생각은 그리 좋지 않았던 것 같다. 기록을 보면, 톨테카인들 이 폐허가 된 테오티우아칸에 들어가 불을 지르고 건물을 파괴했다고 나와 있다. 즉, 그렇게 부서지고 훼손된 모습이 지금의 테오티우아칸이라는 것이다.

케쌀코아틀의 인격화를 추진한 왕 토필친

톨테카에서 가장 눈길을 끄는 것은 바로 케쌀코아틀이다. 앞에서 계속 언급했듯이 깃털 달린 뱀이며 비를 관장하는 신이었던 케쌀코아틀이 톨테카에서는 왕의 명칭으로 굳어지면서 신과 지도자가 합일되는, 마치 고대 이집트나 로마에서 초기 황제 권한이 강할 때를 연상케 하는 상황이 벌어졌다. 이는 무엇보다 강력한 지도자가 존재했었음을 보여준다. 중앙집권적인 국가 형태를 지녔을 것이며, 제국의 형태였다면 주변 국가를 모두 복속시켰으리라 짐작할 수 있다. 봉건제와 비슷한 통치 구조와 신과 같은 위치의 절대적 지도자는 어울리지 않기 때문이다. 그 형태를 확실히 알 수는 없지만, 톨테카는 전쟁의 포로들과 공물로 받은 젊은이들을 희생 제의에서 제물로 썼던 것 같다.

케쌀코아틀의 인격화는 톨테카의 왕이었던 토필친[Topiltzin]이 시도한 것이다.[15] 토필친은 968년부터 툴라의 지배자였으며, 톨테카

---

15) 이전까지 이 이야기는 그저 전설이나 신화라 여겨졌으나, 고고학적 발굴과 연구를 통해 이것이 실제 역사였으며 당시 메소아메리카에서 굉장히 큰 사건이었음이 밝혀졌다. 이 사건은 마야의 신화에도 영향을 미쳤을 정도다. 근친상간이 실제로 있었는지는 확실하지 않지만, 이 역사적 사건은 전설

는 그때부터 제국 혹은 그에 준하는 세력으로 성장했다. 그는 종교 개혁도 추진해, 특히 인신 공양의 전통을 없애려 했던 듯하다. 이런 점으로 미루어보면 그는 제정일치 사회를 꿈꾸었고, 이는 그때까지 형성되어 있던 사제 계급들의 저항을 불러일으켰다. 여기서 케쌀코아틀의 신화와 역사가 만나는 부분이 생긴다. 당시 톨테카에서는 다신교를 신봉했는데, 케쌀코아틀 못지않은 세력을 지닌 신이 있었다. 그 신은 밤·죽음·마법의 신으로, 그 이름은 '연기 나는 거울'이라는 의미의 테스카틀리포카[Tezcatlipoca]였다. 토필친은 사제처럼 평생 미혼으로 살 것을 맹세했다. 그러나 테스카틀리포카를 섬기는 쪽에서 용설란 수액을 발효시켜 만든, 지금의 풀케[pulque]16)와 비슷한 술로 토필친을 취하게 만들고는 옷을 벗긴 채로 그의 여동생 침대에 집어넣었다. 이로써 금욕의 약속이 깨졌을 뿐만 아니라 근친상간을 했다는 충격에, 살아 있는 케쌀코아틀이었던 토필친은 동쪽으로 떠나게 되었다. 또 다른 버전의 이야기는 다음과 같다.

토필친과 테스카틀리포카가 대결을 펼쳐 결국 토필친이 승리했다. 하지만 테스카틀리포카가 죽기 전에 자신의 몸에 마법을 걸어, 그 누구도 자신의 시체를 도시에서 치울 수 없도록 했다. 썩기 시작한 그의 시체는 악취를 풍겼는데, 그 악취는 사람을 죽일 정도로 강력했다. 그렇게 테스카틀리포카의 시체는 도시 중앙에 놓여 있었고, 그의 마법을 푸는 방법은 자신이 떠나는 것임을 깨달은 토필친은 결국 톨테카를 떠나게 되었다. 그는 깃털 달린 뱀의 신답게 뱀으로 만든 뗏목을 타고 동쪽으로 떠났다.

이 되어 가르시아 마르케스[Gabriel Garcia Marquez] 등의 작가들에게 영향을 미친 것으로 보인다. 근친상간은 톨테카의 토필친에게는 충격적인 죄악이었으나, 잉카의 황족들에게는 당연한 것이었다. 이집트의 파라오나 유럽 왕족간의 결혼 또한 넓게 보면 근친상간에 가깝다고 할 수 있다.

16) 우리나라의 막걸리와 비슷한 발효주이다.

이 이야기를 해석해 보면, 토필친은 전통적인 사제 세력과 경쟁 관계에 있었으며 제정일치 사회를 꿈꾸었음을 알 수 있다. 제국을 세우면서 그의 힘은 점점 커졌으나 결국 사제 세력을 압도하지는 못하고, 그들에 의해 축출되었던 듯하다. 하지만 유혈이 낭자할 정도의 정치적 대결 관계는 아니었고, 토필친이 스스로 물러난 것으로 보인다. 그가 정말 홀로 떠났는지 아니면 자신의 세력과 함께 떠났는지는 알 수 없으나, 세력 경쟁에서 밀린 것은 사실인 듯하다. 재미있는 것은 토필친-케쌀코아틀이 떠나면서 흰 피부와 덥수룩한 수염을 지닌 모습으로 돌아오겠다고 예언했다는 점이다. 물론 새로운 세계가 열릴 때 돌아오겠다고 예언한 것인데, 이후 인간으로 묘사된 케쌀코아틀은 다분히 서구적이다. 이 부분이 후대에 첨가된 것인지 아니면 상상만으로 서구적 인간을 묘사한 것인지 알 수는 없지만, 92쪽의 그림에서도 알 수 있듯이 톨테카 사람들은 약간 서구적으로 생겼던 것 같다. 이 전설이 아스텍으로 이어져서, 에스파냐 정복자들이 도착했을 때 아스텍인들은 케쌀코아틀이 귀환한 것이라 여겼다. 케쌀코아틀의 재림[再臨]. 아마 목테수마는 본능적으로 깨달았을 것이다. 이제 자신의 시대는 끝이 났다고. 사실 신화의 예언은 어느 정도 이루어졌다고 봐야 할 것이다. 구[舊]질서는 무너졌고, 케쌀코아틀 혹은 그와 비슷한 사람들이 메소아메리카를 정복하기 시작해 현재까지 이어지니 말이다.

코요테의 투구를 쓴 케쌀코아틀

마야에 지대한 영향을 미친 톨테카

토필친의 이야기는 아메리카 대륙의 동쪽, 즉 유럽이나 아프리카로 이어지지 않고 유카탄반도의 마야 세계로 이어진다. 토필친이 축출되어 자신의 세력과 함께 툴라를 떠났다고 한다면 그의 목적지는 아마도 마야 문명 지역이었을 것이다. 마야의 신화에는 뱀의 신 '쿠쿨칸[Kukulcán]'이 나오는데, 일부 학자들은 그가 다름 아닌 토필친이라고 주장한다. 900년경 외부 세력이 마야에 침입한 흔적이 있는데, 여러 가지 정황으로 미루어볼 때 툴라에서 축출된 토필친의 세력이었으리라 짐작할 수 있다. 물론 그의 침략은 성공적이었던 것 같지는 않다. 마야에도 쿠쿨칸의 재림 신화가 있는 것을 보면, 토필친이 마야를 확실하게 정복했다기보다는 세력 경쟁을 하다가 다른 곳으로 이주했다고 추정된다.

10세기경 호전적인 왕이 세력을 잡으면서 톨테카의 지배는 날로 광폭해졌으며 결국 내부 갈등과 외부 세력의 침입으로 툴라는 붕괴되었다. 이후 지배 집단의 자살과 수도 이전 등으로 힘이 약해진 톨테카는 자연스럽게 무너졌다. 물론 외부 세력의 침입이 톨테카 붕괴의 가장 직접적인 요인이 되었겠지만, 역시 내부 갈등이 결정적이었다고 봐야 할 것이다.

톨테카는 상대적으로 짧은 시간인 약 300여 년(900~1200) 동안 유지되었으나, 문화적인 영향력은 상당했다. 특히 '재림의 약속'이라는 케쌀코아틀의 예언은 메소아메리카 신화에 많은 영향을 주었다. 물론 케쌀코아틀의 신화적 예언이 메소아메리카 전체에 영향을 미친 것은 12~13세기경부터로 보이나, 케쌀코아틀의 신화는 굉장히 오래된 것이다. 서기전 1500년경의 올메카 유적에서부터 케쌀코아틀, 즉 깃털 달린 뱀, 다시 말하면 바로 용의 형상이 등장하므로, 어쩌면 메소아메리카 문명이 시작하면서부터 케쌀코아틀의 신화는 함께 등장했다고 할 수 있다.

톨테카 이전까지 케쌀코아틀은 비·구름·물을 상징하는 신으로서 주로 물과 관련이 있었으며, 그 사회에서 농업이 차지하는 비중에 따라 케쌀코아틀의 신으로서 차지하는 위치도 결정되었다. 다시 말해 케쌀코아틀의 성장은 메소아메리카의 경제 구조를 상징적으로 보여준다고 할 수 있다. 이후 농업이 발달하면서 케쌀코아틀은 그저 물과 바람 등의 신이 아니라 '창조의 신' 이미지를 갖게 되었다. 즉, 디오니소스와 오시리스의 신화와 비슷하게, 모든 생명체의 성장에 관여하는 신이면서 동시에 죽을 수밖에 없는 운명을 가진 신의 이미지를 갖게 되었다. 부활과 재림의 이미지도 지니게 되는,데 이것은 다름 아닌 식물의 성장, 즉 열매를 맺고 그 열매가 다시 대지로 돌아와 싹을 틔우는 '자연과 생명의 순환'을 상징한다.

이런 사실들로 미루어볼 때, 케쌀코아틀과 테스카틀리포카는 서로 적대적인 관계라기보다 서로가 서로의 분신이 되는, 마치 동전의 양면과 같은 관계다. 쉽게 검은 케쌀코아틀이 바로 테스카틀리포카이며, 하얀 테스카틀리포카가 곧 케쌀코아틀인 것이다. 마치 우리나라의 음과 양, 그리고 태극의 개념과 흡사하다고 할 수 있다. 그러므로 하나가 떠나거나 떠난 후 다시 돌아오거나 하는 등의 행위가 불가능함에도 그런 전설이 신화가 된 것을 보면, 실제 정치가 영향을 미쳤다고 볼 수 있다.[17]

---

17) 모르몬교도들의 《모르몬경》에 아메리카 대륙의 원주민에 대한 언급이 나오는데, 그들은 유대인 중 하나로 바다를 건너 아메리카 대륙으로 건너왔다고 한다. 아마 베링해협을 건너왔다는 설 때문에 유럽이나 아프리카 지역에서 서쪽으로 이동해 아메리카 대륙에 이르렀다는 의견은, 《모르몬경》의 실제 역사성을 제쳐놓더라도 거의 유일한 텍스트인 것 같다. 또한 케쌀코아틀이 동쪽으로 갔

케쌀코아틀은 톨테카에서 실질적인 사제 혹은 지배자의 명칭으로도 사용되었는데, 종교적·문화적 리더이면서 메시아 같은 역할도 했던 듯하다. 케쌀코아틀의 가르침은 마치 기독교 성서처럼 ≪오래된 이야기[Huehuetlahtolli]≫에 기록되어 사제들 사이에서 전해졌다. 번역되어 발간되기도 한 이 책에는 마야의 마지막 달력 혹은 2012년 지구 멸망 등의 개념들이 보인다. 이는 아마도 마야와 톨테카가 밀접하게 관련되었음을 보여주는 또 하나의 증거일 것이다. 톨테카는 특히 종교적 영향을 메소아메리카에 주었으며, 그 영향은 약간 강압적으로 전파가 되었던 것 같다. 실제 권력과 문화의 전파가 비례한다는 것을 상징적으로 보여주는 것이다.

2.3 여전히 신비로운 마야문명

전 세계 모든 사람들이 쉽게 발음할 수 있는 '마야'라는 단어는 힌두교에서 '육화[肉化]된 브라만[Brahman]'이란 의미로 사용되고 석가모니의 어머니로도 알려져 있다. 또한 메소아메리카를 대표하는 문명 중 하나이며, 얼마 전 제작된 할리우드 재난 영화 <2012>(2009)에 마야인들의 달력이 소개되어 지구 종말을 예언한 문명이라는 명성도 얻게 되었다. 이 명성과 더불어 무언가 신비롭고 불가사의한 문명이라는 선입견이 점점 더 커지게 된 것도 사실이다.

다고 한 것은 동쪽을 그들의 근원으로 보았다는 것인데, 이 또한 굉장히 재미있는 설정이다. 아메리카의 동쪽에는 대서양과 유럽, 그리고 아프리카가 있기 때문이다.

독자적인 언어와 문화를 지켜온 마야인들

물론 개인적인 의견이지만, 라틴아메리카의 최대 미스터리는 아마 마야 문명일 것이다. 사실 나스카의 문양이나 잉카의 잃어버린 공중 도시 마추픽추에 대해서는 지금은 어느 정도 그 비밀이 풀렸다. 그러나 마야는 지금까지 그 기원도 명확히 알려져 있지 않으며, 대략 서기전 150년부터 서기 1521년까지 유지되었다고 추정할 뿐이다. 그즈음 도시국가적 형태를 갖추었지만, 대략 서기전 3000년경부터 중미 고산 지역과 정글 지역에 마야인 혹은 그들의 조상이라 할 수 있는 사람들이 거주한 듯하다. 독립된 정치·행정 조직은 아니지만, 현재까지도 마야인들은 정글에서 조상들의 방식으로 농사를 지으며 그들의 말과 문화를 지켜오며 살고 있다. 바로 지금, 이 순간에도 말이다. 약 오천 년간 전통을 지키며 살아가는 민족에는 우리 한민족도 포함될 수 있겠지만, 마야는 느낌이 좀 다르다. 전통을 지키며 예전 방식을 그대로 고수하며 살아가고 있는 그들의 존재 자체가 미스터리인 것이다. 어찌 보면 16세기부터 들어온 서구의 모든 것에 대한 저항인지도 모를 일이다.

게다가 마야 제1의 전성기라고 할 수 있는 800년경에서 900년경에, 크게는 약 70여 개의 도시국가 연합체였고 작게는 100개 이상의 도시 및 중소 부족 연합으로 이루어진 마야연합이 갑자기 사라졌다. 사라진 이유는 얼마 전까지 풀리지 않는 숙제였으며, 어떤 면으로는 미스터리였다. 물론 이보다 약 100여 년 전에 대도시 테오티우아칸과 싸포테카가 붕괴한 것과 어떤 연관 관계가 있을 수도 있다. 그러나 정글에 도시의 유적만을 남기고 마치 사람만 사라진 것처럼 붕괴된 마야의 제1차 전성기는 풀 수 없는 수수께끼 같은 것이었다. 하지만 마야의 미스터리는 새로운 고고학적 발굴을 통해 이미 어느 정도 해결되었다고 본다. 이 글의 말미에 그 미스터리의 해답을 만날 수 있을 것이다. 물론 미스터리에서 역사로 들어오는 길은 약간 허무할 수도 있다.

이야기가 많이 돌아 왔지만, 개인적으로 마야를 라틴아메리카에서 가장 미스터리한 문명이라 생각하는 이유는 다름 아니라 그들의 독립적인 면 혹은 이질적인 면 때문이다. 멕시코 고원 분지 지역에서 발원한 수많은 부족과 문명은 그 시원은 다르다 해도 결국 문화적으로 서로 영향을 주고받으며 하나로 동화되었으며, 이는 남아메리카의 경우도 마찬가지였다. 다른 문명들과 관계가 완전히 없었던 것은 아니지만, 마야는 독자적인 언어와 문화를 지켜냈다. 메소아메리카에서 가장 이질적인 부족이 바로 마야인 것이다.

잉카와 아스텍이 모두 대륙을 통일한 대제국이라 볼 수 있으나, 마야의 존재 때문에 아스텍은 불완전한 제국이라 할 수 있다. 물론 당시 아스텍이 마야에 꽤 강한 영향을 미쳤음을 보여주는 여러 증거들이 나왔다. 하지만 마야를 정복하지 못했으므로 아스텍이 메소아메리카를 호령한 대제국이라고 보기란 어렵다. 마야가 규모는 작지만 꽤 강성한 문명으로서 자존심과 자긍심이 대단해 완벽하게 정복하기 어려웠다면, 결국 아스텍이 메소아메리카 통일이란 과업을 달성하지는 못했다고 봐야 할 것이다. 그러나 진짜 문제는 아스텍의 입장에서 마야가 정복 대상으로 보이지 않았을 경우, 즉 전혀 이질적인 존재이므로 정복 필요성을 느끼지 못했을 경우다. 그랬다면 아스텍 제국 당시에도 마야를 이질적인 존재로 느끼고 있었음을 뜻하기 때문이다.

개인적인 생각이지만, 당시 마야는 카리브해 도서 지역의 해상 무역을 장악하고 있었을 가능성이 높다. 중미와 남미 북부의 중소 문명 성립에 결정적인 영향을 미쳤거나 혹은 직접 이주를 통해 그 문명을 성립했을 가능성도 높다. 하지만 카리브해 도서 지역의 경우에는 원주민이 '멸족'했다는 표현이 어울릴 정도로 모두 사망했고, 당시의 유적이나 전설을 예로 드는 것도 현재는 쉬운 일이 아니다. 게다가 남아메리카의 경우 대형 문명들에 대한 연구도 아직 모자란 실정이므로, 중소 유적들에 대한 연구는 그리 활발하지 않은 편이다. 파나마와 콜롬비아, 그리고 베네수엘라 등의 고고학 발굴과 연구 성과에 따라 라틴아메리카의 역사는 다시 바뀔 수 있다.

에스파냐 정복자들이 유카탄반도에 도착했을 때 마야는 치첸이싸를 비롯한 일부 지역에 거주하는 중소 부족들이 이룬 문명으로, 당시 메소아메리카의 대제국이었던 아스텍과는 비교하기 어려울 정도로 규모가 그리 커 보이지 않았다. 마야의 진짜 중심지였던 현재의 과테말라 정글과 고산 지역에서 마야 문명은 갑자기 붕괴되었다. 마야의 후예들은 그들의 잃어버린 도시에 대한 이야기와 전설을 알고 있었으나 쉽게 알려주지 않았던 것 같다. 유카탄반도의 마야 문명이 무너지자 마야는 정복된 것처럼 보였다. 물론 뒤에서 다시 이야기하겠지만, 마야를 무너뜨린 것은 에스파냐군의 무기가 아니라 그들이 가져온 역병[疫病], 천연두 였다. 마야인들에게는 아스텍과 다르게 케쌀코아틀의 재림 신화가 없었다. 아무리 외모가 다르고 낯선 무기를 쓴다고 해도 그들은 그저 물리쳐야 할 적 혹은 해적이었을 뿐이었다. 마야인들은 용맹하고 자부심이 넘쳤지만, 천 년 이상 단련된 독한 역병을 이겨낼 방법이 없었다.

이후 정글 속 마야의 도시국가들은 점점 전설 속으로, 마치 안개처럼 사라지게 되었고, 정글은 이 도시들을 덮쳤다. 마치 그 누구의 발길도 허락하지 않는 것처럼.

탐험가가 찾아낸 정글 속의 도시

마야 멸망 후 300여 년이 지난 1839년, 미국의 여행 작가이자 법률가였던 존 로이드 스티븐스[John Lloyd Stephens](1805~1852)와 그의 친구인 영국 출신 건축가이자 예술가 프레더릭 캐서우드[Frederick Catherwood](1799~1854)는 고대 건축물에 매료되어 메소아메리카 지역을 여행하기로 마음먹었다. 그리고 우연히 마야의 전설, 즉 정글 안에 마야의 고대 도시가 잠들어 있다는 전설을 듣고 정글 지역을 탐험하기로 결정했다. 그들은 현재 벨리세 지역에서부터 온두라스를 지나서 과테말라로 들어가는 루트를 잡고 여행을 시작했다. 물론 호기심 반으로 시작한 여행이었으나, 정글은 만만치 않았다. MBC 다큐멘터리 ≪아마존의 눈물≫에서 볼 수 있었던 사건·사고들이 그들의 여행에서도 마찬가지로 벌어졌을 것이다. 엄청난 습도, 더위와 갈증, 그리고 각종 해충들은 그들에게 혹독한 신고식을 치르게 했다. 이윽고 그들은 현재 온두라스의 코판[Copán] 부근의 초라한 원주민 마을에 도착했다. 그 근방에 큰 돌들이 쌓여 있는 곳이 있다는 원주민들의 말에 스티븐스와 캐서우드는 큰 기대를 하지 않고 그곳에 가보았다. 그리하여 잠들어 있던 마야의 역사가 새로 밝혀지게 되었다.

19세기 탐험가 스티븐스와 캐서우드가 발견한, 온두라스의 코판 유적지.

　그들 눈앞에 그리스와 로마, 그리고 이집트 양식이 섞여 있는 듯한, 이국적이고도 거대한 석조 건물들이 펼쳐졌다. 그들은 그 광경 자체에 압도되었다. 스티븐스는 글을 쓰고 캐서우드는 그림을 그리며 열악한 환경에서도 환상적인 유적에 대한 연구를 시작했다. 그리고 마야의 진정한 모습이 점점 안개 속에서 드러나게 되었다.

　그들은 새로운 유적을 발견하는 데 빠져들어, 원주민들이 들려준 마야의 전설에 따라 다른 도시도 찾아 나서게 된다. 그 결과, 현재 멕시코 치아파스[Chiapas]주의 유적지 팔렝케를 발견했고, 수많은 해충과 독사와 전갈과 사투를 벌이면서도 여행을 멈출 수 없었던 그들은 유카탄반도로 향해 욱스말[Uxmal]마저 발견하게 된다. 하지만 거기서 캐서우드가 말라리아에 걸리는 바람에 함께 미국으로 돌아갈 수밖에 없었다. 그들은 자신들의 탐사 결과를 스티븐스의 글과 캐서우드의 삽화가 곁들여진 두 권의 책으로 남겼다. 환상적인 중앙아메리카 유적에 대한 내용을 담은 그 책은 학자뿐만 아니라 일반

대중들에게도 적지 않은 충격을 주었다. 무엇보다 중앙아메리카의 세련된 예술 작품들과 건축물들은 당시에 쉽게 상상할 수 없는 것이 었기 때문이다. 그 시대에 문명이란 구세계 혹은 아시아와 유럽에 한정된 것이었다. 그래서 고대 이집트와 그리스에 비견될 문명이 중앙아메리카에 존재했고 그 문명이 그저 버려진 채로 남겨졌다는 것은 물론, 당시 시각에서 미개해 보이는 원주민들의 조상이 세웠다고는 도저히 믿을 수 없었으므로 그 모든 사실들 자체가 미스터리였던 것이다.

1년이 지나고 캐서우드와 스티븐스는 다시 탐사를 시작했다. 지난 여행을 경험으로 삼은 이 탐사 여행에서는 더 많은 정보를 얻어 욱스말과 툴룸[Tulum]을 비롯한 대략 40여 곳을 탐사했다. 마야의 도시 수는 현재 대략 70개에서 100개 정도로 보는 게 일반적이므로, 결국 그들은 그 이전까지는 숨겨져 있었던 마야 문명의 도시들을 약 반 정도 탐사했던 것이다. 그리고 그들은 이 탐사의 결과물을 ≪유카탄 여행기[Incidents of Travel in Yucatán]≫(1843)란 책으로 발간했다. 캐서우드와 스티븐스의 연구와 탐사는 이후 고고학과 인류학에 큰 영향을 미치게 되었다. 물론 그들의 탐사 여행은 현재의 고고학적 발굴과는 많은 차이가 있다. 하지만 당시에는 그저 유적들이 즐비한 도시가 발견되는 것만으로도, 그리고 편협한 유라시아 중심의 문명사가 바뀌는 것만으로도 큰 충격이었을 것이다.

이후 수많은 고고학자들이 새로운 문명을 탐사하기 위해 중앙아메리카로 향하게 되었다. 약 50년 후, 1891년부터 1895년까지 캐서우드와 스티븐스가 처음으로 발견한 유적지인 코판에서 실질적인 발굴 작업이 이루어졌다. 이후 마야의 많은 유적지에서 고고학자들이 주도하는 발굴 작업이 이루어지면서, 점점 더 많은 유물 분석을 통해 마야의 비밀들이 밝혀지기 시작했다. 19세기 말, 20세기 초에 와서야 비로소 마야의 모습이 안개 속에서 드러나기 시작했던 것이다.

각기 별개의 문화를 지닌 도시국가 연맹

마야는 어떤 문명이었고, 마야인은 누구였으며 어떤 사람이었을 까? 이에 대한 대답은 고고학적 연구 결과에 따라 약간씩 바뀌기도 하지만, 마야인은 서기전 3000년경부터 메소아메리카 남부 대부분 의 지역에 광범위하게 거주했던 이들을 가리킨다. 마야 문명은 서기 전 150년경부터 도시국가가 형성되어 9세기에는 약 70개 이상의 도 시국가가 연합한 형태로 유지된 문명이다. 각 도시국가들은 행정적 으로는 독립되어 있었으나 문화적·경제적·언어적으로 하나의 공 동체였으며, 현재도 이 전통을 유지하고 있다. 쉽게 고대 그리스의 도시국가 연맹을 생각하면 될 것이다. 실제로 마야의 도시는 광장과 신전과 궁전으로 구성되었고 회반죽으로 꾸며졌기에, 그 모습이 그 리스의 도시국가와 다소 닮아 있다. 물론 도시가 성립될 때 사원 혹 은 절 등 종교적인 목적에서 지은 건물과 행정 중심지, 궁, 그리고 광장과 도시를 보호하는 성곽 등은 굉장히 보편적인 것이므로, 이런 구조를 그렇게 특별하다고 보기란 어렵다.

도시국가 연합인 마야 문명은 결국 제국으로 성장하지 못했고, 이 는 마야의 제1 전성기가 끝나버린 이유 중 하나가 될 것이다. 동시 에 이는 마야가 도시간 경쟁을 통해 문화의 다양성과 각종 기술의 발달을 이끌어낸 원인이므로, 또한 고대 그리스 도시국가의 상황과 비슷하다고 할 것이다.

마야가 별개의 문화를 메소아메리카에서 유지했다는 가장 좋은 증거가 바로 그들의 언어다. 언어학자들은 연구를 통해 대략 사천 년 전에 마야어가 성립했다고 보며, 다양한 마야어의 모어[母語]가 되는 이 언어를 '원[原]마야어[Proto-Mayan language]'라 부른다. 도시국가 연합이라는 특성상, 이후 마야어는 약 31개에 이르는 별개의 언어로 발전하게 되었다. 이는 지역에 따라, 그리고 문화적 교류에 따라 구분된 것으로, 언어의 사용 지역을 통해 각 도시 연합의 관계를 추측할 수 있다. 그러나 언어의 차이가 있음에도 마야의 도시국가들은 흡사한 문화·종교·예술 등을 지녔으며, 행정 조직 및 통치 방식도 그리 다르지 않았던 것 같다.

마야의 영역은 멕시코의 유카탄반도·치아파스주·타바스코주, 그리고 현재의 벨리세·온두라스·엘살바도르·과테말라 지역이 그 중심이었다. 그러나 도시국가 연합이라는 특성상 그 외의 일부 지역에서도 마야 문명의 영향이 있었던 것으로 보인다. 중앙아메리카 남부 지역이나 멕시코 동부 해안 지역에서 마야의 영향이 보이는 유적들이 발견되었기 때문이다.

마야의 역사는 중심 지역과 기타 발전 정도, 시대 등을 기준으로 보통 세 부분으로 분류한다. 고고학계에서 '고전기[classic]'라고 부르는 시대를 기준으로 앞뒤로 한 단계씩을 첨가한 것이다. 이 책에서는 쉬운 이해를 돕기 위해 '마야 전성기'라고 명명하겠다.

마야 전성기 이전 시대는 서기전 3000년부터 서기 250년까지로, 마야 문명이 과테말라의 태평양 연안 고산 지대를 중심으로 발달한 시기다. 현재 그 지역은 중앙아메리카 지역을 벗어나지 않으며, 멕시코의 치아파스주와 엘살바도르 지역 등이 해당한다.

마야 전성기는 250년부터 900년까지인데, 그 중심은 대부분이 정글인 과테말라의 페텡 지역이다. 이때 약 70여 개의 도시가 건설되었고, 도시들은 교역을 통해서 교류했다.

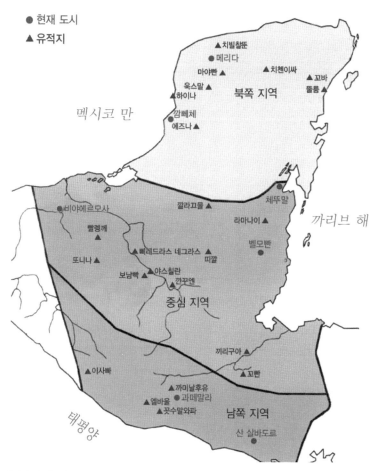

● 현재 도시
▲ 유적지

치빌찰뚠 ▲
● 메리다
마야빤 ▲   치첸이싸 ▲   꼬바 ▲
욱스말 ▲   뚤룸 ▲
▲ 하이나   북쪽 지역

멕시코 만   깜뻬체 ●
에즈나 ▲

체뚜말 ●
● 비야에르모사   깔라끄물 ▲   까리브 해
빨렝께 ▲   라마나이 ▲
벨모빤 ●
또니나 ▲   ▲ 삐레드라스 네그라스   띠깔 ▲
보남빡 ▲ ●야스칠란
깐꾸엔 ▲
중심 지역

끼리구아 ▲
▲ 이사빠   꼬빤 ▲
까미날후유 ▲
엘바울 ▲ ● 과떼말라
태평양   ▲ 꼿수말와파   남쪽 지역
산 살바도르 ●

마야의 영역은 쉽게 생각하면 아래에서 위로 이동한 것이다.
전성기에는 마야의 중심 지역이 번성했다.

마야 후기는 900년부터 에스파냐에게 정복당한 1521년까지로, 거의 모든 도시가 멕시코의 유카탄반도 지역에 집중되어 있다.

마야의 미스터리는 전성기에 번성했던 많은 도시국가들이 비슷한 시기에 모두 붕괴되었고 버려졌다는 것이다. 할리우드 모험영화에서 종종 등장하는 정글 안에 숨겨진 도시 혹은 동굴 안 깊숙한 곳에서 전설 속의 세계를 만나는 모든 이야기들이 마야의 버려진 도시에서 영감을 얻은 것이다.18) 하지만 21세기에 들어서면서 마야 전성기가 미스터리하게 막을 내린 원인도 밝혀지고 있다.

종종 라틴아메리카의 고대 문명에 대해 말할 때 마야는 빠지지 않는다. 그러나 고도로 발달한 상형문자 체계, 1년을 정확하게 계산한 역법[曆法]과 달력, 천문학적 지식, 그리고 섬세하고 세련된 예술 작품들과 자연친화적인 농업 방법 등 문화적으로 발달했던 마야를 고대 문명으로 분류한다는 것은 문제가 있다. 게다가 콜룸부스가 아메리카 대륙으로 건너올 당시 유럽은 중세 말기였다. 로마 바티칸이 세계의 중심이었으며, 허브티를 마셔서 감기가 나았다는 이유만으로 화형을 당할 수도 있었던 시대였다. 마야인들의 희생 제의와 인신 공양 등은 사실 쉽게 받아들이기 어렵지만, 마녀 재판에 비하면 그리 유별나게 어려운 것만은 아니다.

---

18) 셜록 홈스[Sherlock Holmes] 시리즈로 유명한 아서 코난 도일[Arthur Conan Doyle]의 ≪잃어버린 세계[The Lost World]≫ 또한 마야 문명에서 힌트를 얻었다. 이 작품은 영화 ≪주라기 공원≫과 상호텍스트 관계이다.

마야 문명의 파괴자이자 기록자 디에고 데 란다

1521년 마야 문명이 무너진 후 에스파냐 군대는 이 지역을 장악하고 두 가지 작업에 들어갔다. 하나는 경제적으로 마야인들에게 강제 노역을 시켜 플랜테이션농업 구조로 편입되게 한 것이며, 또 하나는 종교적으로 마야인들을 가톨릭으로 개종시키려 한 것이다. 마야 지역은 다른 지역에 비해 상대적으로 금이나 은이 풍부하지 않았다. 가톨릭으로 개종한다는 것은 결국 이교도적인 모든 것을 파괴함을 의미했고, 특히 마야인들의 발전된 상형문자는 대부분 소실되었다. 그 외에 많은 예술품들은 물론, 중소 부족 거주지의 종교 시설들이 무자비하게 파괴되었다.

이 파괴의 중심에 프란체스코회의 신부이자 유카탄 교구의 주교였던 디에고 데 란다 칼데론이 있었다. 그는 마야 사회를 가톨릭 사회로 변화시키기 위해 마야의 전통을 말살했다. 그는 철저하게 유럽 중세적인 인물이었다. 일부 부족이 마야의 전통 종교 의식을 행한다는 정보를 들으면, 마치 중세의 종교재판을 하듯이 무자비한 고문과 살육을 일삼았다고 한다.

마야 문명의 특징으로는 발달한 상형문자뿐만 아니라 책도 있었다. 물론 현재의 책과는 약간 다른 형태로, 굳이 비교를 한다면 파피루스와 비슷한 형태다. 무화과나무 안쪽 부분을 압축해 종이 형태로 만든 것을 석회수로 코팅한 후, 길게 만든 종이를 지그재그로 접어 아코디언과 비슷한 형태로 책을 만든 것이다.

염료를 사용해 날카로운 펜이나 얇은 붓 등으로 책에 기록했으며, 삽화와 함께 일부는 채색도 했던 것으로 보인다. 그때에는 유럽도 인쇄술이 발달하기 시작하는 단계였기에, 마야의 책은 당시 유럽의 필사본과 비교해도 질적으로 전혀 떨어지지 않는 수준이었다. 그러나 가톨릭의 눈으로 보면 이교도의 물건일 뿐, 이슬람의 ≪쿠란≫과 별반 달라 보이지 않았을 것이다. 마야의 책에는 그 문화와 역사가 상세하게 기술되어 있었으리라 추측하지만, 모두 불타버렸기에 정확한 것은 영원히 알 수 없다. 마야의 서적은 현재 서너 권 정도만 남아 있을 뿐이다.

역사의 모순은 이 순간에 작용한다. 란다 주교는 유카탄반도에 도착한 순간부터 마야 문명을 파괴하기 위해 마야 문명을 연구하고 공부하기 시작했다. 그는 수많은 마야인들과 이야기를 나누고, 에스파냐 세력이 도착하기 전의 마야 문화에 대해 스스로 기록했다. 또한 란다 주교는 마야인의 언어를 에스파냐어로 소리 나는 대로 기록한 첫 번째 인물이다. 그가 1566년에 쓴 ≪유카탄 풍물기[Relación de las cosas de Yucatán]≫는 마야 문명에 대한 상세한 묘사와 설명으로 가득하며, 1980년대가 돼서야 시작한 마야 상형문자의 해석에 중요한 단서를 제공하기도 했다. 마야 문명 파괴에 가장 큰 역할을 한 이가 마야 문명을 연구하고 그 사회를 복원하는 데에도 가장 지대한 공헌을 한 것이다. 1990년대 말에 와서야 남아 있는 마야 상형문자의 완전한 해석이 가능해졌다. 캐서우드와 스티븐스가 전성기의 마야 유적들을 발견한 후에 수많은 고고학적 발굴이 이루어져, 마야의 석상과 건물의 외벽에도 상형문자가 남아 있다는 것이 밝혀졌다. 현재에도 이 마야 상형문자를 해석하기 위해 수많은 학자들이 노력하고 있다. 이들의 노력이 결실을 맺으면 맺을수록 마야 문명은 '신비'라는 안개를 뚫고 나와 우리 앞에 그 실체를 보여줄 것이다.

문자로 기록된 저술의 주요 테마, 역사와 종교

마야의 책에 대한 최근의 연구에 따르면, 마야에서 기록을 담당한 계층은 아마 사제 계급이었을 것이다.[19] 초기에는 상형문자의 특징상 글을 쓴다는 것과 그림을 그린다는 것에 차이가 없었을 것이다. 즉, 그림을 그리는 계층이 문자를 기록하는 계층으로 소급되었을 것이다. 마야의 예술 작품 대다수가 왕이나 기타 중요 귀족들, 종교적·주술적 상징물들을 표현했으므로, 당연히 그들은 사제 혹은 그에 준하는 계층이나 계급이었을 것이다. 염료 및 잉크와 종이 또한 당시에는 대량 생산하기 쉽지 않은 품목이었으므로, 글쓰기는 그림 그리

---

19) Michael D. Coe, Mark Van Stone, *Reading the Maya Glyphs*, Thames&Hudson, 2001, pp. 13~15.

기와 흡사하게 일부 계층에서 전담하고 있었을 것이다. 물론 당시의 사제 계급은 정확한 시간에 제사를 지내야 했으므로 천문학자이기도 한, 예술가이자 저술가였을 것이다. 당연히 그들을 위한 교육이 이루어져, 교육 기관을 통해 성장한 그들은 사회의 엘리트 계층이 되었을 것이다. 그들에게 중요한 목표 하나는, 신을 찬양하고 정치적 지도자들과 지배 귀족들을 숭배하는 것이었다. 대부분의 서적 제작에 상당한 재화가 들었으므로 사제들은 왕이나 기타 영향력 있는 귀족의 후원을 받았을 것이며, 그런 이들을 찬양하고 숭배하려는 목적은 당시 사제 계급에게는 아주 보편적이었을 것이다.

마야의 예술과 저술은 크게 두 종류로 나뉘는데, 곧 역사와 종교다. 역사적 사건이란 왕과 왕가, 그리고 전쟁과 그에 준하는 사건들을 말한다. 당시 전쟁을 묘사한 그림들은 아직도 많이 남아 있다. 또한 종교적인 것으로는 신에 대한 묘사와 이야기, 종교 의식, 인신 공양 혹은 (물론 이것도 결국 유혈이 낭자한 희생 제의로 연결되지만) 마야의 공놀이 등을 주로 표현했다. 사실 마야의 전쟁은 희생 제의에 필요한 포로를 얻기 위한 것과 서로의 세력을 겨루기 위한 것으로 구분할 수 있는데, 결국 모든 전쟁은 종교적 제식과 연결되었고, 그 도시의 강성함을 드러내는 가장 단적인 증거가 되었다.

권력 과시용 기념물 건립과 마야의 멸망

마야의 도시들 대부분에는 채색된 궁전과 피라미드 형태의 신전이 있었다. 처음에 이 건물들은 기본적인 도시의 요건이었던 것으로 보이며, 약간의 차이가 있었긴 했지만 공통된 문화적 특징을 지녔다. 하지만 전성기로 들어서면서 70여 개의 도시국가들이 번성하기 시작하자 도시들 사이에는 경쟁이 생겨났다. 경쟁은 도시 사이에서뿐만 아니라 왕과 왕 사이에도 있었다.

왕들 사이의 경쟁은 처음에는 석상을 세우는 것에서 시작했던 듯하다. 석상은 정교하고 아름다웠으며, 그 크기는 시대별 상황을 반영해 약 1미터에서 11미터까지 다양했다. 예전에는 그저 장식으로 여겨졌던 마야의 상형문자들은 그 석상의 주인공인 왕 혹은 귀족이나 사제의 기본적인 정보, 생몰 연대, 기타 업적들을 표시했다. 쉽게 말하자면, 무덤 앞의 비석과 같은 기능을 했던 것이다. 중원 고구려비나 광개토대왕비를 생각하면 어렵지 않게 이해할 수 있을 것이다.

그러나 왕들의 경쟁보다 도시들의 번성 속도가 더 빨랐던 것 같다. 마야의 인구는 기하급수적으로 늘어났고, 이에 비례하듯 도시도 하루가 다르게 발전해 갔다. 동시에 왕의 기념물과 왕족들과 귀족들을 위한 궁전은 점점 커져갔다. 피라미드는 종교적 용도만이 아니라 왕의 무덤 역할도 하게 되었다. 도시의 거대한 건축물이 왕을 위해 헌정되기 시작한 것이다. 마야의 제3신전은 티칼의 유적 중에서 가장 거대하지만, 이 건축물 자체는 한 왕을 위해 지어졌다고 본다. 마야는 이 권력 과시욕 경쟁의 가속도를 줄이지 못한 것 같다. 더 크고 장엄한 기념물을 필요로 했고, 현재의 왕들은 과거의 왕을 능가하고 싶어 했다. 평민들은 노역에 시달려야 했고, 희생 제의의 규모도 점점 커져서 더 많은 노예들이 필요해졌다. 노예들을 확보하기 위한 전쟁도 마야 도시국가 사이에서 많이 일어났던 듯하다. 마야의 전성기에 바로 이런 왕의 기념물과 왕족들과 귀족들을 위한 건축물을 세우며 그들의 국력을 낭비한 것이다. 그러다 갑자기 거의 모든 도시들이 붕괴했다. 가뭄이 한 가지 이유가 될 수 있겠으나, 치명적인 영향을 미치지는 않았다.

마야 전성기의 교역 중심지 칸쿠엔

2000년 새 천년의 시기에 과테말라 페텡 밀림 지역에서 마야의 도시 칸쿠엔[Cancuén]이 발견되었다. 칸쿠엔은 교역의 중심지였다. 마야의 교역망을 나타낸 지도에서 모든 문물이 지나가는 중심 지역에 칸쿠엔이 있었다. 마야 전성기의 중심지가 바로 칸쿠엔이었던 것이다.

미국의 고고학자 아서 데마레스트[Arthur Demarest]는 미국-과테말라 합동 조사단을 꾸리고 2000년 과테말라의 페텡 지역을 탐사했다. 그들은 마야의 상형문자에 언급된 마야 최고의 상업 도시, 모든 문물이 유통되었다고 보이는 도시를 찾고 있었다. 데마레스트는 '뱀의 도시'라고 불렸던 칸쿠엔이 어쩌면 마야 전성기 시절 중심 도시였을지도 모른다고 추측했다. 유난히 뱀이 많은, 그것도 독사가 많은 지역에 들어가게 된 그의 발굴 팀은 거기서 탐사하기 시작했다. 하지만 정글 지역임에도 지반 층이 상당히 견고했기 때문에 탐사는 쉽지 않았다. 원래 정글 지역은 땅이 무르기 마련인데 그 지역은 그렇지 않았던 것이다. 그러나 오래 지나지 않아 견고한 지반 층은 건축물의 일부였음이 밝혀졌다. 나아가, 놀랍게도 그들이 밟고 있는 모든 곳이 바로 건축물의 지붕임이 밝혀졌다. 발굴 팀은 뱀의 둥지, 마야 최대의 중계무역지 칸쿠엔의 궁전 위에 있었던 것이다.

마야의 건축물은 아쓰테카에 비해 섬세한 반면에 그리 크지 않았던 것이 특징이나, 칸쿠엔의 경우에는 달랐다. 칸쿠엔의 궁전, 즉 발굴 팀이 서 있던 그 궁전은 3층으로 된 축구 경기장 여섯 개 크기인, 약 23제곱킬로미터 이상의 장방형 궁전이었는데, 평으로 환산하면 2만4800평(약 8.2헥타르)의 어마어마한 규모였다. 현재의 기준으로 보아도, 최대는 아니지만 단일 면적으로는 무시할 수 없는 엄청난 크기다. 멕시코 고원 분지 지역에 위치한 대도시 테오티우아칸의 크기가 약 21제곱킬로미터 정도다. 따라서 칸쿠엔 궁전의 크기가 테오티우아칸보다 더 큰 것으로, 상상만으로는 그 규모를 쉽게 짐작하기 어렵다.

칸쿠엔 궁전 내부에는 약 200여 개의 화려하고 거대한 방이 있었는데, 높이 6.1미터로 한 층이 약 3층 건물 높이였다. 궁전 안에 아름답게 꾸며진 안뜰 열한 개가 있었던 것으로 보이며, 모든 건물에 회칠이 되어 방수 효과를 발휘해 잘 보존되어 있었다. 이렇듯 건물 자체로 엄청난 권력을 보여주며, 거대한 규모뿐만 아니라 건물의 섬세하고 화려한 마야 특유의 장식은 보는 사람을 압도하고도 남을 정도였을 것이다. 이런 점은 칸쿠엔이 그저 도시국가 중 하나가 아니었음을 증명한다. 물론 마야는 도시국가 연합체로서 통일된 제국의 형태로 발전하지 못했지만, 도시 연합을 이끄는 지도 체계가 없었다는 말은 아니다. 다시 말해 다른 마야 문명을 압도하는 칸쿠엔의 궁전은 이 도시가 마야 도시 연합을 이끌던 도시였음을 시사한다. 칸쿠엔의 왕과 왕족, 귀족 등이 거주한 궁전은 굉장히 호화로웠던 것으로 보인다.

궁전 밖에는 장인들과 함께, 무엇보다 상인 집단이 살았다. 장인들은 옥을 가공해서 만든 화려한 장신구와 기타 보석류, 흑요석 칼을 주로 만들었다. 칸쿠엔의 인구는 그 규모에 비해 적어서, 약 천

명에서 삼천 명 정도였다고 추정한다. 그러므로 칸쿠엔에는 강력한 군대가 있었다고 보이지는 않는다.

칸쿠엔의 번영은 특히 그 위치에서 기인했다. 마야의 모든 무역 루트의 중심에 칸쿠엔이 위치했다. 마야의 모든 산물은 마치 파나마 운하를 통해 선박이 통과하듯이 칸쿠엔을 통해야만 했다. 이렇게 물류의 모든 흐름을 장악한 칸쿠엔은 마야의 도시들을 제압하기 위해 강력한 군대를 필요로 하지 않았을 것이다. 그저 물류의 흐름을 막는 것만으로도 위협을 주기에 충분했을 것이기 때문이다. 특히 제사에 필요한 제수용품의 유통을 막아버리면 다른 도시들의 왕과 사제들이 벌이는 제식 행위 자체가 불가능해져서 그들의 권력이 무의미해졌을 것이다.

이렇듯 칸쿠엔의 권력은 그 자체로 불가침의 영역이었다고 할 수 있다. 당시 함께 번영을 누렸던 티칼·팔렝케·코판 등 강성했던 도시들도 칸쿠엔의 권위에는 복종해야 했을 것이다. 칸쿠엔을 발굴한 데마레스트 교수의 연구에 따르면, 거의 모든 마야의 수공품들이 칸쿠엔의 영향 아래서 관리되었다. 옥으로 만든 섬세한 장신구와 재규어 어금니로 만든 목걸이, 왕과 제사장을 위한 화려한 장식, 예를 들어 화려한 색깔의 깃털(케쌀코아틀의 깃털) 등은 칸쿠엔을 통해서만 구입할 수 있었다. 어찌 보면 현대의 개념으로 유통 독점과 같은 상태였던 것이다.

약 300년부터 칸쿠엔을 중심으로 한 무역망이 생성되어, 칸쿠엔은 800년에 붕괴하기 전까지 전성기를 누리면서 무역 동맹을 통해 주변 도시국가를 장악했던 듯하다. 400년경에는 테오티우아칸을 비롯한 멕시코 고산 분지 지역과 연계된 무역망이 생겨서, 멕시코 남부의 3분의 2와 현재의 과테말라·온두라스·엘살바도르 등의 지역을 포함하는 대규모 경제 공동체를 만들었던 것 같다. 칸쿠엔은 테오티우아칸과 영향을 주고받는 관계에 있었던 듯하지만, 이 관계는 경쟁 관계가 아니라 무역 관계였던 것으로 보인다. 마야가 전성기에 도시 연합체에서 강력한 제국으로 성장하지 못한 이유는 무역을 중심으로 성장했기 때문인 듯하다. 지리적으로 거리가 가깝지 않은 도시들을 하나의 제국으로 통합하는 것보다 도시국가들이 서로 경쟁하며 교역하는 것이 서로에게 더 이익이 되었기 때문이다. 특히 칸쿠엔처럼 중계무역을 한다면, 거대한 제국이 되어 그 제국 안에서 물자가 이동하는 것을 선호할 이유가 없다. 무역은 주로 물물교환으로 이루어진 듯하나, 카카오 열매를 마치 화폐처럼 사용하기도 했다고 추정한다.

무덤 발굴로 밝혀진 마야 붕괴의 미스터리

마야의 미스터리는 수많은 도시들이 함께 전성기를 구가하다가 모두 붕괴하고 유령 도시처럼 남겨졌다는 것이다. 많은 학자들이 칸쿠엔의 발굴 이전까지 수많은 가설을 발표했으나, 가설은 그저 가설일 뿐이었다. 800년경 메소아메리카에는 큰 가뭄이 들었다고 알려졌는데, 이 가뭄이 마야가 붕괴한 이유 중 하나일 것이라 추측하기도 한다. 하지만 마야처럼 발달한 도시국가 연합이 그저 가뭄으로 붕괴되었다고 보기란 무리가 있다. 그런 이유로 마야의 미스터리는 풀리지 않고 남아 있었다.

2000년에 칸쿠엔을 발굴하면서 데마레스트 교수는 특이한 유골 수십 구를 발굴했다. 마치 대규모 학살을 당한 듯한 유골들이 저수지와 궁전 근처에서 발견된 것이다. 그 유골들은 그저 평민이나 노예의 것이 아니었다. 그들은 값비싼 옥 장신구와 심지어 가장 귀하다는 재규어 어금니로 만든 목걸이마저 하고 있었다. 곧 왕족 혹은 왕족과 비슷한 권력과 부를 누리던 귀족의 시체였던 것이다. 보통 귀족의 시체가 그렇게 방치되는 경우는 없다. 시대에 따라 마야의 매장 풍습이 조금씩 달라지기는 하지만, 도시의 저수지에 시체를 방치하는 경우는 (그것이 전쟁의 형태는 아니라 해도) 적어도 습격을 받아 죽었음을 말한다. 나아가 시신을 수습하지 못했고 그 이후에도 시신을 수습할 여건이 되지 않았다는 것은, 죽은 왕족 계열 사람이 권력 투쟁에서 밀려났거나 도시 전체가 새로운 지도 체제로 바뀌었음을 의미한다.

유골 근처에서 발견된 토기로 연대를 측정한 결과, 약 800년과 900년 사이라는 연대가 나와서 칸쿠엔의 최고 전성기와 붕괴 시기가 겹쳐짐을 알 수 있었다. 그리고 얼마 떨어지지 않은 곳에서 초라한 무덤에 묻힌 왕족 혹은 그에 준하는 인물의 무덤을 발굴했다. 이 정도의 정보로는 알 수 있는 것이 많지 않았지만, 발굴된 무덤에서 중요한 단서가 될 수 있는 상형문자가 발견되었다. 그 문자를 1960년대 이후부터는 해석할 수 있었으므로 해석한 결과, 그 무덤은 놀라운 대사건과 미스터리의 첫 부분임이 밝혀졌다.

초라한 무덤의 주인공은 다름 아닌 칸쿠엔의 왕 칸 마악스[Kan Maax]였다. 마야 도시 연합의 지도 국가로 강성했던 칸쿠엔 혹은 그렇게 짐작되는 칸쿠엔의 왕에게 초라한 무덤은 극단적으로 어울리지 않았다. 습격을 받아 갓난아이까지 말살당한 왕족과 살해당해서 초라한 무덤에 묻힌 왕, 그리고 칸쿠엔의 몰락와 다른 마야 도시들의 몰락. 이 모든 것은 도미노처럼 일어났을 가능성이 높다. 무엇보다 먼저 이 모든 것에 영향을 미친 그 시작은 바로 가뭄이었을 것이다.

마야의 도시들에서는 치수[治水]가 우선적으로 중요했다. 고산 지역은 고산 지역대로 밀림 지역은 밀림 지역대로, 그 특성 때문에 물관리가 무척 중요했다. 가뭄이 닥치자 열악한 환경 속에 있던 도시들, 곧 고산 지역과 밀림 안의 도시들이 무너지기 시작했을 것이다. 따라서 그곳 시민들은 다른 도시의 빈민으로 편입되었을 것이다. 칸쿠엔에는 빈민들이 가장 많았을 것이다. 물론 이런 문제로 마야가 무너지지는 않았다. 문제는 칸쿠엔의 가장 위대한 왕이었던 타지 찬아크[Taj Chan Ahk]였다.

왕이면서 제사장이었던 타지 찬아크는 칸쿠엔 최고의 번영기를 이끌었으며, 마야 도시문명의 실질적 리더로 꼽혔다. 그는 마야 역사상 어쩌면 가장 위대한 왕일지도 모른다. 그는 고려의 태조 왕건처럼 혼인동맹이란 방식으로 주변 도시의 왕 혹은 왕족과 사돈 관계를 유지하면서 자신의 입지를 공고히 했던 것으로 보인다. 물론 이런 혼인동맹 세력간 후계자 전쟁은, 카리스마 넘치던 타지 찬아크가 사망하자 바로 시작되었을 것이다. 고려의 태조 왕건이 살아 있을 때에는 안정적이었던 혼인동맹이 그 이후 경종 때에 이르기까지 무너지고 혼란스러워진 것과 마찬가지로 말이다. 수많은 왕자들과 왕비들, 가뭄으로 굶주리고 있던 하층민과 난민들, 그리고 칸쿠엔을 탐욕스런 눈으로 바라보고 있던 주변 도시국가의 왕들. 이 모든 이들이 하나의 장엄한 오페라, 비극적인 오페라를 만들었다.

타지 찬아크의 후계자였던 칸 마악스는 위대한 아버지를 뛰어넘는 카리스마와 권력을 보여주려 했을 것이다. 그래야만 혼란을 가라앉히고 자신의 자리를 호시탐탐 노리던 다른 왕자들의 기세 또한 확실히 꺾을 수 있기 때문이었다. 하지만 타지 찬아크는 칸쿠엔의 전성기를 이끌었던 왕이었다. 그런 아버지를 뛰어넘기란 쉽지 않은 일이었고, 경제 상황도 좋지 않았다. 그는 더 큰 궁전과 더 큰 기념물, 더 큰 신전을 원했을 것이다. 그의 욕심과 비례해 민중들은 더욱 굶주렸고, 노역은 증가되었다. 이미 붕괴된 국가의 왕족이 어느 왕자의 외척이라도 되었다면 상황은 더 급박했을 것이다. 고려의 역사에서도 알 수 있듯이, 혼인동맹은 당사자가 집권할 때에는 굳건하지만 당사자 사후에는 바로 후계자 경쟁에 들어가게 해서 국론 분열과 혼란을 불러일으킨다. 물론 왕의 후계자가 선왕을 능가하는 카리스마의 소유자라면 이야기는 달라지겠지만, 그런 왕자의 경우 끝까지 살아남아서 왕위를 이어받는 일 자체가 그리 쉽지 않다는 사실도 역사에서 쉽게 찾아볼 수 있다.

외척들은 언급할 필요가 없을 만큼 상황이 완벽하게 준비되어 있던 것으로 보인다. 사실 왕위 경쟁만 일어나도 한 왕조가 붕괴할 수 있는 이유가 된다. 우리나라에서는 고구려가 그랬고 후백제가 그랬다. 엄청나게 호화로운 궁전 안에는 세상의 모든 욕망을 즐기는 왕족과 왕이, 그 궁전 밖에는 하루하루 굶주리며 겨우 삶을 이어가는 백성들이 있었다. 그리고 이미 붕괴된 도시의 난민들도 있었을 것이다. 구체적인 원인이 무엇이었는지 밝힐 수는 없지만, 어느 날 도화선에 불이 붙었다.

마치 신전처럼 혹은 그보다 더 크고 화려하며 단단해 보이던 궁전으로 사람들이 달려들었다. 그러고는 궁전을 태우고 약탈했으며, 왕과 왕의 가족들을 죽였다. 물론 약탈과 방화는 단 한 번으로 그치지 않았다. 적어도 한 번 이상의 습격이 있었다고 보이는데, 이는 칸 마악스의 무덤에서 알 수 있다. 그의 무덤은 사실 무덤이라 부르기도 힘든, 가매장이라 할 수 있었다. 요컨대 현재의 왕을 죽이고 나서 칸쿠엔이 공식적으로 다른 왕을 세우고 국가를 정비하지 못했다는 것이다. 왕위를 노린 왕자의 난[亂]이 일어나 혼란이 가라앉기 전에 다른 왕자의 난이 일어났을 가능성도 있다. 왕자의 난 이후 칸쿠엔이 혼란에 빠지면서, 사회 하층민과 다른 도시 출신의 난민들이 또 다른 반란을 일으켰을 가능성도 있다. 아버지를 능가하는 왕이 되고 싶었던 많은 왕들의 욕망, 더 큰 기념비를 만들려 했던 왕과 왕족·귀족들의 욕망, 칸쿠엔을 향한 다른 도시들의 탐욕, 왕자들 사이에서 일어난 암투, 권력에 대한 욕망, 이렇듯 인간들의 욕망은 마야 최고의 도시 칸쿠엔을 무너뜨리고 말았다.

마야인들은 몰랐을 것이다. 그들이 망쳐버린 것이 바로 자신들의 심장이었다는 것을. 겨우 버티던 도시들도 무역의 중심지가 없어짐으로써 교역을 할 수 없었다. 수입하던 모든 물건들이 사라졌다는 것은 견고한 무역망을 통해 번영을 이루었던 도시들이 붕괴할 수밖에 없었다는 것을 의미한다. 그들은 살아 있는 사람의 심장을 태양의 신에게 바침으로써 풍작과 번영을 기원했다. 그 기도가 이루어졌다면 왕은 이제 더 이상 보통 왕이 아니라 신의 대리인 혹은 신 그 자체였을 것이다. 마야인들은 자신들의 심장, 교역의 심장을 불태웠다. 그러므로 당연히 이제 그들이 죽을 차례였던 것이다. 신에게 바치기보다 그들 탐욕의 희생양으로 마야의 심장을 불태웠다. 그리고 마야는 사망했다. 그들 욕망의 속죄양으로 바쳐진 것이다.

연쇄적으로 도시는 붕괴했을 것이다. 어떤 도시에는 식량이 모자랐고, 어떤 도시들은 제사에 필요한 물품을 구할 수 없었다. 도시의 모든 기능은 마비되었고, 가뭄은 계속되었다. 마야인들은 이후 약 50여 년 동안 방랑의 시기를 거쳤다. 그리고 유카탄반도의 한편에 다시 자신들의 보금자리를 만들게 되었다. 하지만 과거와 비교하기 어려울 정도로 규모가 매우 작았다. 그들은 칸쿠엔 붕괴 이후 다시는 그런 교역의 중심지를 만들지 못했던 것이다. 유카탄에서 시작된 마야의 시기는 마치 백제나 발해의 유민이 만든 국가와 비슷했다.

현재까지 칸쿠엔을 중심으로 그 주변에 발달한 하천과 기타 육로를 이용한 교역은 기타 유물들로 확인된다. 심지어 오고간 품목이 무엇인지도 점점 파악되고 있다. 그러나 태평양과 카리브해, 멕시코만 등 바다를 이용한 무역에 대해서는 아직 관련 사항이 확인되고 있지 않다. 연안에서 선박을 이용해 교역했을 가능성도 충분히 생각할 수 있다. 칸쿠엔은 적어도 600여 년 동안 발달한 교역의 중심지로, 마야인들이 연안을 이용해 카리브해의 쿠바로 들어가기란 그리 어렵지 않았을 것이다. 또한 멕시코 북부와 미국 남부 지방과도 교역할 수 있었으리라고 본다. 앞으로의 연구 결과에 따라 마야의 고전 시기라고 명명된 마야의 전성기는 그 평가가 달라질 수 있다. 대서양과 카리브해 등을 이용한 해양 무역 루트가 존재했음을 밝혀낸다면 메소아메리카와 남아메리카의 관계, 아니 아메리카 대륙 전체의 문화 지도 또한 달라질 수 있기 때문이다.

마야의 미스터리는 이제 양지[陽地]로 나오기 시작했다. 이 모든 것이 마야 상형문자의 해석에서 시작되었다. 사실 발굴을 통해 유물을 보고 해석하고 추측하는 것도 시발점이라는 것이 있어야 한다. 마야의 수많은 서적은 불에 타버렸지만, 아직 석상 등의 유물에 수많은 상형문자가 남아서 전해지고 있다. 사료의 해석을 통해 우리는 역사의 진실에 조금 더 가까이 다가갈 수 있을 것이다. 또한 우리가 알지 못했고 상상도 못했던 새로운 사실을 사료가 전해 줄 가능성도 적지 않다. 마야는 이제야 자신의 이야기를 들려주기 시작한 것이다. 천 년이 넘게 지켜온 비밀을 말이다.

치수 기술을 통해 농사를 지었던 티칼

현재 마야를 대표하는 도시 유적은 멕시코 유카탄반도의 치첸이싸와 과테말라의 티칼 유적일 것이다. 티칼은 밀림 한가운데 위치하고 있다는 것이 특징이다. ≪인디애나 존스[Indiana Jones]≫(2008)와 같은 영화에서 보듯, 밀림 속에서 갑자기 펼쳐지는 새로운 문명 같은 소재들은 모두 티칼에서 유래했다고 봐도 될 정도로 티칼은 그 존재 자체로 미스터리하다. 티칼은 다른 마야 전성기의 유적들이 그렇듯 한동안 잊혀 있었다. 그러다가 원주민 선교를 하다가 길 잃은 수도사에 의해 17세기에 비로소 그 모습을 드러냈다. 피라미드 유적에는 잡초가 무성했지만, 햇빛에 반사되는 유적들의 모습은 신비로워 보이기

티칼 제2신전.
'가면의 신전' 혹은 '달의 신전'으로도 불린다. 중앙 광장의 서쪽에 위치하고 있으며, 티칼의 가장 위대한 왕 중 하나인 이킨 칸 카윌[Yik'in Chan K'awiil]이 아버지 자사 칸 카윌[Jasaw Chan K'awiil]을 위해 제1신전을 지었고, 어머니를 위해 제2신전을 지었다고 한다. 하지만 이킨 칸 카윌은 자신을 위해 티칼에서 제일 큰 제4신전을 건축하기도 했다.

에 충분했다. 물론 치첸이싸도 밀림 중앙에 위치하고 있는 피라미드 유적이다. 하지만 치첸이싸는 마야의 마지막 날까지 마야인과 함께한 마야의 중심지였고, 에스파냐인들도 익히 알고 있던 유적이었다.

티칼은 17세기에 그 존재가 알려지기 시작했지만, 본격적인 탐사와 발굴이 이루어진 것은 1950년대부터다. 이후 피라미드 유적을 비롯한 티칼의 복원 사업이 시작되었고, 현재는 대부분의 유적이 발굴되고 복원되었다. 그러나 티칼에 대한 연구는 계속되고 있고, 아직 풀리지 않은 미스터리가 남아 있다.

티칼은 신비한 이미지를 지녀, 조지 루카스[George Walton Lucas Jr.]의 영화 ≪스타워즈[Star Wars]≫ 4편(1977)에 패러디되어 표현되기도 했고, 1979년에는 유네스코 지정 세계문화유산으로 선정되기도 했다. 현재 티칼의 유적 지역은 피라미드와 기타 건축물들을 제외하고는 푸른 잔디로 덮여 있으나, 원래는 회칠이 된 석조 바닥이 있었던 것으로 보인다. 900년을 전후해 마야의 도시국가들이 붕괴할 때 티칼도 그 운명을 같이했다고 보기에, 티칼이 붕괴해서 유령 도시로 남게 된 것은 더 이상 미스터리라 할 수 없다.

티칼의 미스터리는 무엇보다도 식수였다. 밀림 한가운데서 어떻게 식수를 얻고 관개용수를 확보해 농사까지 지었는지는 얼마 전까지 해결되지 않는 미스터리였다. 티칼은 석회암 지대에 건설되었기에, 아무리 비가 많이 온다고 해도 얼마 지나지 않아 빗물이 땅으로 모두 스며들게 된다. 게다가 견고한 석회암 층은 자그마한 우물을 파기에도 버거운 존재였다. 안정적인 수원[水源]이 없는 곳에서 인구 6만 이상이었으리라고 추정되는 도시가 존재할 수 있다는 것 자체가 바로 미스터리였다.

티칼의 당시 모습을 재현한 모형.
인공 저수지와 함께 빗물을 모으는 시스템을 강조하기 위한 계단식 바닥이 눈에 띄는데,
실제로는 경사가 더 완만했을 것이란 의견이 강하다.

　　미국의 고고학자이며 신시내티대학 교수인 버넌 스카버러[Vernon
L. Scarborough]는 1990년대부터 라틴아메리카 문명과 기타 세계 문
명의 치수 방법에 대한 연구를 진행해 왔는데, 티칼의 치수 방법에
대한 미스터리도 풀어냈다. 그는 티칼 근처에서 쉽게 볼 수 있는 석
회암을 태우고 곱게 갈면 회반죽의 재료가 된다는 점에 주목했다.
회반죽은 무엇보다 방수 효과가 있다. 지금도 티칼의 건물에는 회반
죽이 꽤 많이 남아 있다. 회반죽은 비단 건축물에만 사용된 것이 아
니다. 광장을 비롯해 티칼의 거의 모든 지역에 회반죽이 보통 7센티
미터 이상 두껍게 사용되었다. 그리고 측량 결과 티칼은 약 0.76도
기울어져 있었다. 두꺼운 회반죽과 0.76도 경사도는 빗물을 한곳으
로 흐르게 할 수 있을 정도였다. 티칼 사람들은 거대한 저수지를 만
들어 이 빗물을 보관하고 이용했다. 저수지의 바닥에서도 상당한 두

께의 회반죽 흔적을 찾아볼 수 있었다. 저수지는 서로 다른 높이로 적어도 세 개 이상 있어서, 거주민들은 풍부한 수원을 이용해 생활하고 농사도 지었다. 티칼은 어쩌면 상대적으로 물이 풍부한 도시였을 수도 있는 것이다. 관개 시설은 보통 남아메리카에서 발달한 것으로 알려져 있었으나, 스카버러 교수의 연구를 통해 마야 지역의 치수와 관개 시설도 남아메리카에 못지않았음이 밝혀졌다. 하지만 석회질이 많은 물을 사용하면 소화계에 문제가 생기거나 피부병에 걸리기 쉽다. 게다가 고여 있는 물이었을 것이므로 농업용수가 아니라 생활용수로 바로 사용하기에는 약간 문제가 있었을 수 있다. 따라서 아직 밝혀지지는 않았지만 마야는 치수만이 아니라 정수[淨水]에도 상당한 지식과 기술을 지녔으리라 짐작할 수 있다. 마야의 정수 기술이 밝혀진다면 이 또한 마야가 얼마나 섬세하고 발달한 기술을 가진 문명이었는지를 보여주는 것이다.

농업 발달의 증거, 치첸이싸의 피라미드

마야의 진정한 기술과 과학이라면 역시 천문학과 수학 등을 예로 들 수 있다. 마야는 숫자 0의 개념을 아랍 지역보다 먼저 사용했다고 알려져 있고, 모든 정보를 기록으로 남겨놓았다고 추정된다. 그러나 현재 전해지는 것은 거의 없고, 각종 유적 및 치첸이싸의 피라미드와 건축물을 통해서만 그 사실을 알 수 있다. 후기 마야라 할 수 있는 치첸이싸 중심 시대에는 마야 사회의 중심 산업이 상업 및 무역에서 농업으로 바뀐 듯하다. 앞에서도 계속 밝혔듯이, 마야의 전성기는 무역을 통해서 이루어졌고 무역망이 무너지면서 붕괴되었다고 본다. 하지만 후기 마야는 유카탄반도에 집중되어 있었고, 전과 같은 무역을 통해 부를 축적하지는 않았던 것 같다. 오히려 밀림을 태우고 그 자리에 농사짓는 화전[火田] 형태의 농업이 발달했던 듯하다. 그 증거가 바로 치첸이싸의 피라미드다.

[사진] 파종을 염두에 두고 만들어진 치첸이싸의 엘까스띠요 피라미드.
본격적인 유적지 정비가 시작되기 이전(위)과 이후(아래)의 다른 모습들

물론 고고학적 발굴을 통해 유카탄의 마야 또한 카리브해의 도서 지역 혹은 더 나아가 멕시코 해안 지역을 장악하고 대규모로 무역을 벌였음을 증명할 수도 있다. 하지만 그것이 사실로 증명된다 하더라도, 치첸이싸의 피라미드가 파종을 염두에 두고 만들어졌음은 그 누구도 부정할 수 없다. 유카탄반도에서 마야는 종교적 제식 행사마저도 그저 신화적이거나 맹목적으로 행한 것이 아니라 풍요와 풍작을 기원하는, 기우제의 성격을 띠고 행했을 것이라 짐작할 수 있다.

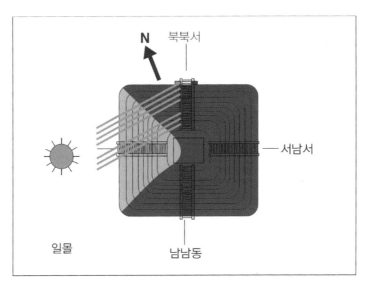

북북서

N

서남서

일몰

남남동

쿠쿨칸 신전에 춘분 때 하늘에서 뱀 신이 빛의 모습으로 내려오면 바로 씨를 뿌릴 때가
되었다는 신호다. 치첸이싸의 피라미드에서는 정확히 춘분에 뱀 신의 현현[顯現]이 이루
어진다.

다시 말하면, 사회의 성격이 완전히 달라진 것이다. 농사는 정직
하다. 뿌리고 가꾸는 만큼 거두는 것이다. 물론 농사에는 신의 은총
도 필요하다. 특히 강우[降雨]의 부분은 확실히 그렇다. 그러나 이때
는 인간의 시기가 되었다. 신도 신과 인간의 중간자도 필요하지 않
았다. 후기 마야 사회는 몇 개의 도시가 중심이 된 농업 사회로, 이
성적이고도 과학적인 사회였던 것으로 보인다. 당연히 신화와 미스
터리도 사라졌을 것이다.

쿠쿨칸 신전에 춘분 때 뱀 신 모양이 나타나는 원리.
춘분날 해질녘에 서북서 벽 외관의 계단형 모서리를 통해 빛이 지나면서 북
북동 계단에 일곱 개의 넓은 삼각형 형태의 빛이 비추게 되는데, 이 과정은
마치 하늘에서 빛의 뱀이 하강하는 것과 같다.

    이렇게 안정적인 마야 사회는 다시 500여 년 동안 큰 문제없이,
에스파냐 세력이 침입하기 전까지 유지되었다. 마야는 톨테카의 침
입에 의해 톨테카는 물론 아스텍의 영향 아래에도 있었던 것으로 보
이나, 자신들의 독자적인 문화와 행정권을 잃어버리지는 않았다. 정
복하고 싶어도 쉽게 정복할 수 없는, 규모는 작아졌으나 무시할 수

없는 세력이 바로 마야였다.

마야 멸망의 결정적 이유, 천연두

마야는 우리나라에서 출판된 라틴아메리카 문명 관련 책에 항상 언급되는 문명이다. 마야인들의 달력과 수학, 신화 ≪포폴부[Popol Vuh]≫,[20] 상형문자는 공통적으로 언급되는 부분이므로 이 책에서는 생략했다. 이미 많이 알려진 부분을 또다시 언급하는 것은 어쩌면 종이 낭비일 수도 있기 때문이다. 또한 이미 알려진 많은 것들은 마야의 상형문자가 해석됨에 따라 수정될 것이다. 마야 상형문자 해석을 통해 진정한 그들의 모습을 점점 더 볼 수 있을지도 모른다.

하지만 언급하지 않으면 안 되는 부분이 있다. 대부분의 책들이 마야는 에스파냐 세력이 침공했을 때 이미 쇠퇴했으며 자연적으로 멸망했다고 밝히고 있다. 하지만 마야인들은 톨테카와 아스텍의 침략에서도 자신들의 자치권을 지켜낸 자존심 강한 민족이었고, 전성기와는 비교가 안 되지만 안정적인 발전을 이루었으며 다양한 과학 지식을 보유했다. 무엇보다 그들은 자존심이 강했다. 마야인들은 영웅적으로 에스파냐 군대와 맞섰다. 1502년 에스파냐의 침공을 막아냈고, 1531년 다시 침공해 온 것도 물리쳤다. 그러나 1502년 에스파냐 군대의 침공이 있을 당시에, 마야는 승리는 거두었지만 신은 마야를 버렸다. 아니 역신[疫神]이 마야를 찾아왔다. 천연두였다.

---

20) 18세기 초 과테말라의 치치카스테낭고[Chichicastenango] 관구 신부인 프란시스코 히메네스 [Francisco Ximenez]가 발견했다. 그는 (현재는 소실된) 키체[Quiché]어 원본을 필사하는 한편 에스파냐어로도 번역했는데, 이것들은 현재 시카고 뉴베리[Newberry] 도서관에 소장되어 있다. 이 책에는 인간의 창조, 신의 행위, 키체족의 기원과 역사, 1550년까지의 키체 왕 연대기 등이 기록되어 있다. 우리나라에 번역되어 소개되기도 했다.

당나라가 백제를 침공했을 당시 일본은 수군을 보내며 참전했다. 전쟁은 결국 백제-왜[倭] 연합군의 패배로 끝이 났다. 그리고 패잔병과 함께 천연두가 일본의 당시 수도 교토로 들어가는 바람에 인구의 절반이 목숨을 잃었다고 한다. 신라의 향가 '처용가[處容歌]' 또한 부인의 외도를 노래한 것이 아니라 역병을 주술적 행위, 즉 춤추고 노래 부르는 행위로 쫓은 것을 노래한 것으로 보기도 한다. 신라도 천연두로 고생했다. 특히 전쟁과 같은 상황, 항상 여러 명이 함께 서로 몸을 부딪치며 싸워야 하는 상황은 바이러스와 병균이 자라고 번식하기에 너무나 좋은 조건이었을 것이다.

천연두는 1977년에 와서야 퇴치되었다고 선포될 정도로 오랫동안 인간을 괴롭혀 왔다. 다큐멘터리 ≪아마존의 눈물≫에서 나온 것처럼, 외부에서 유입된 병은 초기 항체가 전혀 없는 원주민들에게는 그 자체로 치명적이었다. 현재도 이와 비슷한 일이 아마존에서 일어나며, 500여 년 전에는 유카탄반도에서 일어났다. 마야와 에스파냐 세력 간에 첫 전투가 벌어졌을 때 천연두가 돌기 시작했다. 처음 보는 병이었다. 온몸에 수포가 생기고 열이 펄펄 나다가 끝내 목숨을 잃었다. 도시 인구의 90퍼센트, 특히 전쟁에 나간 장정들이 죽기 시작했다. 그럼에도 마야의 전사들은 영웅적으로 맞섰다. 그들은 1531년 에스파냐의 2차 침공을 다시금 막아냈다. 치첸이싸를 빼앗기기도 했지만 다시 회복했다. 영웅적이라는 말 외에 다른 말로 표현할 수 없었다. 하지만 거기까지였다. 마야는 마지막까지 자존심을 지키고 비굴해지지 않았으며, 자신을 불태워 도시를 수호하고는 완전히 연소했다. 에스파냐의 철제 무기와 총과 대포보다 그들의 전염병이 훨씬 더 강력했다. 하지만 굴복이라 말할 수는 없었다. 그들은 영웅적으로 싸웠고, 영웅적으로 죽었다.

그러고는 가톨릭 선교 사업이 시작되었고, 동시에 마야의 서적을 비롯한 수많은 유적들과 유물들이 훼손되고 파괴되었으며 불태워졌다. 유카탄의 도시들은 모두 문화적 파괴를 겪어야 했으나, 밀림 안 깊숙한 곳에 있는 부족 마을은 상대적으로 안전했다. 특히 중앙아메리카의 밀림 지역, 곧 마야 전성기 때의 지역들은 큰 문제가 없었던 것으로 보인다. 마야는 정복당했지만 살아남았다. 그리고 그들의 역사 및 유적과 문화를 보존하고 있다. 현재도 과테말라·온두라스·엘살바도르, 그리고 멕시코 남부 지역에 마야인들이 여전히 살고 있다.

마야는 아직도 존재한다. 마야인들이 존재하기 때문이다. 마야인들은 그들의 전통 문화를 지키며 살아가고 있다. 이것이 바로 마야의 미스터리인 것이다. 언어적·문화적으로 여타 지역 특히 멕시코 고산 분지 지역의 문명들과 전혀 달랐으며, 자신들만의 전통과 문화를 유지했고 현재도 그 명맥을 잇고 있는 그들 자신을 바로 마야의 미스터리라고 보아야 할 것이다.

2.4 공포의 대제국 아스텍[Azteca]

아스텍은 그 이전 문명들과는 확실히 구분되는, 명실상부한 대제국이자 군사력을 기반으로 한 전사[戰士]의 제국이었다. 아스텍은 이전 문명들의 결실들을 모두 취해 문화적으로도 제국의 위치에 올라 있었다. 마야가 그리스의 도시국가 폴리스[polis]를 연상케 했다면, 아스텍은 로마를 떠올리게 했다. 아스텍으로 인해 메소아메리카에는 처음으로 하나의 공동체적 정서가 생길 수 있었다. 마야가 그 전성기에 70여 개의 도시들이 저마다 특성을 유지하면서도 하나의 문화적 공동체인 도시 연합으로 성장했다면, 아스텍은 군사력을 바탕으로 한 정복 사업을 통해 하나의 공동체를 만들었다는 점에서 큰 차이점이 있다.

1519년 에스파냐의 정복자들이 아스텍에 도착했을 때, 아스텍은 최고의 절정기를 구가하고 있었다. 에르난 코르테스를 비롯한 에스파냐인들은 그들의 눈앞에 펼쳐진 아스텍의 모습에 적지 않은 충격을 받았다. 멕시코 고원 분지에 펼쳐진 아스텍의 도시는 당시 유럽의 대도시와 견주어도 전혀 손색이 없었다. 그 규모, 장엄함, 아름다움과 부유함, 그리고 정교함과 질서 정연함은 많은 부분 유럽을 능가하고 있었다. 현재 우리가 아스텍과 마야의 유적지에서 느낄 수 있는 그런 감정의 몇백 배가 되는 충격을 받았을 것이라 쉽게 짐작할 수 있다.

뿐만 아니라 아스텍이 벌이는 엄청난 규모의 희생 제의와 인신 공양은 정복자들에게 무시무시한 공포로 다가왔을 것이다. 문화적 정교함과 장엄함, 그리고 이와 강한 대조를 이루는 야만성과 폭력성은 마치 빛과 어둠처럼 하나로 섞여 있어서 묘한 이질감을 느끼게 했을 것이다. 하지만 이는 모순적인 감정으로, 가톨릭의 절대적 권위가 지배한 중세 유럽에서는 마녀사냥을 비롯해 수많은 희생들이 있었다. 당시 이단자 혹은 배교자들은 목이 베이고 불에 태워졌다. 아스텍의 모습은 중세 유럽의 또 다른 자화상이었다. 중세 유럽의 가톨릭이 마녀사냥 등을 통해 그들의 절대적 권위를 강화한 것과 마찬가지로, 아스텍의 희생 제의는 아스텍이 제국으로서 지닌 절대적 권위를 보여주는 하나의 의식이었던 것이다. 결국 아스텍은 기독교가 유일한 종교로 공인된 로마 제국과 같았다.

북쪽에서 온 이질적인 유목 민족, 아스텍인

아스텍은 상대적으로 짧은 시간 동안 급격하게 발전했다. 메소아메리카를 호령했던 그들의 전성기 또한 그리 길지 않았다. 아스텍인들은 메소아메리카 북쪽 언어로 보면 애리조나 사막 지역에서 남쪽으로 이동한 것으로 보인다. 아스텍인들은 유목 민족이었고, 초기에는 멕시코 고원 분지 지역의 사람들에 비해 상대적으로 미개했다. 그래서 중국의 왕조 대부분이 이민족을 오랑캐라 부르며 경멸했던 것과 비슷하게, 멕시코 고원 분지 지역 사람들에게서 경멸받았던 것으로 보인다. 하지만 그들은 주변국의 용병으로 전쟁에 참전하면서 자신들의 존재를 알리기 시작했다.

1325년 텍스코코 호수 위의 마치 섬과 같은 곳에 아스텍인들은 자신들의 도시 테노치티틀란을 건설했다. 테노치티틀란을 건설한 후에도 이들은 계속 용병 생활을 했던 것으로 보인다. 이는 주변 도시 국가들 사이의 경쟁이 심했음을 보여주는 증거로, 톨테카가 붕괴한 이후 멕시코 고산 지역에는 특별한 주도 세력 없이 중소 세력들이 서로 견제하고 경쟁하고 있었던 듯하다. 막강한 군사력을 무기 삼아 다른 국가의 용병으로 시작했지만 결국 자신들의 영역을 갖게 되었다는 점에서 아스텍은 바이킹의 후예인 노르만족과 그 성격이 닮았다. 또 얼마 지나지 않아 군사 제도를 기반으로 강력한 통치 체계와 결집된 힘을 이용해 주변국들을 장악하고 강력한 세력으로 성장한 것은 아스텍과 노르만의 공통점이다.

쑴빵고 호

살또깐 호

산 크리스또발 호

떽스꼬꼬 호

떽스꼬꼬

떼뻬약
뜨라뗼롤꼬

아츠까뽀찰꼬

떼노치띠뜰란

차뿔떼뻭

소치밀꼬 호

소치밀꼬

찰꼬 호

찰꼬

호반[湖畔]의 도시 테노치티틀란의 모습.

현재 소치밀코를 제외한 모든 지역이 매립되었다.

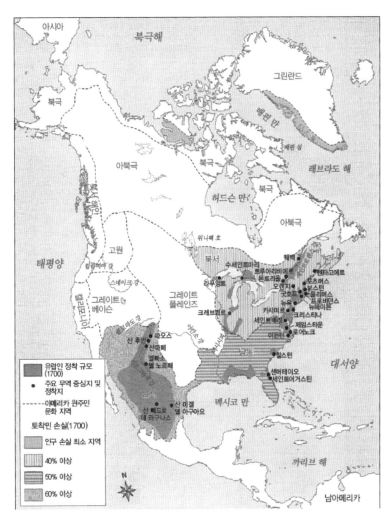

아시아
북극해
그린란드
북극
배핀 만
아북극
배핀 섬
래브라도 해
태평양
북극
허드슨 만
북극
아북극
위니펙 호
고원
북서
수세인트마리
트루아리비에르
퀘백
콜롬비아 강
스네이크 강
하부 캄
폰트라슈
몬타고에트
오렌지
굿호프
보스턴
그레이트
플레인즈
뉴욕
플러머스
뉴헤이븐
콜로라도 강
크레브쾨르
카시미르
세인트메리
세인트에리
크리스타나
제임스타운
로어노크
산 후안
따오스
산따페
엘파소
엘노르테
찰스턴
산 미겔
멕시코 만
샌머테이오
세인트어거스틴
엘 아구아요
대 라구나스
대서양
까리브 해
남아메리카

유럽인 정착 규모
(1700)

● 주요 무역 중심지 및
정착지

----- 아메리카 원주민
문화 지역

토착민 손실(1700)

인구 손실 최소 지역

40% 이상

50% 이상

60% 이상

N

북아메리카에서의 아메리카 원주민 인구 손실(1500~1700) 미국 남부 지역에서 광범위하게 거주하고 있었던 원주민들은 직·간접적으로 멕시코 고원 지대의 원주민들과 교류했다. 특히 언어적으로 톨테카·아스텍과 동질성을 보인다. 아스텍과 마야라는 이원적인 구분을 하기보다는, 메소아메리카를 중심으로 아메리카 대륙을 북부·중부·남부로 나누어서 연구하고 그 관련성을 알아보는 것이 고고학적 방향이 되어야 할 것이다. 이 지도는 그런 점을 증명하는 좋은 자료다.

1428년부터 1521년까지 아스텍은 메소아메리카에서 가장 강력한 세력으로 성장했다. 인구는 약 천오백만 명이었으며, 중앙의 강력한 권력이 모든 정치·경제·문화를 관리했다. 약 200년 정도의 기간 동안 북쪽에서 유입된 이민족이 건설한 문명이었으나, 그 어느 문명 과도 비교할 수 없는 성장을 이루어냈다.

아스텍의 역사는 테노치티틀란을 건설하고 도시국가의 형태를 갖춘 1325년부터 1427년까지, 그리고 제국의 형태를 갖춘 1428년부터 에스파냐 세력에게 멸망하기 전인 1521년까지, 이렇게 두 부분으로 나눌 수 있다.

아스텍라는 명칭은 '아쓰틀란[Aztlán][21] 출신 사람'이란 뜻이다. 아스텍라는 표현 자체가 오랑캐라는 의미를 담고 있는 것이다. 현재 아쓰틀란이 과연 어디를 의미하는지에 대해서는 논쟁의 여지가 있다. 그러나 나와틀어의 언어적 속성은 현재 미국 남부 지역의 원주민 언어와 많이 유사하므로, 애리조나 지역이 그 발원지가 아닐까 하는 학설도 제기되고 있다. 애리조나에는 지금도 대규모 인디언 보호 구역이 설치되어 있으며, 용맹한 아파치[Apache]족의 모습은 어찌 보면 아스텍인과 꽤 닮아 있다. 사실 수천 년 존재했던 메소아메리카의 문화, 특히 멕시코 고원 분지 지역의 문화와 이질적이면서도 전사로서의 용맹함을 갖추었다는 두 가지 조건을 만족시키기 위해서는 애리조나 혹은 애리조나와 비슷한 지역이어야 할 것이다.

현재 아스텍 혹은 마야와 애리조나의 호호캄[Hohokam] 문명과의 연관 관계는 확실히 증명되지는 않았다. 한 가지 확실한 것은 아스텍인이 북쪽에서 이주해 온 이질적인 부족이었다는 점으로, 호호캄

---

21) 나와틀어로 '하얀 대지'라는 의미다.

문명이 1400년에 갑자기 사라지면서 아스텍인이 남쪽으로 이주했다고 보는 설이 있다. 호호캄 문명은 옥수수를 주식으로 했고, 수로가 발달했으며, 진흙으로 벽돌을 만들어 건축물을 짓는 등, 메소아메리카와의 연관성을 보이는 부분이 상당히 많다. 특히 주식이 옥수수였으며 옥수수를 갈기 위해 사용한 맷돌이 형태마저 서로 비슷했다는 것은 문화적으로 한쪽이 영향을 받았거나 연관 관계가 존재했음을 의미한다.

(위) 호호캄 문명 유적지에서 발굴된 맷돌들,
[왼쪽] 메소아메리카에서 공통으로 사용된 맷돌,
[오른쪽] 곡선으로 설계된 후기의 맷돌.

어찌되었건 호호캄 문명의 발전을 고려하더라도 멕시코 고원 분지 지역의 기준으로 보면 아스텍인은 문화적·예술적 면에서 야만인으로 보였을 것이다. 결국 아스텍라는 말은 약간 경멸의 의미를 지닌 것이다. 이는 마치 중국의 원[元]나라와 청[淸]나라의 경우와 흡사하다고 할 수 있는데, 특히 청나라 지배 세력을 '만주족[滿洲族]'이라 불렀던 것과 일맥상통한다.

16세기 에스파냐에서 아스텍을 묘사할 때 사용한 단어는 '멕시카[Mexica]'였고 여기서 현재 멕시코의 국명이 유래했다. 좀 더 정확히 하면 '쿨루아멕시카[Culua-Mexica]'라 불렀고, 이는 톨테카의 지배 계급과 연합했음을 의미했다. 확실하게는 아스텍이 톨테카와 밀접한 관련을 맺고 톨테카 문화를 바탕으로 성장했음을 나타냈다. 18세기에는 잉카라는 단어가 잉카의 황제를 의미했듯이, 아스텍의 지배자 혹은 지배 계급을 나타내는 단어로 아스텍을 사용하기도 했다. 후에 학자들은 아스텍라는 단어를 초기 테노치티틀란에 정착한 멕시카와 구별하기 위해 제국의 명칭으로 사용하기 시작했다. 제국의 명칭으로 아스텍은 멕시카와 더불어 싸포테카·마야·오토미[Otomi]·미쓰테카를 제외한 기타 메소아메리카 부족과 중소 도시국가를 포함하는 개념으로 사용하기 시작했고, 현재도 아스텍라고 하면 아스텍 제국을 의미한다.

전성기의 아스텍 제국은 메소아메리카의 대서양 연안, 즉 현재의 멕시코만 지역과 과테말라 서부 고원 지대까지, 유카탄반도를 제외한 거의 모든 메소아메리카 지역에 그 영향력을 미쳤다. 당시에는 마야 또한 아스텍의 간접적인 영향권 아래에 있었던 것으로 보인다. 제국은 500여 개의 중소 도시를 포함했고, 테노치티틀란은 명실상부한 제국의 수도이자 중심이었다.

치남파스를 바탕으로 발전한 테노치티틀란

호반의 도시 테노치티틀란은 현재 멕시코시티 지역에 있었으며, 호수는 지금 거의 찾아볼 수 없다. 해발고도 약 2286미터에 위치하는 멕시코시티 지역은 7770제곱킬로미터 정도 크기이며, 멕시코 고산 지역에서 가장 기름진 땅으로 농사에 적합하다고 알려져 있다. 아스텍 제국 시절에 이 지역은 테노치티틀란을 제외하면 모두 호수였다. 1519년에 약 20만 명 정도가 살았으므로, 당시 전 세계적으로 봐도 최대 규모의 도시 중 하나였다. 에스파냐인들에게는 마치 베네치아와 흡사해 보였을 것이다. 테노치티틀란은 정확히 말하면 호수 위의 늪지와 두 개의 섬을 연결해 만들어졌으므로, 계속적으로 보수 공사를 하지 않으면 침수될 수밖에 없었다.

아스텍의 노동자들은 지반을 튼튼히 하고 기초를 다지기 위해 수많은 말뚝을 호수에 박았다. 그 말뚝 주변으로는 커다란 바위들을 쌓고 진흙을 다져 넣었다. 이런 공사를 통해 테노치티틀란은 유지될 수 있었고, 점점 더 커지게 되었다. 처음에는 조그만 섬과 늪지대였을 뿐이지만, 몇 세대에 걸친 공사를 통해 주변에 있었던 틀라텔롤코[Tlatelolco]라는 다른 섬과 연결될 수 있었다. 이렇게 테노치티틀란은 두 개의 섬을 연결한 모습이 되었다. 가장 중요한 포인트는, 이 모든 것이 인간의 힘으로 이루어졌다는 사실이다. 지형의 변화로 갑자기 도시가 물에 잠긴 것이 아니라 처음부터 하나씩 인간의 힘으로 건설한 것이다.

도시가 커지고 인구가 늘어남에 따라 도시 주변에 식량을 생산하기 위한 새로운 경작지가 필요했다. 식량 문제를 해결하지 못했다면 테노치티틀란은 대도시로 번성하기 어려웠을 것이다. 아스텍인들은 식량 문제를 '치남파스[chinampas]'라는 수경[水耕] 농경지를 개발함으로써 해결했다. 먼저 늪지대에 방조제를 쌓고, 그곳에서 자라는 갈대 등을 잘라냈다. 그 갈대를 마치 뗏목처럼 겹겹이 쌓아 방조제 위에 올리고, 호수 밑의 진흙으로 겹쳐진 갈대의 사이를 채웠다. 그리고 말뚝 등을 이용해 고정시키면 바로 수경 농경지 치남파스가 만들어졌다.

치남파스에서는 현재의 모내기 혹은 수경 재배와 비슷한 방식으로 옥수수·콩·고추·꽃 등을 재배했다. 농부는 호수 바닥의 진흙을 퍼서 비료 대신 밭에 뿌리곤 했는데, 천연 유기질이 풍부한 호수 밑 진흙은 그 어떤 비료보다 영양분이 풍부했다. 시간이 흘러 갈대와 진흙으로 만든 층이 식물의 뿌리와 하나가 되었고, 다시 이것이 호수 바닥에 닿게 되자 마치 인공 섬처럼 되었다. 이 인공 섬 치남파스 또한 점점 그 영역이 넓어지면서 거의 육지와 닿을 정도까지 되었다. 마치 ≪삼국지[三國志]≫에 나오는 적벽대전[赤壁大戰]에서 조조[曹操]가 자신의 전함을 사슬로 연결한 것과 비슷하게, 치남파스는 말뚝과 강한 줄로 연결되어 있었던 듯하다.

재미있는 것은, 남아메리카의 티티카카 호수에도 치남파스와 비슷한 것이 있다는 점이다. 갈대로 엮어서 만든 인공 섬으로, 경작용이 아니라 거주용이라는 것이 치남파스와 다른 점이다. 티티카카 호수의 갈대 섬은 고정된 것이 아니라 어느 정도 움직인다는 차이점도 있지만, 비슷한 착안을 했다는 것은 주목할 만하다.

티티카카 호수에 있는, 갈대로 만든 인공 섬 푸노.

이런 테노치티틀란에도 치명적인 약점이 있었는데, 그것은 바로 홍수였다. 집중호우로 호수가 범람하기 쉬웠고, 치남파스를 비롯한 기타 늪지대 및 저지대는 침수되기 십상이었다. 아스텍은 홍수 문제를 해결하지 못했던 듯한데, 어쩌면 약 200여 년 사이에 큰 홍수가 없었을 가능성도 높다. 그러나 17세기에 큰 홍수가 몇 차례 일어나 도시 대부분의 지역이 침수되었다. 홍수를 막기 위해 결국 호수를 배수[排水]시키는 작업에 들어가게 되어, 운하와 터널 등을 통해 호수의 물을 빼기 시작했다. 처음에는 호수의 높이를 낮추는 작업이었으나 호수를 아예 말라버리게 하는 작업으로 발전했고, 1967년에는 빗물을 배수시키는 배수로 작업에 들어가서 결국 호수는 말라버렸다. 이렇듯 인공적인 작업의 결과는 아주 심각했다. 늪지이며 습지였던 지역이 건조지로 바뀌어버려서 멕시코시티는 지금도 물 부족으로 고생하고 있다. 또한 멕시코시티는 매년 몇 센티미터씩 가라앉고 있으며, 지반이 약해 지진 등에 치명적으로 바뀌었다. 인공적인 방법으로 생태계 환경을 변화시킨 재앙에서 벗어나기 위해 지금은 호수를 복원하는 사업도 계획중이나, 멕시코시티의 현재 상황으로 가능할지는 의문이다. 현재는 소치밀코[Xochimilco]와 찰코[Chalco], 그리고 쑴팡고[Zumpango] 지역에서만 호수의 흔적과 치남파스를 볼 수 있다.

그림으로 남아 있는 치남파스의 모습. 만드는 방식은 티티카카 호수의 인공 섬과 같다.

아스텍 제국 당시 테노치티틀란의 모습.
고산 지대에 있는 호수의 존재도 특이하지만, 호수 위의 도시는 말 그대로 환상적이었을 것이다.

테노치티틀란 중심부에서는 카누 등의 배를 이용해 물류 이동을 시킬 수 있었다. 베네치아를 연상케 하는 수로는 오히려 도시의 접근성을 좋게 했다. 또한 디에고 리베라[Diego Rivera](1886~1957)의 그림에서 볼 수 있는 거대한 둑길은 주요 지점과 연결되어 사람과 물자가 원활하게 이동할 수 있도록 했다. 그 둑길은 바로 해체할 수 있었기에, 외적이 침략해 올 경우 테노치티틀란은 거대한 해자[垓子]22)로 보호되는 것과 같았다. 그래서 에스파냐 세력이 침입하기 전까지 그 누구도 테노치티틀란을 공격하지는 못했다.

도시가 완벽하게 정비된 것은 15세기 말 아우잇쏘틀[Ahuitzotl] 황제 때였다. 신전이 신축되었고, 근처의 테오티우아칸을 모델로 삼아 재건축된 도시는 잘 정돈되었다. 도시의 중앙에는 네 개의 신전이 있었고, 그 중 제일 큰 것과 같은 모습의 신전이 나란히 있어 쌍둥이 신전처럼 보이는 주신전과 다른 신을 섬기는 신전이 있었다.

---

22) 성 밖을 둘러 파서 못으로 만든 인공 방어 물길이다.

아스텍의 인신 공양과 희생제의

주신전에서는 전쟁과 태양의 신 '우이칠로포츠틀리[Huitzilopochtli]'
와 비의 신 '틀랄록[Tláloc]'을 위해 제사를 드렸는데, 인신 공양은
주로 여기서 이루어졌다고 추정된다.

아스텍은 메소아메리카의 신화를 거의 모두 받아들인 것으로 보
인다. 주신 외에 케쌀코아틀은 재미있게도 아스텍에서는 창조의 신
으로 약간 위상이 바뀌었으나 여전히 중요한 신이었다. 다른 여러
신들도 섬긴 것으로 보이는데, 그 중에는 겹치는 신도 있었다.

에스파냐 세력이 도착했을 당시에도 주신전은 피로 물들어 있었
고, 계단을 타고 흘러내린 검붉은 피는 그 자체로 층을 형성하고 있
었다.

신전 주변으로는 잘린 시체들이 즐비했다고 한다. (인신 공양에
대한 부분은 뒤에서 따로 다룰 것이나) 인신 공양이라는 것, 종교 의
식으로 사람이 사람을 제물로 삼는다는 것은 어떤 절박함이 그 이유
가 된다. 기독교 성서에서 아브라함이 이삭을 바치는 장면 또한 무
조건적인 순종으로 자신의 믿음을 증명하겠다는 절박함에서 나왔듯
이 말이다. 하지만 아스텍의 희생 제의는 이와는 성격을 달리하는
듯하다. 중세의 마녀사냥이나 이단 논쟁 등과 흡사하게 제국의 절대
적인 권위를 나타내기 위한, 어떤 면으로는 정치적인 쇼였던 것으로
보인다. 아스텍은 희생 제물을 마련하기 위해 종종 군대를 보내 이
웃 부족들을 잡아들였다고 한다. 드라마 ≪주몽≫에서 공포의 대상
이자 무적의 군대로 한나라 철갑 기병이 등장했듯이, 아스텍의 군대
가 주변 부족들에게 그렇게 보였을 것이다. 어쩌면 원나라 기병이라
고 하는 것이 더 정확할지도 모르겠다. 아스텍 지역 사람들은 자신

들의 마을에 아스텍 군대의 그림자만 비쳐도 두려움에 떨었을 것이다. 절대적 권력과 공포가 아스텍이라는 대제국을 유지시킨 원동력이었던 것이다. 물론 이런 방식은 언제나 한계를 갖기 마련으로, 결국 아스텍이 붕괴되는 요인이 되기도 했다.

활력 넘치는 풍요의 도시

테노치티틀란을 비롯한 아스텍 지역에 공포만 있었던 것은 아니다. 도시는 현대 도시 못지않게 정돈되어 있었으며, 상당히 조직적이었다. 특히 사제들과 군인들은 교육 기관에서 양성되었으며, 왕궁과 귀족들의 집은 이국적인 아름다움의 정점이었다. 화려한 건물에 채색된 벽화, 조각된 부조, 꽃으로 장식된 정원과 안뜰, 백조가 노니는 연못까지, 유럽의 궁전과 비교해 전혀 손색이 없었다. 테오티우아칸을 모델로 했으나 풍요로움과 아름다움은 테오티우아칸을 능가했던 것이다. 도시 곳곳에 화원과 화단이 있었다. 부유층은 장식된 벽돌로 지은 아름다운 건물에서, 하층민들은 진흙 벽돌로 지은 주택에서 거주했다. 건물은 모두 회반죽 칠이 되어 하얀 빛깔을 띠었다. 신전 등은 여러 색깔로 채색되었던 것으로 보이나, 피가 말라붙어 띠게 된 검붉은 색이 신전의 상징이었다.

멕시코의 화가 디에고 리베라가 멕시코 대통령궁에 그린 벽화 중 떼노치띠뜰란 부분.
대신전을 중심으로 떼노치띠뜰란의 모습이 구체적으로 잘 표현되어 있다.

　도시에는 구역별로 네 개의 시장과 광장이 있었으며, 도시 중앙부
에도 두 개의 대형 시장이 있었다. 수로를 따라 카누에 실려 온 수많
은 물품들은 테노치티틀란의 시장에서 거래되었다. 무게가 꽤 나가
서 카누에 실을 수 없는 물건들은 둑길을 통해 들어왔다.

　테노치티틀란이 지닌 하나의 커다란 문제는 바로 식수였다. 텍스
코코 호수의 물은 소금기를 지녔고 석회질이 많아 식수로 적합하지
않았다. 그래서 아스텍은 마치 로마의 수로를 연상케 하는 수로를
만들었고, 중력을 이용해 자연스럽게 물이 도시 안으로 흘러 들어오
도록 고안했다. 그리하여 풍부해진 도시의 식수로 인공 연못 등을
만들 정도였다.

테노치티틀란은 도시 하수[下水] 또한 뛰어난 방법으로 처리했다. 마치 제주도 흑돼지 혹은 똥돼지 우리와 비슷한 공중변소를 두었고, 그 아래에는 분뇨를 모으는 카누를 두었다. 어느 정도 모인 분뇨는 치남파스로 이동되어 비료로 사용되었다.

이렇게 모든 것이 훌륭히 제어된 도시는 활력이 넘치고 풍요로웠다. 게다가 테노치티틀란 주변에 50여 개의 도시들이 존재했고, 아스텍은 황제가 다스리는 제국이었으나 교역은 자유로웠으며 그 이전부터 내려오던 무역망은 더 강화되었다.

멕시코 고원의 혼돈을 끝낸 아스텍

멕시코 고산 분지 지역은 원래 '물 근처'라는 의미의 '아나왁[Anahuac]'이라 불렸다. 아스텍인들이 도착했을 때 이 지역은 이미 수 세기 동안 여러 문명이 존재해 온, 강력한 주도 세력은 없었으나 확실한 문화 중심지였다. 특히 테오티우아칸이 지배하던 500년에서 700년에 이르는 동안은 이 지역의 전성기였다고 할 수 있다. 그러나 테오티우아칸이 붕괴된 이후 중소 세력들이 서로 경쟁해 혼돈의 시간이 지속되고 있었다. 이 혼돈의 시간을 끝낸 톨테카는 1000년부터 약 두 세기 동안 강력한 군대와 확고한 무역망을 바탕으로 성장했다. 이 기간 동안 톨테카는 마야 문명도 자신의 세력 아래에 두었다. 물론 마야가 전성기가 아니었기 때문에 특별한 의미를 부여하긴 어렵고, 완전히 정복한 것도 아닌 듯하다. 톨테카가 붕괴하고 나서는 다시 중소 도시국가로 나뉘어 서로 경쟁했고, 도시국가가 들어서고 붕괴하는 과정이 반복되는 혼돈의 시기가 이어졌다.

멕시코 고원 분지 지역은 현재 멕시코시티를 중심으로 하는 지역과 그 외 북쪽에 거주하는 세력의 지역으로 구분할 수 있는데, 이는 중국 만리장성 안팎의 상황과 아주 흡사하다. 멕시코 고원 분지의 중심 지역은 문화와 문명이 발달했으나 북쪽 지역은 수렵과 유목을 하는 부족들이 사는 곳이었다. 아나와 사람들의 관점에서는 (중국의 경우와 아주 흡사하게) 북쪽 사람들을 오랑캐라고 보았고, 당시 언어로 치치메카스라고 불렀다. 치치메카스는 구체적인 대상을 가리키는 게 아니라 오랑캐라는 단어와 똑같이 북방 이민족을 뜻했다.

멕시코 고원 분지 지역은 그동안 축적된 건축, 예술, 천문학과 달력, 상형문자 체계, 교육 제도를 갖추고 있었다. 치치메카스들에겐 그런 것이 전무했으나, 마치 몽골족이 아시아 전체와 유럽의 일부 지역까지 정복한 것과 마찬가지로 북방 이민족 출신인 톨테카는 멕시코 고원 지역을 장악했다. 톨테카가 성립되고 붕괴된 이후 북쪽의 많은 부족들이 이주했다고 보는데, 그 중 하나가 바로 나와틀어를 사용하는 아스텍였다. 굳이 비교하자면 톨테카가 원나라, 아스텍이 청나라가 되겠지만, 제국의 규모와 그 영향력을 따진다면 아스텍을 원나라와 비교해야 할 것이다.

아스텍이 멕시코 고산 분지 지역에 도착했을 때, 중소 도시국가들은 서로 비슷한 구조를 지녔으며 특별한 차이점은 없었다. 또한 마치 재림 신화와 비슷하게 톨테카 왕족의 후예가 다시 멕시코 고산 분지 지역을 통치할 것이라는, 전설과 같은 이야기가 내려오고 있었다. 유대인들에게 전해진, 다윗의 자손이 다시 이스라엘을 통치할 것이며 오랜 식민 생활을 끝낼 것이란 전설처럼, 톨테카 왕족의 후예가 모든 혼돈을 끝내리라는 믿음이 있었다. 그래서 중소 도시의 지배자들은 모두 톨테카 왕족의 후예라 자처했고, 전설을 현실화해

자신들이 그 전설의 주인공이 되기 위해 서로 경쟁했다. 중소 세력들은 서로 연합하기도 했으나 그 연합이 영구적이지는 않았다. 또한 새로운 이주민들이 유입되면서 경쟁의 양상은 점점 더 복잡해졌다.

이 혼돈을 끝낸 것이 바로 아스텍이었다. 아스텍의 성립과 발전에 대한 대부분의 정보는 에스파냐의 가톨릭 전도사들이 기록한 것이고, 신화·전설·역사가 뒤섞여 확실한 역사로 보기엔 힘든 면이 있다. 지금 실제 역사로 보는 부분은 아스텍인들이 톨테카가 발원한 도시에 처음으로 정착했고, 용병으로 활동하면서 점점 세력을 키워갔으며, 신탁에 따라 테노치티틀란에 정착했다고 하는 부분인데, 이 신화가 다분히 상징적이다. '선인장 위에서 독수리가 뱀을 먹고 있는 지역에 정착하라'는 신탁은 신화적으로 해석하면 뱀으로 상징되는 멕시코 고산 분지 지역을 독수리로 상징되는 북쪽의 세력이 정복했다는 의미가 된다. 깃털 달린 뱀 케쌀코아틀은 전통적으로 멕시코 고산 분지 지역을 상징하는 신이었다. 북쪽의 원주민들, 특히 아파치를 비롯한 미국의 인디언들은 부족장이 독수리의 깃털로 장식하는 등 독수리를 자신들의 상징물로 삼았다. 현재도 미국의 상징 중의 하나가 대머리독수리이며, 애리조나 사막 지역에서 가장 무서운 맹수 역시 독수리다. 신화적으로 해석하면 결국 북쪽 원주민 자신들의 승리를 나타내고 그 승리는 예정되었음을 말하는 것이기도 하다.

아스텍은 어떻게 강성한 대제국이 되었나

테노치티틀란에 정착한 아스텍은 도시를 건설하기 시작했으나 그 시작은 그리 대단하지 않았던 것으로 보인다. 당시 테노치티틀란에 정착한 후에도 강한 세력 중 하나였던 아쓰카포트쌀코[Azcapotzalco]는 용병 생활을 했다. 용맹한 아스텍 전사들의 힘으로 아쓰카포트쌀코는 멕시코 고산 지역에서 최고의 세력으로 성장할 수 있었다. 하지만 아쓰카포트쌀코는 마치 후기의 로마와 같이 점점 더 아스텍의 군대에 의존하게 되었고, 이 두 세력의 관계는 용병 관계에서 동등한 협력 관계로 변하게 된다. 또한 전쟁의 전리품도 동등하게 나누면서 아스텍은 경제적·문화적으로 급격히 성장하게 된다.

1427년 아스텍이 정치적·문화적 측면에서 독립 세력으로 성장하게 되자, 아쓰카포트쌀코 쪽에서 아스텍을 경계하기 시작했다. 아스텍은 더 이상 용병 집단이 아니라 무시할 수 없는 세력이 된 것이다.

먼저 손을 쓴 것은 아스텍였다. 1428년 아스텍은 주변의 도시국가와 삼국 동맹을 통해 아쓰카포트쌀코를 침략하기로 했다. 텍쓰코코 호수 근처의 네싸왈코요틀[Nezahualcoyotl]·틀라코판[Tlacopan]과 함께 아스텍은 아쓰카포트쌀코를 철저히 파괴했다. 그렇게 아스텍은 멕시코 고산 지역의 최강 세력이 되었고, 당시 아스텍의 왕이었던 이츠코아틀[Itzcoatl]은 마치 중국 진[秦]나라의 진시황[秦始皇]과 같은 작업을 했다. 역사를 만들기 시작한 것이다.

우선 분서갱유에 들어갔다. 상형문자와 삽화로 기록된 아스텍 이전 역사에 관한 서적을 모두 불태웠다. 그리고 아스텍의 지배자가 바로 톨테카 왕조의 유일한 계승자인 것처럼 묘사했다. 또한 신화적인 부분도 강력하게 변화시켜, 매일 아침 새로운 태양이 뜨도록 하기 위해서는 포로들의 심장과 피가 필요하며 이것이 그들의 의무라고 강조했다. 인신 공양이 그저 신화가 아니라 그들이 매일같이 해야 하는 의무가 된 것이다. 이때부터 아스텍의 멈추지 않는 인신 공양이 시작되었다.

아스텍의 왕위는 목테수마에게 계승되었다. 그는 강력한 군대를 이끌던 장군으로, 정복 사업에 뛰어들어 수많은 도시국가를 복속시켰고 강한 중앙집권적인 제국을 만들기 시작했다. 정복한 도시국가로부터 공물이 들어오기 시작하면서 테노치티틀란은 더 번성했고, 여기에 비례하듯 정복 사업은 가속도를 높여가기 시작했다. 아스텍이 정복한 국가를 어떻게 통치했는지에 대해서는 아직 정확한 정보가 없으나, 중앙에서 지방관을 파견하는 방식은 아니었던 것으로 보인다.

15세기 중반부터 자연재해가 잇따르기 시작했다. 홍수로 호수가 범람했고, 많은 지역이 침수되었다. 또한 갑자기 기온이 내려가 냉해가 발생해 많은 작물들이 서리로 인해 피해를 입기 시작했다. 민심은 흉흉했고, 사회는 혼란에 빠졌다. 사회를 강력하게 통합할 필요가 있었던 아스텍은 이를 종교적 제의와 인신 공양을 통해 이루려 했던 듯하다. 사제들은 전과는 비교도 되지 않을 만큼의 희생 제의를 치르기 시작했다. 수천의 포로가 제물이 되었고, 공교롭게도 1455년에 기후는 안정을 되찾았다.

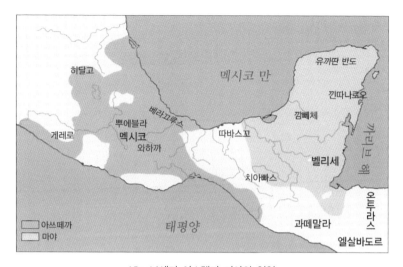

15~16세기 아스텍과 마야의 영역.
아스텍의 영향력은 지도에 나타나지 않은 지역까지, 북으로 남으로 미쳤던 듯하다.
당시 마야 또한 아스텍의 영향 아래에 있었던 것으로 보이므로, 지도에 나타난 거의
모든 지역이 아스텍의 영향권이었다 해도 과언이 아니다.

이로써 아스텍인들은 그들의 희생 제의가 효과를 거두었다고 믿기 시작했다. 희생 제의의 규모는 날로 더욱 커져갔고, 아스텍의 전쟁은 이제 정복 전쟁에서 희생 제의에 필요한 포로들을 잡기 위한 전쟁으로 변하게 되었다. 이 전쟁을 '꽃의 전쟁'이라 불렀다.

양날의 검, 역사의 모순은 여기서도 발생하는데, 자연재해로 인한 혼란기에 사회 통합의 기능을 담당했던 희생 제의는 결국 제국을 분열시키는 빌미를 제공하게 되었다. 아스텍의 군대는 공포 그 자체였으나, 꽃의 전쟁은 그 양상이 조금 달랐다. 신체를 훼손할 수 있는 무기 사용을 삼가고 많은 포로를 생포하는 것이 그 목적이었기 때문이다. 제국은 점점 더 무섭게 변해 갔다. 더 많은 포로를 잡기 위한 정복 사업도 보다 활발해졌다.

희생 제의가 불러일으킨 반란의 조짐

아스텍 제국은 현재 멕시코 거의 대부분과 과테말라 일부 지역까지 정복했고, 2만 명이 넘는 포로를 잡아 오기도 했다. 피라미드 앞에 수많은 사람이 열을 지어 자신이 희생될 차례를 기다리고 있었다. 제국은 피로 위기를 넘겼고 피로 성장했으나, 그 피로 인해 반란의 조짐이 싹트고 있었다. 아스텍의 희생 제의를 모티브로 만들어진 영화가 바로 멜 깁슨[Mel Gibson]이 제작한 ≪아포칼립토[Apocalypto]≫(2006)다. 엄밀히 말하면 에스파냐 세력의 아스텍 침공은 어떤 면에서는 아스텍의 피의 통치를 벗어나기 위한 원주민 공동체의 독립 운동이기도 했다. 에스파냐 군대는 트락칼라를 비롯한 원주민 군대와 함께였는데, 그 숫자는 에스파냐 군대를 압도했다. 사료에 따라 약간씩 다르지만 약 이천 명 정도로 추정된다.

아스텍이 정복당할 당시 아스텍의 황제는 목테수마 2세였다. 그에 대한 평가는 다양하지만 한 가지 확실한 것은, 그가 제국이 공포스럽게 변한 이후의 황제이며 엄청난 규모의 희생 제의는 그를 약간 미신적으로 만들었다는 것이다. 특히 재림 신화인 케쌀코아틀 신화 속에서 그는 어느 정도 체념했던 듯하다. 뒤에서 자세히 설명하겠지만, 아스텍의 신화는 약간 비관적이다. 인간의 피를 통해 태양의 죽음을 늦출 수 있을지는 몰라도 막을 수는 없었다. 마치 우리나라의 개벽 사상과 비슷한, 현재 태양의 죽음과 새로운 태양의 탄생이라는 순환론적이면서도 종말론적인 신화는 그들의 사고 깊은 곳에 자리 잡고 있었다. 따라서 전설 속의 케쌀코아틀과 흡사한 에스파냐인의 모습을 보았을 때 목테수마 2세는 직감적으로 느꼈을 것이다. 자신의 시대가 바로 여기서 막을 내린다는 것을. 어찌 보면 그들의 신화는 그저 신화가 아니라 역사였다. 목테수마 2세는 처참하게 죽었으며, 아스텍은 완전히 파괴되었다. 그리고 새로운 세상이 시작되었다. 그들의 신화처럼 다섯 번째 태양이 떠오르고 있었다.

인신 공양은 메소아메리카의 공통적인 특징이며 남아메리카에서도 찾아볼 수 있다. 그러나 이런 엄청난 규모의 인신 공양은 앞에서 언급한 것처럼 마야가 아니라 아스텍에서 나타났다. 게다가 유럽보다 더 정확한 천문학과 달력을 지녔던 마야와 아스텍이 일식을 예상하지 못했다는 것은 어떤 면으로 메소아메리카 문명을 분명히 오해하고 있음을 보여준다. 마야 유민들이 세운 도시국가라고 할 수 있는 후기 마야, 유카탄반도의 마야가 저 정도의 인신 공양을 했다면 다른 자연재해가 아니라 인구 부족으로 자연 소멸했을 가능성이 높다. 대형 인신 공양과 거칠고 전투적인 모습은 아스텍만의 특징이며, 종말론과 비슷한 신화와 세계관 또한 아스텍의 것이다. 물론 이는 극적인 재미를 위한 설정일 수 있으며, 마야의 유적들은 남아 있는 반면에 아스텍의 유적은 거의 파괴되어 마야, 특히 티칼의 피라미드를 패러디해 구성한 것도 이해할 만한 부분이다. 하지만 역시 마야와 아스텍에 대한 이해 부족은 여전히 아쉬움으로 남는다.

새로운 태양이 떠오른다는 부분에 초점을 맞추면 새로운 세계의 시작과 과거 세계의 끝은 확실한 연결고리로 맺어진 것이다. 하지만 문명의 규모와 상징성, 특히 드라마틱함을 놓고 본다면 마야가 아니라 아스텍을 그 배경으로 해야 했다. 게다가 '위대한 문명은 정복되지 않는다. 스스로 붕괴되기 전에는'이란 로고가 맞아 들어가려면 위대한 문명을 좀 더 위대한 문명처럼 그려야만 했다. 또한 엄청난 희생 제의를 필요로 할 정도로 절박한 이유에 대해서 전혀 언급이 없었다는 점도 문제다. 이런 상황이라면 그들이 마야인이건 아스텍인이건 그저 굶주린 좀비들과 별반 다를 게 없어지는 것이다. 물론 마야에 수렵과 채집이 전혀 없었다고는 할 수 없지만, 유카탄반도의 마야는 이미 화전[火田]을 기본으로 하는 농경 사회였다. 아무리 양보해서 마야 전성기 때라고 하면 이야기는 더 달라진다. 그 당시 마야는 무역이 중심인 도시국가 연합체였기 때문이다.

거칠고 남성적인 아스텍 사회

모든 남성이 의무적으로 군인 교육을 받아야 했던 아스텍은 몹시 거칠고 남성적인 사회였다. 아스텍의 주무기는 '마카우이틀[Maquahuitl]'이라 부르는 흑요석 검으로, 약 90센티미터에서 1미터 정도의 길이였으며 양쪽에 모두 날이 있는 형태였다. 검은 상당히 날카롭고 견고했는데, 기록에 따르면 아스텍의 병사들은 단 한 번 내려쳐서 말의 머리를 자를 수 있었다고 한다.

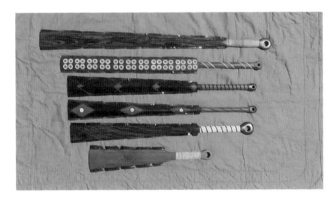

다양한 형태의 마까우이뜰 검.

또한 활과 화살을 주로 사용하는 병사들도 있었다. 아스텍에서는 활과 화살도 상당히 발달했는데, 약 140미터 혹은 그 이상의 거리에서 쏘아도 정확도가 높았다고 한다. 그러나 무엇보다도 아스텍을 대표하는 것은 바로 창 던지기다. 마치 돌팔매를 하는 것과 비슷하게 창을 던지기 위한 발사대가 있었으며, 이를 통해 창은 그냥 손으로 던지는 경우에 비해 더 멀리 더 빨리, 즉 강하게 날아갔으며, 정확도 또한 상대적으로 높아졌다.

아스텍의 갑옷은 거칠고 단단한 목화로 만들었는데, 소금물에 적시고 말리기를 되풀이해 아주 견고했다. 겹쳐진 목화의 섬유질은 창이나 활, 검의 충격을 완화해 주는 효과를 지녔다. 아스텍 병사는 동물의 가죽으로 만든 원형 방패 또한 갖추고 있었다. 장교들이나 군대의 지휘관들은 특이하게 동물이 연상되는 옷을 입고 전쟁에 임했다. 보통 짐승의 머리를 자신들의 투구로 사용했기에, 어찌 보면 사나운 맹수들이 아스텍 군대와 함께하는 듯한 착각을 불러일으켰다.

제국 성립 이후, 즉 정복 사업이 끝나고 희생 제의에 쓸 포로를 확보하기 위한 전쟁에 나선 아스텍 군대는 맹수를 연상시키는 모습으로 적을 압도하고 무기 사용을 자제해 많은 포로를 확보하는 데에 주력했다. 보통 메소아메리카에서는 아예 금속이 사용되지 않았다고 알려져 있으나, 싸포테카 문명에서는 장신구를, 마야에서는 여러 도구를 만드는 데 구리와 청동이 사용된 듯하다. 하지만 금속은 아스텍에서 무기로 발전하지는 않은 것 같다. 만약에 철기를 사용할 수 있었다고 해도, 아스텍의 종교관 아래서는 무기로 발전하기 어려웠을 것으로 보인다. 그들은 전쟁에서 살생을 최소화하기 위해 노력했기 때문이다.

한편, 아스텍인의 일상생활에서 주목할 점은, 그들이 거의 매일 목욕했고 터키탕 혹은 현재의 사우나와 비슷하게 증기를 이용해서 찜질을 했었다는 것이다. 달군 돌에 물을 부어서 사용한 것으로 보이는데, 어떤 이유로 그렇게 했는지는 알 수 없으나 고대 로마나 동아시아와 비교할 만한 목욕 문화가 있었던 것 같다. 아스텍인들은 상당히 청결했으며, 자신들만의 미적 관점으로 스스로 꾸미고 장식했다.

멕시코에 남아 있는 수로[水路].
아스텍 제국 시대에 건설된 것은 아니고 식민 시대에 건설되었기에 로마의 수로와 그 양식이 아주 흡사하다.

아스텍인들에게는 용설란 수액으로 발효한 술 풀케가 있었다. 일상적으로 마셨다기보다 특별한 의식 때에만 마셨던 술이다. 아스텍 사회에서 술에 취한다는 것은 상당히 큰 죄였던 것으로 보이는데, 술에 취하면 처음에는 머리카락을 잘랐고 두 번째에는 머리를 잘라버렸다.

아스텍의 사제들은 희생 제의에서 왼편 갈비뼈 밑을 절개하고 그곳으로 손을 집어넣어 한 번에 심장을 꺼낼 수 있었다. 수많은 희생 제의의 결과일 수도 있으나, 아스텍인들은 몹시 뛰어난 외과적 의학 지식을 지녀서 뼈를 맞추는 다양한 방식을 알았다. 몇몇 유골에는 뇌수술을 한 흔적도 발견되었다. 또한 아스텍인들은 수백 종의 허브를 이용해서 여러 질병을 치료했다. 질병의 치료는 상당 부분 샤머니즘적으로 행해졌던 것 같다. 특히 후기로 갈수록 이런 경향이 강해졌다. 주술적인 방식은 그들의 종교관에서 비롯한 것으로 보인다.

케쌀코아틀의 재림을 믿은 목테수마 2세

아스텍의 미스터리는 무엇보다 인구 천오백만이 넘고 현재 멕시코의 거의 모든 지역과 중앙아메리카 일부 지역까지 호령하며 무적의 군대를 자랑하던 제국이 고작 140명의 에스파냐 군대에 의해 멸망했다는 사실이다. 주기적으로 아스텍 제국을 돌아다니던 상인 계급만 해도 수만에 이르렀던 대제국이었으므로, 군인이 아니라 상인 계급만으로도 에스파냐 군대는 충분히 막고도 남았을 텐데 말이다.

당시 아스텍의 황제 목테수마 2세에 대한 평가는 다양하지만, 한 가지 공통점은 그가 굉장히 종교적이면서도 미신적인 면에 몰입한 인물이었다는 점이다. 그는 자신의 군대를 통솔하는 권리도 남에게 양도하고 종교적인 면에 헌신하기를 원했다. 어쩌면 당시 아스텍에서는 황제보다 제사장이 절대적인 권력을 가졌을 것이다. 그렇다고 제국의 정복 사업이 위축되거나 약화되지는 않았던 것으로 보인다.

목테수마 2세는 군대로 현재의 니카라과 지역까지 정벌했으며, 가장 광대한 제국을 다스렸다.

1513년부터 목테수마 2세는 하얀 피부에 수염이 난, 곧 케쌀코아틀의 이미지와 흡사한 이들이 동쪽으로부터 도착했다는 보고를 수차례 들었다. 그는 어떤 운명, 즉 피로 점철된 제국의 대단원이 운명적으로 다가오고 있음을 느꼈던 듯하다. 그는 수많은 사제들과 주술가들, 그리고 예언자들과 의견을 나누었고, 아마도 비관적인 의견을 제시한 이들은 가차없이 죽여버렸다. 이때 황제가 품었던 극도의 불안에 대한 소문은 아스텍 제국에 퍼졌던 것으로 보인다.

앞에서 언급한 것처럼, 아스텍은 강력한 종교적 신념으로 유지되었다. 수많은 신화들에 대한 아스텍인들의 믿음이 엄청난 인신 공양을 가능케 했으며, 모든 종교적 믿음의 중심에 황제가 있었다. 하지만 그 신화가, 그 전설이 목테수마 2세의 눈앞에서 현실로 바뀌려하고 있었다. 황제가 이를 받아들이지 않는다면 지금까지 유지된 제국의 역사 자체를 부정하는 것이며, 받아들인다면 자신의 모든 권위와 권한은 사라지고 인신 공양의 마지막을 자신이 장식하리란 것을 예감하고 있었을까? 어떤 방법으로도 그는 모든 것을 잃으리란 것이 자명했다. 그는 어떤 결정도 내리지 못하고 계속 고민했던 것으로 보인다. 어쩌면 사형 선고를 받은 사형수의 심정이었을 것이다.

코르테스, 테노치티틀란에 입성하다

에르난 코르테스는 쿠바의 총독 디에고 벨라스케스[Diego Velazquéz]를 위해 일하던 관리였다. 쿠바의 총독은 멕시코 연안 탐사를 맡을 책임자로 코르테스를 임명했다. 코르테스는 원주민들을 통해 산 정상의 거대한 호수에 각종 보화가 가득한 왕국이 있다는 이야기를 듣게 되었다. 이에 그는 중세 기사소설의 주인공이 된 것처럼, 미지의 신세계를 탐험하고 정복할 꿈에 부풀었다. 그리고 1518년에 550명의 군인을 배 열한 척에 태우고 아메리카 대륙으로 향하게 된다.

코르테스는 1519년 유카탄반도에 도착해 거기서 난파된 후 원주민과 동화되어 살고 있던 헤로니모 데 아길라르[Geronimo de Aguilar]를 만났는데, 이후 아길라르는 통역가로 원정에 참여하게 된다. 그러고는 마야의 도시국가와 벌인 소규모 전쟁에서 승리해 스무 명의 마야 여인을 전리품으로 받았다. 이 중에 바로 도냐 마리나[Doña Marina] 혹은 말린체[Malinche]로 알려진 여인이 있었다. 곧 세례를 받아 가톨릭교도가 된 그녀는 언어에 천재적인 재능을 지녀서 마야어와 나와틀어에 능통했으며, 얼마 지나지 않아 에스파냐어도 능숙하게 말할 수 있었다.

코르테스는 베라크루스에 자신의 캠프를 만들어 자신이 목표로 했던 아스텍으로 가기 위해 준비하고 있었다. 목테수마 2세는 이 모든 것을 전령의 보고를 통해 알고 있었다. 아스텍의 귀족들은 얼마 되지 않는 에스파냐 군대를 전멸시키자는 의견과, 수가 적으니 코르테스를 에스파냐 대사로 대접하고 카리브해에 정착하기 시작한 에스파냐 세력과 원만한 관계를 유지하자는 의견으로 나뉘어 서로 대립했다. 에스파냐 군대가 아무리 강철 무기와 총을 지녔다고 해도, 사실 아스텍 제국은 최대 100만 이상의 군대를 소집할 수 있었기에 규모는 그리 신경 쓸 정도가 못 되었다. 물론 그들의 신화를 제외한다면 말이다.

목테수마 2세는 전쟁보다 화평을 선택한 것으로 보인다. 그는 베

라크루스의 코르테스에게 값비싼 선물을 보내며 테노치티틀란으로
오는 것을 막으려 했다. 하지만 목테수마의 노력에 정확히 반비례해,
황제의 선물은 코르테스에게 탐험과 정복에 대한 열망을 더욱 불타
오르게 했고 이런 만남을 통해 테노치티틀란의 위치와 접근하는 방
법까지 인지하게 되었다.

코르테스는 베라크루스에서 테노치티틀란으로 향해 가면서 수많
은 부족과 도시국가를 만나 크고 작은 전쟁을 겪게 되었다. 당시는
아스텍 제국에 대한 불만이 최고조에 달했을 때였다. 코르테스가 아
스텍의 수도 테노치티틀란을 공격할 것이란 소문이 돌자, 그동안 아
스텍에 강한 불만을 품고 있었던 세력들이 모이기 시작했다. 그들에
게 전설 따위는 별로 중요하지 않았던 것 같다. 그들은 공공의 적을
향해 하나로 뭉쳤다. 테노치티틀란에서 그다지 멀지 않은 현재 푸에
블라 지역의 촐룰라에서 코르테스의 군대와 원주민 연합군은 야영
하기로 결정했다. 촐룰라는 아스텍의 중요한 도시 중 하나로, 현재
너비로는 세계에서 가장 큰 피라미드가 남아 있는 곳이다.

자신들의 신화 속 인물에게 겁을 먹고 있었던 아스텍인들은 두려
워하며 선제 공격을 준비하고 있었다. 이를 눈치 챈 것이 바로 말린
체로, 그녀는 코르테스에게 이 사실을 알렸다. 이에 코르테스는 촐
룰라의 군대보다 먼저 촐룰라를 공격했다. 이것은 전쟁이 아니라 학
살이었다. 촐룰라는 전멸했다.

테노치티틀란은 촐룰라에서 100킬로미터 정도 떨어져 있었다. 하
루가 지나면 에스파냐의 군대가 테노치티틀란으로 들이닥칠 것이었
다. 촐룰라의 전멸 소식이 목테수마 2세를 겁먹게 했는지는 알 수
없으나, 황제는 코르테스와 그 일행을 국빈으로서 대접하기로 결정
한다. 일부 학자들은 에스파냐와 반란국 군대의 수십 배가 되는 군

대를 순간적으로 모집할 수 있었던 아스텍의 상황을 고려해 보면, 황제는 언제라도 코르테스 일행을 제압할 수 있었으므로 그들을 환대하는 데에 그리 큰 부담이 없었을 거라고 주장하기도 한다.

하지만 케쌀코아틀 재림에 관한 신화가 눈앞에서 실제로 펼쳐지려는 상황, 그들이 난생 처음 보는 거대한 동물인 말과 천둥소리를 내는 총 등은 과장되기 시작해, 민심은 흉흉해져서 도시는 점점 더 혼란 속으로 빠져들었다. 전쟁을 피하려 한 것은 목테수마 2세의 현명한 결정이었다. 잘못하다가는 싸우기도 전에 패배했을 것이기 때문이다. 말 위에서 철갑 옷을 입고 있는 코르테스와 에스파냐 군사들을 보는 순간 아스텍 군대는 겁에 떨었을 것이다. 겁에 질린 군대는 더 이상 군대가 아니기에, 목테수마의 결정은 현명했다.

1519년 11월 8일, 코르테스의 군대는 테노치티틀란으로 입성한다. 그들은 서로 놀랐다. 에스파냐 군대의 모습은 아스텍인들에게 신화의 현실화였을 것이므로 그들의 놀람과 충격은 당연하다 하겠다. 정작 경악한 것은 바로 에스파냐인들이었다. 호수 위에 자리한 대도시의 모습, 오히려 그들의 도시보다 더 문명화된 모습은 에스파냐인들을 당혹케 했다. 어떻게 야만인들이 이런 도시를 건설할 수 있었는가에 대한 충격은 카를로스[Carlos] 1세(1500~1558)에게 보낸 보고서에 잘 드러나 있다.

에스파냐의 야욕과 목테수마 2세의 죽음

거대한 피라미드와 궁전을 본 에스파냐인들은 이미 주눅이 들었다. 화려하게 치장하고 있었던 목테수마 2세를 비롯한 아스텍의 지배 계급 사람들은 모두 예의 바르고 위엄 있었다. 목테수마 2세는 에스파냐인들을 케쌀코아틀이라 여기고, 고향에 돌아온 것을 환영하는 의미에서 극진히 대접했다.

목테수마 황제는 권위의 상징이자 경외의 대상이었다. 마치 일본의 에도막부[江戶幕府]를 연 쇼군[將軍] 도쿠가와 이에야스[德川家康]의 경우처럼, 아무도 목테수마의 얼굴을 보지 않았다. 네 명의 황위 계승 후보자들을 제외하면 그 누구도 황제 앞에서 고개를 들지 않았다. 황제가 가는 길에는 수많은 시중드는 이들도 있었다. 황제의 권위를 나타내는 단적인 면으로 황제는 땅을 절대 밟지 않았는데, 시중드는 이들이 황제가 이동할 때마다 양탄자를 이리저리 옮기며 땅을 밟지 않도록 했다. 이렇듯 그는 신적인 존재 혹은 적어도 인간 중에서 가장 고귀한 이처럼 보였다. 황제는 자신의 궁전에서 에스파냐인들이 지낼 수 있도록 배려했다. 그리고 그날 밤 황제는 에스파냐인들의 포로가 되었다.

에스파냐인들을 환대했던 많은 아스텍인들은 엄청난 충격에 휩싸였다. 상상하지도 못한 일이 벌어졌기 때문이다. 더 미스터리한 사건은, 목테수마 2세가 별다른 저항 없이 포로가 되었다는 것이다. 포로인 상황에서도 특이하게 목테수마는 제국을 다스릴 수 있었다. 그는 자신의 궁전에서 자유가 허용된 볼모였던 것이다.

상황은 더욱 드라마틱하게 돌아갔다. 쿠바의 총독 벨라스케스는 천 명 이상의 군인을 파견해 코르테스를 체포하도록 명령했다. 코르테스는 애초에 주둔지를 만들고 정복 사업을 벌이기보다 탐험과 탐사를 하길 명령받았으므로, 벨라스케스의 눈에는 코르테스가 지휘권을 남용하고 명령에 불복종한 것으로 보였던 것이다.

코르테스는 급하게 베라크루스로 돌아갈 수밖에 없었다. 그는 포로로 잡은 황제와 그의 병사 140여 명을 남기고 테노치티틀란을 떠났다. 그리고 새로 도착한 군인들을 설득하기 시작했다. 그는 전리품에 대한 분배를 약속했고, 새로 상륙한 군대는 코르테스의 군대에 합류했다. 코르테스의 군대는 처음 유카탄반도에 도착했을 때보다 여덟 배 이상 늘어났다.

코르테스가 베라크루스로 돌아간 후, 테노치티틀란에 남아 있던 140여 명의 에스파냐 군사들은 두려웠을 것이다. 적의를 가진 수천의 아스텍인들이 그들을 둘러싸고 있었기 때문이다. 그때 아스텍인들은 자신들의 희생 제의를 시작했다. 수많은 사람들의 심장과 피가 신전에 바쳐졌다. 에스파냐인들에 대한 적의가 희생 제의를 더 열정적으로 만들었을 수도 있다.

그 희생 제의 속에 숨은 적의를 눈치 챈 탓인지 아니면 두려움에 이성이 마비된 탓인지, 코르테스의 부관이었던 페드로 데 알바라도[Pedro de Alvarado]는 공격 명령을 내렸다. 에스파냐 군사들은 무장을 하지 않은 아스텍 황족 200여 명을 잔인하게 학살했다. 이에 아스텍인들은 분노했다. 그러나 목테수마 2세는 황제의 권한으로 폭동을, 아니 에스파냐 군사들의 몰살을 막은 것으로 보인다. 이런 정황은 그가 에스파냐인들을 진짜 케쌀코아틀이라 생각했을 수도 있다는 심증을 갖게 한다.

하지만 아스텍인들의 분노는 황제의 명령으로도 막을 수 없는 상황에까지 이르렀다. 코르테스가 다시 테노치티틀란에 도착했을 때, 분노는 폭발했다. 그렇게 전쟁은 시작되었다. 이 전쟁에서 목테수마 2세는 사망했다. 그가 어떻게 죽었는지에 대해서는 몇 가지 설이 존재한다. 성난 아스텍의 군중을 진정시키기 위해 단상에 올라가서 무언가를 말하려다 날아온 돌에 머리를 맞고 사망했다는 설, 에스파냐 침략자들에게 무기력한 황제를 보고 실망한 아스텍의 군중들이 그를 살해했다는 설 등이 있다. 많은 이들은 코르테스가 목테수마 2세를 죽게 했다고 믿고 있다. 그러나 어떤 것이 진실인지는 알 수 없다. 한 가지 확실한 사실은, 목테수마 2세가 처참하게 죽었다는 것이다.

황제가 죽은 후 성난 아스텍 군중을 막을 수 있는 존재는 없었다. 코르테스는 더 이상 버틸 수 없으리란 것을 잘 알았다. 그래서 그의 군대와 동맹군인 약 이천 명의 원주민 연합군은 야반도주하게 되었다. 하지만 에스파냐 군대는 무거운 금붙이와 여러 보석들을 포기하지 못했다. 그래서 충돌이 일어났고, 450명의 에스파냐 군사와 천여 명의 원주민 연합군이 사망했다. 아스텍은 자신들의 전통적인 전투 방식마저 바꿨다. 이 전쟁은 희생 제물을 구하기보다 그들의 자존심을 세우기 위한 것이었기 때문이다. 코르테스와 그의 병사들은 겨우 테노치티틀란 밖으로 도망칠 수 있었다.

에스파냐의 지배 아래에 들어간 아스텍

아스텍은 빠른 속도로 안정을 찾았고, 새로운 황제도 선출했다. 목테수마 2세의 형제인 쿠이틀라왁[Cuitlahuac]이 아스텍의 새로운 황제가 되었다. 아스텍은 안정을 되찾은 후 에스파냐군과 원주민 연합군을 제압하기 위해 바로 전쟁 준비에 돌입했을 것이다. 그러나 아스텍은 눈에 보이지 않는 강력한 적과 만나게 되었다. 바로 천연두였다. 아스텍인들은 새로운 전염병에 맞설 어떤 항체도, 치료제도 없었다. 인구의 반 이상이 천연두로 사망했다. 게다가 새로운 황제 쿠이틀라왁마저 사망했다. 국력은 반 이상 감퇴했다. 이는 당시 아스텍인들에게 신의 저주로 보였을 것이다. 온몸에 수포가 돋고 고열로 신음하다 어찌할 방법 없이 사망하는 사람들이 속출했고, 민심은 갈수록 흉흉해졌다. 만일 천연두로 사망한 사람들의 시체를 모두 불태웠다면 테노치티틀란은 시체가 타는 연기로 자욱했을 것이다. 하지만 아스텍은 항복하지도 좌절하지도 않았다.

새로운 황제이자 전사인 콰우테목[Cuauhtémoc]이 쓰러져가는 제국을 이어받았다. 테노치티틀란이 천연두로 신음하고 있을 때, 코르테스와 에스파냐군과 원주민 연합군은 트락칼라에서 군대를 재정비하고 있었다. 이 시기에 테노치티틀란이 전염병으로 괴멸 직전이라는 소문이 퍼져서, 아스텍의 폭정에 시달리던 많은 도시들이 코르테스와 트락칼라 연합군에 참여하기 시작했다. 공격을 위한 모든 준비가 끝났을 때 에스파냐 군은 약 900명이었고, 원주민 연합군은 10만 명을 넘어섰다. 이제 전쟁의 성격은 원주민들의 독립전쟁으로 바뀌었다. 둑길을 해체하고 호수 위의 섬으로 돌아간 테노치티틀란을 공격하기 위해 건조된 열세 척의 전함이 수많은 원주민들에 의해 운반되었다. 그들은 호숫가에 진영을 만들었다. 테노치티틀란만큼이나 거대한 군대였을 것이다.

1521년 5월 총공격이 시작되었다. 코르테스는 가능한 한 모든 루트를 통해 공격하기 시작했다. 하지만 아스텍의 저항도 만만치 않았다. 아스텍인들은 전사들이었으나, 이런 방어전은 그들 역사상 최초였을 것이다. 그들은 테노치티틀란을 굳건히 방어했다. 아스텍이 심하게 저항하자 코르테스는 봉쇄 작전을 사용했다. 테노치티틀란의 수로가 파괴되었고, 치남파스는 불에 탔다. 따라서 어떠한 물자도 섬으로 들어가지 못하게 되었다. 굶주림과 갈증이 심해졌고, 식수로 쓰지 못하는 호수의 물을 마신 탓에 생긴 이질이 유행했다. 천연두 또한 완전히 사라진 것은 아니었다.

이런 상황에서도 아스텍인들은 용맹하게 싸웠다. 그러나 도시는 점점 더 에스파냐군과 원주민 연합군들의 차지가 되어갔다. 그렇게 석 달을 버틴 후 아스텍인들은 항복했다. 아스텍의 마지막 황제 콰우테목은 마지막 순간까지 저항했고, 더는 희망이 없어졌을 때 코르테스에게 자신을 죽이라고, 죽여달라고 했다. 그는 아스텍의 마지막 황제이자 용맹한 전사로서 최후를 맞이하고 싶었을 것이다. 그러나 정복자들에게는 황제의 명예로운 죽음보다 숨겨진 아스텍의 보물이 더 중요했다.

콰우테목은 2년여 동안, 숨겨진 보물이 있는 곳을 말하길 강요하는 에스파냐 정복자들에게서 고문당했다. 그러나 그는 아무것도 말하지 않았고, 1523년 황제의 마지막과는 거리가 먼 방식인 교수형으로 생을 마감하게 되었다. 그가 고문당한 2년여 동안 아스텍은 자

멕시코시티에 레포르마에 있는
콰우테목 흉상.

신이 다스리던 제국의 일원이었던 원주민 연합군에게 철저하게 파괴당했고, 아스텍인들은 유린당했다. 거대한 도시는 하루아침에 폐허로 변했고, 코르테스는 폐허가 된 유적들 위에 새로운 도시를 건설하라고 명령했다. 수십만의 원주민 노동자들이 동원되어 새로운 도시를 건설하기 시작했다. 아스텍의 수많은 피라미드들은 파괴되거나 그 위에 성당이 지어졌다. 폐허 위의 건설이라는 맥락은 그리 다르지 않았다. 또한 원

주민들은 아스텍의 폭정에서 해방되었으나, 그들은 자신도 모르는 사이에 에스파냐의 식민 지배를 받게 되었다. 살아남은 아스텍인들은 북쪽으로 도망쳤다고 하는데, 그 정확한 위치가 어디인지는 알지 못한다.

이후 가톨릭의 전도가 이어졌다. 많은 원주민들이 세례를 받고 개종했다. 거대한 신전에서 이루어진 엄청난 희생 제의로 유지되었던 아스텍의 종교는 개인적이거나 미신적인 수준으로 전락하게 되었다. 편협한 신부들은 아스텍의 서적들을 비롯한 그들의 문화유산을 노골적으로 파괴하기 시작했다. 거의 모든 아스텍의 사료들이 이 시기에 불타 버렸다.

에스파냐 정부와 국왕, 그리고 가톨릭 세력은 아스텍에 인도적인 식민 정부가 들어서길 바랐으나, 그런 일은 이루어질 수가 없었다. 무적의 아스텍 제국은 결국 결정적으로 천연두로 인해 큰 타격을 받았으며, 그것이 신의 저주인지 아니면 그저 전염병인지 알 수는 없었지만 원주민들에게 에스파냐 군인들은 경외의 대상이었다. 그들은 마치 봉건 시대의 영주들처럼 자신들의 세력과 영토를 주장하기 시작했다. 그들은 진정한 정복자를 자처하며 새로운 세계의 모든 부를 자신들이 누릴 만하고 누릴 수 있다고 믿었던 듯하다. 멕시코 중·북부 지역에서 은이 발견되기 시작하자 그들은 원주민들을 혹독하게 다루기 시작했다. 지방의 시골은 그리 크게 달라진 것이 없었고, 개중에는 아스텍의 폭정에서 벗어나 삶이 여유로워진 지역도 있었다. 그러나 도시국가들 대부분은 에스파냐 정복자의 지배를 받아야 했고, 가족 없이 새로운 세계로 들어온 많은 이들은 아스텍의 황족

흉내를 내기 시작했다. 그들은 여러 명의 부인을 두었으며, 원주민들을 마치 자신의 노예처럼 다루기 시작했다. 이렇게 해서 라틴아메리카의 최대 인종 메스티소가 탄생하게 되었다. 혼혈로 태어난 사람들이 많아지면 많아질수록 인종에 따른 차별은 줄어들었다. 새로운 사람들, 비슷하지만 새로운 정치적 환경이 탄생한 것이다. 새로운 하늘이 열렸다.

아스텍의 수많은 신들은 자연스럽게 각종 가톨릭 성인들로 대체되었다. 아스텍의 전통은 폐허가 된 그들의 건축물들처럼 완전히 사라진 것으로 보이지만, 1년의 하루, '망자의 날[el día del muerto]'이 되면 그들은 다시 살아난다.[23) 사람들은 지금도 죽은 사람들을 위해 마치 제사를 드리듯 음식을 준비한다. 특이하게도 망자의 날은 기본적으로 행복을 느끼게 한다. 망자들은 즐겁고 행복한 존재였다. 살아 있는 사람들은 그들을 잘 대접하고 함께 축하한다. 아마도 망자의 날은 처참하게 죽어간 아스텍의 원혼들을 위한 멕시코 스타일의 살풀이인지도 모를 일이다.

2.5. 남아메리카 문명

(1) 아메리카 최초의 도시 문명 카랄[Caral]

남아메리카에 대해서는 메소아메리카에 비해 상대적으로 고고학적·인류학적 연구가 활발하지 않았다. 또한 많은 학자들은 얼

---

23) 죽은 자들이 돌아오는 망자의 날은 유럽의 할로윈 전통과 흡사하기도 하며, 죽은 자들이 무덤에서 걸어 나오는 좀비 시리즈 영화에 영감을 주기도 했다. 2017년 디즈니에서 제작된 애니메이션 '코코'의 주요 모티브이기도하다. (국내에선 2018년에 개봉하였다.)

마 전까지만 해도 메소아메리카의 영향을 받아 성립하고 발전한 것이 남아메리카 문명이라고 보았다. 하지만 계속되는 고고학적 발굴의 성과와 그 분석에 따르면, 남아메리카에서는 메소아메리카 못지않은 문명들이 존재하고 있었다. 더 나아가 '문명의 탄생'이라는 관점에서 보면, 현재까지 이루어진 연구 결과는 남아메리카가 시기적으로 일단 메소아메리카에 비해 앞선다고 보고 있다. 물론 메소아메리카와 남아메리카의 문명이 전혀 관련 없이 독립적으로 발전했는지에 대해서는 여전히 의문이 남는다. 개인적인 생각이지만, 심층적인 연구를 통해 근간에 아메리카 대륙을 관통하는 문명사[文明史] 혹은 문화와 문명의 이동 루트가 만들어질 수도 있으리라 본다.

서기전 2600년경 부족연맹체에서 도시문명으로 성장한 카랄이 최초로 성립했다. 페루의 수도 리마에서 200킬로미터 북쪽에 위치한 카랄은 수페[Supe] 지역을 중심으로 발달했다. 대략 600여 년 동안 지속된 카랄은 아마존강에서 유래한 수페강 강줄기를 따라 발달한 것으로 보인다. 보통 남아메리카의 문명은 남과 북으로 발전했는데, 카랄은 거의 그 중앙 부근에 위치했다. 마치 올메카 문명이 마야와 멕시코 고산 분지의 중앙에 위치한 것과 흡사하다.

카랄 문명 지역.

위 지도에서 알 수 있듯이, 태평양 연안을 비롯해 인근 강줄기를
통해 쿠스코 지역까지 교역할 수 있었던 지역이 바로 카랄 문명 지
역이다. 현재도 연구가 진행중이긴 하지만, 카랄 문명은 지금의 페
루 지역 전체에 영향을 미쳤다고 추정된다.

신전 또는 도시의 상징 피라미드

카랄의 규모는 0.66제곱킬로미터 정도로, 삼천 명 이상의 주민이 거주했다고 본다. 1948년에 최초로 발굴이 이루어졌으나, 안데스산맥에 산재한 중소 유적지 이상의 관심을 받지 못했다. 하지만 1997년 페루의 고고학자 루스 샤디[Ruth Shady]가 카랄에서 약 오천 년 이상 된 피라미드를 발견했다. 뿐만 아니라 원형 경기장 및 기타 주거지 유적이 있는 전형 적인 도시를 발굴하게 되었다. 피라미드 또한 대형으로, 면적이 축구장 네 개 정도의 크기, 높이는 18미터에 이르는 대규모였다. 이 피라미드가 건설될 즈음 이집트에도 피라미드가 세워지고 있었다.

카랄의 피라미드에서 볼 수 있는 완만한 경사와 중앙 계단 등은 메소아메리카의 피라미드와 그리 다르지 않다

이집트 피라미드가 파라오의 권력을 상징하는 거대한 무덤이라면, 카랄의 피라미드는 신전이자 도시의 상징 기능을 했던 것으로 보인다는 점이 다르다. 이 점은 라틴아메리카 피라미드의 공통점이기도 하다. 물론 건축 방식에 대해서는, 현재 손상을 많이 입은 상태이므로 정확한 비교 결과는 좀 더 두고 봐야 할 것 같다. 카랄 문명의 피라미드가 올메카를 비롯한 메소아메리카의 방식과 유사하다면, 피라미드의 전통 또한 메소아메리카에서 남아메리카로 이어졌다기보다 남아메리카에서 메소아메리카로 전해졌을 가능성이 높다.

(2) 외계인이 만든 문명? 나스카[Nazca]

나스카 라인 혹은 나스카 문양은 UFO를 다루는 다큐멘터리에서 심심치 않게 등장했던 소재였다. 대지 위에 그려진 여러 문양들은 결코 지상에서 확인할 수 없었으며 공중에서만 볼 수 있었기에, UFO를 위해 만들어진 게 아닐까 혹은 외계인들이 만든 게 아닐까 하는 의견들이 있었다. 하지만 나스카 문양에 비해 정작 나스카 문명에 대한 정보는 그리 많지 않았던 것 같다.

나스카 문명은 그 규모는 그리 크지 않으나 독립된 문명이었고, 서기전 100년경에 성립되어 서기 700년경까지 유지되었다고 알려져 있다. 나스카인들은 농업에 주로 종사했으며, 상당히 발전된 관개 시설을 만들었다. 또한 그들은 예술성 높은 채색 도자기를 제작했고, 실용적인 바구니도 만들었다. 그들이 사막에 만들어놓은 문양은 현재까지 남아 있다. 안데스산맥과 태평양 연안에 크고 작은 수많은 문명들이 있었던 듯하나, 나스카 문양과 같은 것을 남긴 문명은 없었다.

리마의 남쪽에 위치한 나스카 문명은 상대적으로 조그마한 문명이었다. 정치적으로는 도시국가 형태였다고 추정된다.

나스카 문양, 누가 어떻게 왜 만들었나

누구라도 나스카 문명 지역의 하늘을 경비행기를 타고 날면서 거대한 기하학적 문양 혹은 동물이나 거인의 모양을 본다면 분명히 어떤 초월적 느낌을 받을 것이다. 2년 전에 가수 서태지가 자신의 앨범을 발매하면서 나스카 문양에서 영감을 받아 '미스터리 서클[Mystery Circle]' 이벤트를 한 적이 있다. 문양의 의미는 물론 누가 만들었는지 모르는, 원형이 기본인 문양을 미스터리 서클이라 부른다. 기본적인 도안이 있는 경우, 조망할 수 있는 높은 곳에서 한 명이 관측하며 길이를 측정할 수 있는 끈만 있으면 별 어려움 없이 미스터리 서클을 만들 수 있다는 것은 이미 증명되었다. 즉, 나스카 문양은 나스카인들이 만들었고 외계인이 만들진 않았다는 것이

비행기에서 내려다본, 새 모양의 나스카 문양.

다. 그렇다면 다음 문제는, 문양이 무엇을 상징하며 무엇을 위해 만들었냐는 것이다. 이 의문에 아직도 확실히 답할 수는 없으나, 종교적 행위였으리란 것이 고고학자와 인류학자의 공통된 생각이다. 나스카 문명이 사막 지역에 있었던 걸 고려하면 물과 관련된 의식이었으리라는 가설은 부정하기 어렵다. 하지만 확실히 증명하기도 어렵다.

천여 개 정도 있으며 최대 길이가 약 14.5킬로미터로 대형인, 1920년에 우연히 발견된 나스카 문양은 기본적인 정보만으로도 굉장히 미스터리하다. 나스카 문명이 800여 년 정도 유지되었으니 매년 한 개 이상의 나스카 문양이 만들어진 셈이 된다. 동물이나 사람 모양이 먼저 만들어졌고 기하학적 문양이 나중에 만들어졌다고 보는데, 이는 문화의 발전과 비례한 것이라고 가정할 수 있다. 하지만 현재까지 이 문양을 만든 원인과 이유를 확실하게 밝혀내지 못했다. 여러 가설들이 제기되었으나 증명되지 못했다. 다시 말해 그저 가설이었을 뿐이다.

나스카 문양에 대한 개인적인 가설을 하나 더 추가한다면, 이 문양이 결국 이집트의 피라미드와 같은 역할을 한 것은 아닐까? 이집트의 피라미드는 파라오의 무덤일 뿐이다. 파라오 자신의 권세를 나타내기 위해 그토록 큰 건축물이 필요했던 것이다. 피라미드는 제국의 힘을 나타내는 하나의 상징으로, 파라오의 신적인 권력을 보여준다. 그 외에 수많은 미스터리가 있다고 해도 그것은 기술적인 부분이며, 큰 개념에서 보면 이견을 제시하기 어려울 정도로 이집트의 피라미드는 그 목적이 분명하다. 나스카 문명의 경우도 이와 비슷하지는 않았을까? 거대한 문양들은 나스카 왕이나 제사장이 지닌 권력의 크기와 비례한 것은 아니었을까? 파종하기 전에 한해 농사의 풍성한 결실을 비는 종교적 행사에 등장한 나스카 문양들. 충분히 상상할 수 있는 장면이다. 물론 문양이 상당히 크다는 것, 공중에서 봐야만 한다는 것은 이 가설의 벽이다.

나스카의 관측 기술에 대해 현재까지 전해지는 것은 없으나, 나스카 문양으로 미루어 짐작해 보면 상당한 수준이었을 것이다. 가장 큰 문양을 공중에서 확인하기 위해서는 대략 1킬로미터 높이의 전망대가 필요하다.[24] 이는 약 500층 건물 높이로, 현재의 기준에서 봐도 대단히 높다. 그렇다고 대류권을 벗어나는 높이는 아니다. 지금 세계에서 가장 높은 건축물은 두바이의 '부르즈 할리파[Burj Khalifa]'로 828미터다. 이보다 높은 전망대를 과연 나스카인이 만들 수 있었을까? 전망대를 만들 수 없었다면 그들은 나스카 문양을 제대로 만들 수도, 볼 수도 없었다. 즉, 그들이 높은 전망대에서 작업 과정을 지켜보면서 문양을 만들었다면 분명히 전망대가 있었을 것이며, 수백 년을 거쳐 내려온 자신들의 기술이 있었을 것이다. 전망대에서 자신들이 만든 문양을 바라보고 좋아하면서 새해의 풍년을 기원하는 종교 행사를 벌였을 가능성이 상당히 높다. 요컨대 종교적·미학적 측면에서 문양을 만들고 즐겼다는 것이다. 물론 이것은 개인적으로 주장하는 가설일 뿐이다. 하지만 역시 부정할 수 없는 사실은, 나스카 문명에 상당히 발달한 수학과 관측 기술이 있었다는 것이다. 그렇다고 외계인이 만들었다고 할 정도로 이질적인 것은 아니었다.

사실 나스카 문명의 진정한 보물은 나스카 라인이 아니라 나스카

---

24) 문양 전체가 아니라 마치 지평선을 보는 것처럼 볼 수 있는 최소 높이는 이보다 더 낮다. 하지만 문양을 제대로 볼 수 있는 높이는 15도로 각도를 유지하면 약 1킬로미터 정도다. 물론 더 작은 문양은 더 낮은 높이에서 볼 수 있다.

의 도기들이다. 몹시 정교한 문양이 새겨진 물병과 그릇 등은 다양한 색깔로 채색되었다. 도기에는 사람·콩·고추·물고기 등의 그림이 그려지기도 했다. 물병이나 물통 혹은 술병 등 기본적인 용도로 만든 것 이외에 마치 채색된 조각 같은 것도 있는데, 그 예술성은 현대 예술 작품에 비견될 정도다. 물론 도기들이 사회 전반에 걸쳐 사용되었다고 보기는 어렵다. 하지만 지배 계층에서 이런 도자기류를 일반적으로 사용했다면, 사회 전반에서 사용했던 자기나 그릇 등의 예술성도 일정 수준 이상이었으리라 짐작할 수 있다.

(3) 남아메리카의 첫 번째 제국 티와나쿠와 와리 [Tiwanaku & Wari]

얼마 전까지만 해도 티와나쿠와 와리는 같은 문명 혹은 같은 제국으로 보는 경향이 컸다. 특히 와리가 티와나쿠의 영향 아래에 있다고 보았다. 이후 남아메리카의 문명은 치모르에서 잉카로 넘어간다고 추정했으나, 고고학적 발굴 결과 와리와 티와나쿠가 이질적인 문화를 지닌 다른 정치적 집단이었음이 밝혀졌다. 사실 안데스산맥에 길게 남북으로 발달한 와리는 현재의 페루 국토와 흡사할 정도로 방대하다. 티와나쿠는 티티카카 호수 부근을 중심으로 발달해, 현재의 페루 남부와 볼리비아 일부, 칠레 북부 일부까지 발달했다. 두 영역을 다 합치면 잉카 제국의 최대 영토에 견줄 정도다.

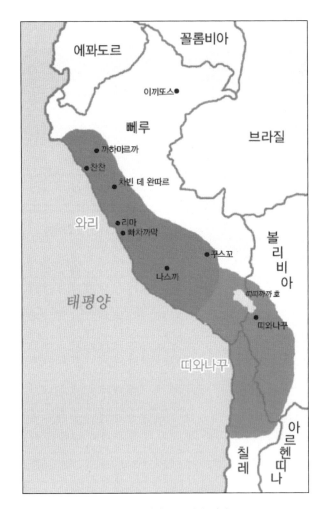

와리와 티와나쿠 문명의 영역.

물론 아직도 일부 학자들은 두 문명이 하나이며 적어도 하나의 세력이 행정적으로 나누어졌을 뿐이라고 주장한다. 사실 이 의견도 굉장히 신빙성이 있어 보인다. 아직 연구가 활발히 진행되지 않은 카랄은 제외하더라도, 차빈·모체·나스카 문명 사이에는 확실한 공통점이 있다. 진흙으로 만든 벽돌의 사용, 배수로를 비롯한 관개 시설의 발전, 그리고 특히 예술성 있는 도자기의 발달 등이다. 발현 양상은 조금씩 다르다고 해도, 이런 기술들이 발달했다는 점은 서로 공통된다. 티와나쿠 문명의 경우, 확실히 밝혀진 선조 문명은 아직 없으나 교역이 강줄기를 타고 아마존 유역까지 이루어졌던 것으로 보이는 증거들이 발견되었으므로 자연스럽게 영향 받았을 가능성이 꽤 높다. 또한 강을 사이에 두고 두 세력간의 경계도 뚜렷하기에, 문화적 공통성이 행정적·정치적으로도 하나였음을 증명하는 확실한 증거는 아닌 것이다. 사실 지금까지 티와나쿠와 와리의 관계는 명확히 설명되지 않았으며, 아직 산재한 연구 과제들이 많다. 하지만 티와나쿠와 와리가 남아메리카의 대제국 잉카에 직접적인 영향을 미친 점은 부정할 수 없다.

가장 높은 곳에 세워진 항구 도시 티와나쿠

약 800여 년 동안 번영한 티와나쿠는 가장 높은 고지에 세워진 도시이기도 하다. 이 도시는 현재 볼리비아의 수도 라파스[La Paz] 근처의 해발고도 4000미터 정도에 세워졌다. 일반 관광객들이 고산병으로 숨쉬기 힘들어할 정도로 높은 고지대에 도시가 생겼다는 것 자체가 하나의 미스터리였다. 하지만 그 미스터리는 세계에서 배로 항해할 수 있는 가장 높은 호수인 티티카카 호수가 해결해 준다. 티티카카 호수는 현재 8.3제곱킬로미터의 넓이지만 과거에는 호수면이 더 높았으며, 티티카카 호수에서 14.5킬로미터 떨어진 티와나쿠는 건설될 당시에 호수와 인접한 항구 도시였음이 지질학적 탐사를 통해 밝혀졌기 때문이다.

티와나쿠는 티티카카 호수를 통해 인근 지역과 교역 등의 관계를 맺으며 성립되었다고 추정된다. 200년경부터 사람이 거주했고, 500년경에 도시로 성립되었다는 것이다. 티와나쿠는 700년경부터 제국으로 성장하기 시작해, 티티카카 호수 근처 지역들을 우선적으로 정복한 듯하다.

이후 동쪽으로는 아마존 정글 지역까지, 서쪽으로는 태평양 연안까지 이르렀으며, 남쪽으로는 현재의 칠레와 아르헨티나의 북부 지역까지 도달했다. 티와나쿠의 유적들은 그리 많이 발굴되지 않았는데, 현재 국경의 문제 등이 개입되어 있기 때문이다. 티와나쿠는 현재 볼리비아에 위치하며, 그 영향권은 앞에서 언급한 것처럼 칠레·아르헨티나·페루를 포함한다. 안데스산맥의 남쪽 부분이 가장 중요한데, 이 지역에 대한 고고학적 발굴은 아직 심도 있게 이루어지지 않은 편이다. 티와나쿠의 미스터리를 담고 있는 유적들이 지금도 발굴을 기다리고 있을지 모를 일이다.

티와나쿠는 굉장히 아름다운 도시였다. 넓이 3.9제곱킬로미터로 약 5만 명 정도의 거주민이 살았던 듯하다. 티와나쿠 사람들은 티티카카 호수의 풍부한 자원, 발달한 어업과 농업으로 얻은 산물, 고산지대에서 자라는 작물과 태평양 연안과 대평원에서 얻은 자원으로 상당히 여유 있는 생활을 했을 것이다.

티와나쿠 유적.
현재는 그 옛 모습을 찾아볼 수 없고, 장방형으로 잘 짜인 거주 공간과 벽의 모습이 스산한 느낌
이다. 그러나 모든 건축물이 들어섰을 당시를 상상하면 꽤 큰 규모의 도시였을 것이다.

    또한 티와나쿠에서는 다른 남아메리카의 문명처럼 석조 건축이
발달했다. 최대 약 100톤 무게의 벽돌부터 자그마한 돌까지 이용해
도시를 건설했고, 벽돌과 벽돌 사이에는 회반죽 같은 어떠한 접착
물질도 없었다. 그럼에도 굉장히 견고해, 일부 성벽으로 보이는 벽
들은 지금까지도 그 모습을 완전히 유지한 채 남아 있다. 이 건축 기
법은 잉카로 이어져, 잉카의 견고한 건축물이 만들어지는 초석이 되
었다. 일부 고고학자들은 날카롭고 견고한 돌칼로 벽돌을 자르거나
다듬었다고 추정하기도 하나, 돌칼로 그렇게 정교한 작업을 할 수
있다고는 상상하기 어렵다. 마치 숫돌에 칼을 갈 듯이, 물과 함께 흑
요석처럼 견고한 돌을 이용해 갈아서 벽돌과 벽돌 사이를 정교히 다
듬어 완벽하게 결합시켰을 것이란 설도 있다. 한편, 벽돌을 쌓는 기
법 또한 그 견고함을 더해 주었다. 십자형으로 정사각형의 벽돌과

직사각형의 벽돌을 서로 겹쳐 힘이 자연스럽게 분산되도록 했다. 지금은 그저 돌 색깔을 띠지만 당시에는 채색되었고, 일부 건축물과 벽의 상부에는 금박[金箔] 같은 금 장식을 했다. 해가 중천에 뜨면 티와나쿠는 빛의 도시와도 같았다. 도시 전체가 마치 태양처럼 빛났던 것이다.

도시는 계획에 따라 건설되었으며, 사제와 정치 지도자들의 제식을 위한 공간과 거주와 상업 활동을 위한 공간이 확실하게 구분되어 있었다. 제식을 위한 공간은 신성함을 나타내기 위해, 마치 고구려의 성처럼 해자를 만들어 하나의 신성한 섬처럼 보이도록 했다.

티와나쿠의 아카파나[Akapana] 피라미드는 높이가 15미터, 너비가 198미터에 이르는 T자형의 거대한 피라미드였다. 지금은 대부분 붕괴되어 지반에 그 흔적만이 남았고, 나머지는 그저 언덕처럼 되어 있어서 자연적으로 생긴 언덕이라 생각했다. 그러나 지질 조사 결과 인공적으로 만들어졌음이 밝혀졌다. 한편 해자는 차빈 문명에서 볼 수 있듯이 티와나쿠의 관개 시설이 어떠했는지 보여준다. 비가 오면 자연스런 경사면과 높이의 격차를 통해 빗물이 도시 전체를 휘몰아 치듯 흘러 나갔을 것이다. 이 모습은 마치 태양의 신이 울부짖는 것처럼 보였을 것이다. 또한 희생 제의를 통해 인신 공양이 벌어졌던 듯한데, 피라미드 근처에서 묻힌 시신들이 발굴되었기 때문이다. 티와나쿠의 특징을 고려하면, 종교적 제의는 상당한 규모로 이루어졌으리라 짐작할 수 있다. 사제들이 금박으로 장식된 피라미드의 꼭대기에서 모체 문명의 금으로 만들어진 번쩍이는 의상을 입고 등장하면, 마치 태양신의 현현[顯現]처럼 보였을 것이다. 한편 피라미드 근처의 지하 광장에서 마치 톨테카의 석상을 연상케 하는 석상이 발견되었다. 그 석상은 약 7.3미터 높이로, 왕관 같은 머리장식을 한 신의 모습이나 당시 사제를 형상화한 것 같았다.

피라미드 근처 지하 광장에서 발견된 석상.
톨테카의 석상보다 더 크지만 섬세함은 약간 뒤지는 듯하다. 하
지만 기본적인 형식은 흡사하다.

이 지하 광장 서쪽에는 10톤의 바위 하나로 만들어진 문[門] 형태의 구조물이 남아 있다. '태양의 문'이라 불리는 이 구조물 중앙 상부에 네모난 모양으로 조각된 얼굴상이 있는데, '문의 신'이라 부른다. 현재 이 구조물만 남아 있어 확실한 용도를 단언하기란 어렵지만, 문으로 들어오는 햇빛을 이용해 달력과 같은 역할을 했으리라 짐작한다.

태양의 문은 주변에 다른 구조물이 남아 있지 않아 원래 어떤 모습이었는지 짐작하기가 어렵다. 문을 통해 들어오는 햇빛을 이용해 달력과 같은 역할을 했으리라는 점에서 태양의 움직임과 관련이 있다고 본다.

이 문은 차빈 문명의 영향도 보이는 구조물이나, 아직 확실한 용도와 의미를 알 수 없다. 많은 학자들은 여러 가지 상황으로 미루어 보아 사제 계급이 신적인 권한을 지녔을 것이라 보고, 현재로서는 티와나쿠를 제정일치 사회로 판단한다. 특히 태양에서 가장 가까운 도시라는 상징적인 의미를 지녔기에 주변 지역에서 가장 신성한 장소로 인식되었고, 이는 사제 계급과 지배 계급의 선민의식으로 연결되었던 듯하다. 또한 호수와 강을 중심으로 활발한 교역도 이루어졌다고 본다.

티와나쿠 사회는 크게 두 계급으로 나누어진 듯한데, 발굴 조사 결과 사회 지도층은 안데스의 토종 동물인 야마 고기, 바다에서 잡은 물고기, 옥수수를 먹었고, 평민들은 안데스 토종 작물인 키노아와 감자, 호수에서 잡은 민물고기를 먹은 것으로 보인다.

티와나쿠가 어떤 방식으로 제국을 통치했는지는 확실하지 않지만, 티와나쿠의 영향을 받은 듯한 유물들이 계속 출토됨으로써 문화적인 영향력이 상당했음을 알 수 있다. 중앙집권적이었는지 아니면 느슨한 조직의 공동체였는지도 확언할 수는 없으나, 적어도 티와나쿠를 건설하고 꾸미기 위해서는 주변에서 많은 인부들이 차출되어야 했다. 이로써 중앙집권이라고 단언할 수는 없어도 굉장히 강력한 통치력이 존재했음을 알 수 있다.

잉카 제국의 근간이 된 와리 문명

와리 문명의 경우는 더욱 특별하다. 1940년까지 와리는 잘 알려지지 않았고, 현재도 티와나쿠의 영향 아래 있었던 식민지 정도로 생각하는 학자들도 적지 않다. 약 700년에서 900년까지 티와나쿠와 와리는 안데스산맥 중앙 고원 지대를 직접 지배하거나 직접적인 영향을 미쳤으며, 상이한 문화와 서로 다른 민족의식을 가진 이들을 통치한 것으로 보인다. 그래서 남아메리카 최초의 제국이라 부를 수 있는 것이다. 한편 와리가 독립된 정치 구조를 지녔다고 보기 어려웠던 이유는, 당시 와리 문명의 영향 아래에 있었던 많은 지역들이 저마다 다양한 문화를 향유했던 것으로 밝혀졌기 때문이다. 그래서 티와나쿠가 문화적·종교적·경제적 통합을 이루어가며 제국을 완성해 나간 것과는 다르게, 와리는 무력으로 제국을 성립해 나갔다고 본다. 하지만 지금도 와리에 대해서는 알려진 것과 진행된 연구 모두, 다른 잉카 이전의 문명들에 비해 현저히 적은 편이다. 16세기 에스파냐 세력이 남아메리카에 진출했을 당시에 이미 와리의 주요 도시들은 붕괴되고 버려진 채로 있었다. 잉카 제국이 남아메리카에서 차지하는 비중이 너무나 컸기에 다른 문명들, 특히 고대 문명이 아니면서 10세기 이후에 전성기를 누린 문명들에 대해서는 거의 연구가 되지 않았고, 얼마 전까지만 해도 잉카 제국에 관한 연구만으로도 버거운 게 사실이었다.

1960년대에 와서야 비로소 와리 문명에 대한 관심이 생기기 시작해 실질적인 발굴이 이루어지면서 와리 문명과 관련한 정보가 조금씩 늘어갔다. 이로써 잉카 문명의 네트워크였던 '잉카 루트'를 처음으로 개발한 것이 바로 와리였으며, 잉카는 이 루트를 보완해 이용했음이 밝혀졌다. 또한 잉카 루트를 통해 이루어진 의사소통의 기구로 알려진 매듭문자 키푸[quipu]도 현재는 와리 문명에서 먼저 사용했다고 알려져 있다. 이는 와리 문명이 잉카와 마찬가지로 다양한 언어 전통을 지닌 다양한 부족 혹은 도시문명들로 이루어져 있었음을 나타낸다. 여러 가지 증거를 보면 와리가 잉카 문명 성립에 주요한 역할을 했음을 알 수 있다.

와리 문명은 약 600년에서 700년 사이에 성립했으며 약 11세기 초에 붕괴되었다. 페루의 아야쿠초[Ayacucho]에서 북으로 26킬로미터 떨어진 만타로[Mantaro]강이 내려다보이는 해발고도 2774미터의 아야쿠초 고산 분지 지역, 대략 15.5제곱킬로미터 면적의 와리시[市]에서 와리 문명은 발원했다. 전성기에는 현재 에콰도르 근처 지역까지 진출했던 듯하나, 카랄·차빈·모체 등 안데스산맥에서 발원한 다른 문명들에 비해 더 남쪽에서 발전하기 시작했던 것으로 보인다. 나스카 문명 지역과 그리 멀지 않으나 더 내륙 안쪽이었다는 것이 차이점이다. 지금 페루 영토의 많은 부분을 차지하고 있어, 어찌 보면 현대 페루의 영역과 가장 많이 닮아 있는 것이 바로 와리 문명이다. 와리 문명은 안데스의 척추라고 할 수 있는 대부분의 지역을 장악했던 것이다.

약 600년에서 900년 사이 와리 문명 지역의 인구는 약 2만에서 10만 명 정도였다고 추정된다. 도시는 높은 담으로 나뉘어 티와나쿠와 비슷하게 잘 다듬어진 석조 건물들이 지어졌는데, 티와나쿠와는 다르게 현재의 시멘트와 흡사한 진흙 반죽을 이용해 돌과 돌 사이를 이어 붙여 건물을 지었다. 도시는 계획적으로 구축되었으며, 무엇보다 종교적 부분인 사원들이 먼저 건설된 것으로 보인다. 그러나 다른 문명의 경우처럼 거대한 피라미드나 사원을 건축하지는 않은 것 같다. 와리의 일반 건축물은 몇 층인지 확실하게 밝힐 수는 없지만 1층 이상의 복층 건물이었다. 각 건물들은 저마다 안뜰을 두고 있어, 그저 생활만이 아니라 환경적 측면을 고려한 주거 환경을 갖추었던 듯하다.

현재까지 밝혀진 것에 따르면, 발굴된 유물들이 지역별로 확연한 차이를 보이며 주거지의 규모 등에 비례하므로 사회 계급이 뚜렷하게 나누어져 있었다고 분석한다. 와리의 두 번째 도시였던 피키약타

[Pikillacta]는 현재 쿠스코의 근처에 위치하며, 이곳에서 와리 문명에 대한 많은 발굴 작업이 이루어졌다. 쿠스코와 가깝기에 잉카의 유적일 것이라 많은 학자들이 생각했지만, 연대 측정법을 통해 피키야타가 그 이전 유적임이 밝혀지면서 와리 문명의 실체를 입증하는 데 주요한 역할을 했다. 와리가 경제적·정치적 중심지였다고 한다면 피키야타는 종교적 중심지였던 것으로 보인다. 완벽하게 계획되어 건설된 도시의 각 건물은 마치 전투 요새를 연상케 하듯 높은 담장으로 둘러져 있었으며, 복층 건물의 외장과 내장에 모두 회반죽이 발라져 있었다. 현재 도시가 채색되었는지, 어떤 장식으로 꾸며졌는지는 밝혀지지 않았으나, 만일 회반죽 색깔이 하얀색이었다면 피키야타는 지중해의 도시 못지않은 하얀 도시, 태양빛을 받으면 하얗게 빛나는 도시였을 것이다. 도시는 크게 세 부분으로 나누어졌으며, 종교를 담당한 부분이 제일 컸고 중요했던 것으로 보인다.

하지만 도시가 계획대로 완벽하게 지어졌다고는 보기 어려운데, 파손된 게 아니라 건축 도중에 멈춰버린 듯한 유적들이 발굴되었기 때문이다. 일부 고고학자들은 피키야타가 종교 중심지 역할을 수행했으며, 유대인들의 유월절 혹은 이슬람의 메카 순례 같은 행사가 열린 곳이었다고 본다. 결과적으로 피키야타는 마치 ≪신약 성서≫에서 헤롯 왕이 유대 성전을 재건한 것과 같은 이유로 성립되어, 종교적 세금을 효과적으로 징수하기 위한 센터 역할을 했으리라 추정된다. 또한 이를 위해 점령 지역의 토속 종교를 억압하고 와리 문명의 종교를 강요했을 것이다. 도시를 구분하는 벽은 약 12미터 높이였고 벽 사이로 관문이 있었으며 직선 도로로 연결되었으므로, 도시는 마치 미로와 같은 구조였다. 도시의 지리를 확실히 알지 못하면 길을 잃기 쉬웠고, 관문과 관문을 닫아버리면 길 중간에 갇혀버릴 수도 있었다. 이로써 도시가 굉장히 주도면밀하게 만들어졌으며 상당히 꼼꼼하게 관리되었음을 알 수 있다.

또한 농업을 위해 강제 이주를 했던 것으로 보이는 증거들이 발견되었다. 잉카 농업의 상징과도 같은, 분지의 지형적 이점을 이용한 계단식 밭도 와리 문명 지역에서 먼저 성립되었음이 밝혀졌다. 고도에 따른 온도와 습도 등의 차이를 이용해 다양한 작물을 동시에 재배했는데, 주요 작물은 옥수수였던 것으로 보인다. 게다가 남아메리카의 전통이라 할 수 있는 관개 시설도 갖추어져 있었다. 이런 점들로 미루어보면, 와리는 상당히 강한 군사력을 갖추고 있었던 듯하다. 강제 이주나 계단식 밭 조성, 그리고 계획도시 건축은 강력하고 강제적인 공권력이 없었다면 불가능했을 것이기 때문이다. 또한 종교적 목적의 순례를 강요하기 위해서는 지역 인프라, 즉 잘 닦인 길은 물론 순례자들의 숙박과 식사가 가능한 시설이 있어야 했다. 나아가 강한 종교적 믿음으로 통합된, 강한 물리적 힘을 지닌 사회여야만 했다.

와리와 티와나쿠는 거의 비슷한 시기에 붕괴했다. 역시 자연재해가 가장 큰 원인이 되었을 가능성이 높다. 현재 단언하기는 어렵지만, 티와나쿠가 먼저 붕괴했을 것이다. 티와나쿠는 높이 4000미터가 넘는 초[超]고산 지대에 위치했기에 가뭄의 영향을 다른 어떤 곳보다 먼저 느꼈을 것이기 때문이다. 만일 티와나쿠가 종교적 중심지였다면 티와나쿠의 붕괴는 곧 그들의 공통된 종교가 붕괴했음을 의미했을 것이다. 종교가 붕괴되었다는 것은 결국 그들의 세상이 무너졌음을 뜻했다. 이를 단적으로 보여주는 것이 와리가 900년경 피키약타를 봉쇄하고 도시를 불태워버린 것과, 쎄로바울을 1000년경 스스로 봉쇄해 폐허로 만들어버린 것이다. 여러 가지 원인을 생각해 볼 수 있으나, 자연재해는 보통 신의 메시지 혹은 신의 분노로 여겨졌다. 신을 섬기거나 신과 인간의 중간자를 자처한 사제 계급이 반드시 책임져야 할 부분인 것이다. 강력한 종교로 유지되던 사회는 그 종교가 무너진 순간 빠른 속도로 붕괴하기 마련이다.

비록 붕괴했지만 와리의 많은 문화유산은 잉카로 이어졌다. 앞으로 와리에 대한 연구가 진행되어 미스터리가 풀리면 풀릴수록 남아메리카의 진정한 모습이 드러날 것이다.

(4) 양지로 올라온 잉카 제국의 그림자 치모르[Chimor]

치모르 문명과 관련한 사료와 유적은 다른 남아메리카 문명들에 비해 풍부하다고 할 수 있으나, 잉카라는 그림자에 가려져 널리 알려지지는 못했다. 하지만 치모르인들은 잉카에 이어 두 번째로 넓은 제국을 만들었으며, 치모르 문명의 수도 찬찬 또한 잉카 시대 이전의 도시로서는 가장 크다. 치모르는 강력한 중앙정부를 지닌, 정치적으로 중앙집권 형태의 제국이었다. 복잡한 무역 구조를 이루어서 여러 시장에서 갖가지 물건들이 매매되었으며, 수공업에 기반을 둔 공예품들도 활발하게 거래되었다. 16세기에 에스파냐 세력이 들어왔을 때 이미 치모르 문명은 잉카로 이어졌으나, 치모르의 전설과 이야기를 기억하고 있는 원주민들이 많았고 이들의 구술에 의해 여러 연대기들과 기록들에 치모르 이야기가 실리게 되었다.

치모르 문명은 1150년에서 1470년까지 존재했으며, 치무[Chimu]·치무우[Chimú]·치모르[Chimor] 등의 명칭으로 불렸다. 치무는 치모르 제국 혹은 문명의 사람들이나 그들의 문화를 의미하고, 치모르는 보통 제국 혹은 문명의 명칭으로 쓰인다. 제국은 남북으로 발달했으며, 그 거리가 약 965킬로미터에 이른다. 현재 페루의 국경선 북쪽 지방인 툼베스[Tumbes]강 유역에서 남쪽의 치욘[Chillón]강 유역까지 태평양 연안 부근을 중심으로 발달했다.

치모르 제국의 최대 영토.
치모르 문명은 안데스산맥과 태평양 연안에 자리 잡고 남북으로 발달했으며, 와리 문명의 뒤를 이었던 것으로 보인다.

진흙 벽돌로 쌓아 올린 대도시 찬찬

수도 찬찬은 모체 문명이 발달했던 모체 고산 분지에 위치하며, 현재 페루의 트루히요에서 약 3킬로미터 떨어져 있다. 찬찬은 약 21 제곱킬로미터 넓이로, 당시 남아메리카에서 가장 큰 대도시였다. 3 만6천 명에서 7만 명 정도의 사람이 살았던 것으로 추정된다. 도시는 말린 진흙 벽돌로 건설되었으며, 도시의 담에는 윗부분의 띠 형태 장식을 비롯해 여러 문양의 장식이 부조 형태로 들어가 있었다.

찬찬에는 최소 아홉 개 이상의 직사각형 궁전 혹은 행정적 지배의 중심인 편전[便殿](왕이 평소에 거처하는 궁전)이 있었던 것으로 추정된다. 학자들은 새로운 왕이 즉위할 즈음 새로운 궁전 혹은 편전을 지어 새로운 왕이 새로운 곳에서 통치하도록 했을 것이라 짐작한다. 왕이 사망하면 이 전용 궁전의 중심에 T자형의 무덤을 만들어 장사 지냈다. 왕의 시신은 무덤에 확실히 매장되지 않고 공개되어 있었다. 왕실 사람과 기타 수행원, 시녀와 하인들은 왕이 죽은 후에도 일정 기간 동안 죽은 왕의 궁에서 살았던 것으로 보인다. 그 기간이 새로운 궁이 건설될 때까지인지, 어떤 장례 절차에 의해 살았는지는 확실하지 않다. 고고학자들의 연구 결과에 따르면, 약 1200년까지는 궁전이 하나였으나 이후부터 각 왕별로 궁전을 하나씩 지었다고 한다. 지어진 궁전의 크기는 시대에 따라 달라지는데, 치모르 문명의 성장과 정비례한 것으로 보인다. 제일 작은 것은 22제곱미터, 제일 큰 것은 80제곱미터 정도 된다.

무역 루트 장악을 위한 국토 확장 사업

1150년부터 치모르는 국토 확장 사업에 나섰다. 우선 현재 페루의 북부 지역과 에콰도르 남부 지역을 장악하기 시작했고, 파르판[Farfan]을 건설했다. 치모르 제2의 도시인 파르판은 찬찬과 비슷하게 특유의 계획에 따라 성립되었다고 추정된다.

치모르는 1300년 다시 북진[北進]을 시작해 더 많은 지역들을 제압하기 시작했다. 특히 수공업에서 상당히 발달한 기술을 보유하고 있던 투쿠메[Tucume]를 정복했다. 일부 학자들은 투쿠메와 치모르가 약간의 독자권을 인정한 관계였다고, 즉 투쿠메의 지역 지도자가 여전히 통치했으며 치모르가 조공을 받았다고 본다. 잉카의 시대에도 투쿠메는 수공업의 중심지였으나, 에스파냐인이 도착한 1531년에 이미 붕괴되었다.

학자들은 대부분 치모르 문명을 모체 문명의 후예로 본다. 모체 문명이 붕괴한 후 그 지역에는 어떠한 문명도 들어서지 않았다. 모체 문명 지역은 지형적 구분에 따라 독립적인 상태였으리라고 짐작되는 작은 부족 공동체 여러 개로 나뉘었다. 이 지역을 와리 문명이 강한 군사력을 바탕으로 900년까지 다스린 다음 치모르가 계승한 것이다. 이후 모체 문명의 후예들이 도시 찬찬을 세우고 통치하기 시작했다고 본다.

치모르인은 외부에서 유입된 세력?

20세기 초에 심하게 훼손된 채로 발견된 역사서의 사본에 따르면,

찬찬의 건립자이자 치모르 문명의 시조는 '타카나모[Tacanamo]' 혹은 '타카이나모[Tacainamo]'라고 한다. 그는 스스로 토착인이 아니라 바다를 건너온 외래인[外來人]이라고 말했다. 황금빛 가루, 마법의 가루를 제식 행사에 사용했으며, 제사와 통치를 함께해서 제정일치 사회를 이룩했던 것으로 보인다. 이후 치모르 문명의 왕위는 그의 후예들이 물려받았다고 기록되어 있다. 치모르인 대부분이 모체의 후예일 수 있긴 하지만, 외부에서 유입된 세력에 의해 하나의 도시 공동체에서 국가 공동체, 그리고 제국으로 성장했음을 알 수 있다. 황금빛 가루가 무엇인지는 확실히 알 수 없으나, 이것 또한 새로운 기술을 상징하는 것으로 볼 수 있다. 물론 우리나라의 삼국시대 건국 신화와 마찬가지로 신화적 측면을 강조한 전설 혹은 신화일 수도 있다. 사실 여부를 가릴 수는 없으나 남에서 북으로 흐르는 페루 해류를 고려하면 남쪽에서 이동한 듯하며, 그렇다면 티와나쿠의 후예들이 온 것일 가능성도 있다. 티와나쿠의 빛나는 피라미드를 생각하면, 왕이 사용한 황금빛 가루가 태양 혹은 태양빛을 상징했으리라 쉬이 짐작할 수 있다. 이것을 좀 더 확실히 증명하는 것이 바로 에스파냐의 가톨릭 사제 미겔 카베요 데 발보아[Miguel Cabello de Balboa](1535~1608)가 자신이 살던 람바예케[Lambayeque]에서 구전되던 이야기를 기록한 짧은 전설서 혹은 역사서다.

어느 날 남쪽에서 한 무리의 함대가 큰 빛을 싣고 람바예케에 도착했다고 한다. 군사뿐만 아니라 지도자 나일람프[Naylamp]의 노예, 악사, 술 시중을 드는 하인에다가 개인 창녀들도 함께 도착했다. 즉, 지도자 혹은 귀족의 이주가 빛과 함께 이루어진 것이다. 나일람프는 곧 람바예케의 통치자가 되었고, 이후 그의 후손들이 그 지역을 통치했다. 확실한 사실은 그들이 남쪽에서 배를 타고 건너왔다는 것이다. 쉽게 와리 혹은 티와나쿠의 후예라 가정할 수 있는데, 와리는 이 지역에 직접적인 영향력을 미쳤으므로 티와나쿠 혹은 아직 발견되지 않은 더 남쪽에 위치한 문명이었을 것이다. 하지만 치모르가 람바예케를 정복하는 부분은 티와나쿠의 마지막을 유추할 수 있는 단서가 된다. 람바예케의 마지막 통치자는 펨페이엑[Fempellec]인데, 사람들은 불운하게도 일어난 큰 홍수의 책임을 그에게 물었다. 반란이 일어남에 따라 그는 손발이 묶인 채로 바다에 던져졌다. 물론 이와 비슷한 일이 고대 황하 문명에서 있었고,[25] 티와나쿠의 마지막 날에도 있었을 가능성이 상당히 높다. 통치자가 없어진 혼란기에 결국 치모르는 이 지역을 장악하게 되었다고 한다.

치모르 문명에서 가장 눈에 띄는 것은 바로 건축물이다. 잉카 혹은 티티카카 호수 근처에서 발원한 다른 문명과 구별되는 점으로, 모체 문명에서 유래한 벽돌 건축법이 치모르 문명에서 절정을 이루었다는 것은 학자들의 공통된 의견이다. 건물을 지을 때에는 벽돌을 쌓은 후 회반죽으로 겉을 치장한 다음, 섬세하고 화려한 문양으로 장식했다. 궁전의 경우에는 발달한 금속 세공법이 사용되어 황금 혹은 황동 등으로 장식되었다. 이로 미루어볼 때 치모르는 안데스산맥 고산 지대에서 발달한 거의 모든 기술을 계승해 발전시켰음을 알 수 있다.

---

25) 순[舜] 임금의 명령으로 우[禹]의 아버지가 황하의 제방을 쌓아 홍수를 예방하려 했으나 실패해 참수당한 것으로 알려져 있다.

왕의 금관.
빛을 받으면 머리 위에 태양이 뜬 것 같은 느낌이었을 것이다.

앞에서 언급한 몇 가지 전설로 미루어보면 남쪽 세력이 이동해 치모르 문명을 건설한 것 같으나, 애매한 점은 현재 페루 남부 지역으로 진출하지 않았다는 사실이다. 물론 고고학적 발굴에 의해 다른 사실들이 밝혀질 가능성이 없지는 않다. 하지만 수많은 문명이 존재했으며 상대적으로 농업이 발달했었다고 보는 지역으로 진출하지 않고 오히려 북진만 하려 했던 점은 쉽게 납득하기 어렵다. 가장 쉬운 가설은 와리 문명의 남쪽과 티와나쿠 문명의 거의 모든 지역들이 가뭄의 피해에서 쉽게 회복되지 못했으며 치모르 문명의 식량 사정에는 그리 큰 문제가 없었다는 것, 즉 식량 등의 자원을 확보하기 위한 전쟁이 그리 필요하지 않았을 것이라는 가설이다. 동시에 치모르 문명의 군사력이 그리 강하지 않았다고도 가정할 수 있다. 혹은 태평양 연안 바다를 통한 교역이 점점 더 중요해지면서 페루 해류 때문에 남쪽으로 쉽게 갈 수 없는 자연적 상황이 북쪽을 바라보게 했을 가능성도 있다.

15세기 중반부터 잉카는 치모르를 공격하기 시작했다. 잉카의 입장에서는 치모르를 정복하고 싶었던 주요한 이유가 있다. 치모르 지역이 발달된 기술을 보유하고 있었기 때문이다. 치모르인들의 무역망도 몹시 탐났을 것이다. 치모르는 수차례에 걸친 잉카의 공격을 효과적으로 막아냈으나, 1470년 잉카의 군대가 고산 지역의 수원[水源]을 장악하자 찬찬은 물 부족을 견디지 못하고 결국 항복했다. 이후 잉카는 자신의 제국을 확장하면서 치모르의 모든 영토를 자신의 영향권 아래에 두게 되었다.

발굴된 찬찬 유적지.
태평양에서 밀려오는 모래에 묻혀 있었기에 완벽한 형태를 유지할 수 있었다.

　어쩌면 페루의 북부 해안 지역은 고고학과 인류학의 보고[寶庫]라 할 수 있다. 한편 매년 태평양에서 밀려오는 모래로 인해 사막의 면적은 점점 넓어지고 있다. 그 모래의 양은 우리의 상상을 넘어설 정도로 어마어마하다. 그 모래 안에서 수많은 유적들이 사람들의 손길을 기다리고 있다. 지금도 트루히요 근처의 모래더미 안에서 발굴 작업이 이루어지고 있으며, 또 다른 유적들이 발견될 가능성도 상당히 높다. 찬찬만 하더라도 대부분의 지역이 모래 안에 묻혀 있었기에 풍화 작용의 영향 없이 거의 완벽한 형태로 발굴되기도 했다. 이는 비단 유적에만 해당하는 것이 아니다. 남아메리카에서 어렵지 않게 볼 수 있는 미라는 이집트의 경우처럼 일부러 특별한 방식으로 만든 것이 아니라 건조하며 거의 습기가 없는 사막의 기후적 특성에 의해 자연스럽게 만들어진 것이다.

2.6. 황금 그리고 복지 문화의 제국 잉카[Inca]

남아메리카의 다른 문명들, 즉 앞에서 소개한 카랄·차빈·모체·티와나쿠·와리·치모르 등은 모른다고 해도 잉카는 누구나 한 번 정도는 들어봤을 만한 이름이다. 잉카를 배경으로 한 장편 애니메이션 ≪쿠스코? 쿠스코![The Emperor's New Groove]≫(2000)가 월트 디즈니에서 제작된 적도 있다. 잉카는 마야·아쓰테카와 더불어 가장 널리 알려진 라틴아메리카 문명이지만, 그 명칭과 몇몇 유적들을 제외하면 잉카에 대해 알려진 것이 그리 많다고 할 수는 없다.

잉카는 일단 고대 문명이 아니다. 잉카는 굉장히 발달했고 고도로 세련되었던 문명이자 제국이었다. 또한 그 성격은 마치 마야와 아쓰테카를 합친 듯한, 어찌 보면 라틴아메리카 문명의 결정체라고 할 수 있다. 가장 번성했고 가장 강력했으며 사회적 복지 또한 가장 발달했던, 중앙집권적인 황제의 제국이자 복잡한 구조를 지닌 제국이었다. 모든 잉카인들은 굶주리지 않았으며, 사회적으로 평등했다. 개인적으로 잉카 제국을 '남아메리카의 통일 제국'이라 부른다. 남아메리카 문명은 트루히요 지역을 중심으로 발달한, 곧 현재 페루 북부 지역에서 발달한 문명과 티티카카 호수를 중심으로 발달한 남쪽 문명으로 나뉘어 존재해 왔다. 앞에서 밝혔듯이 이 두 지역은 안데스 산맥의 길을 통해 서로 교류했고, 상황에 따라 서로 경쟁하고 협력하면서도 개별적으로 존재했다.

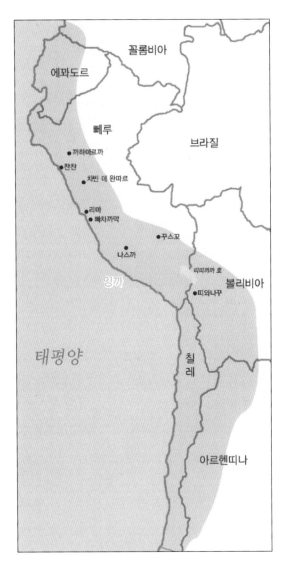

잉카 제국의 영역.
요즘에는 좀 더 넓게 표시하기도 한다.

하지만 이 두 지역을 하나로 통합해 여러 무역 루트를 통해 서로 문물을 교환하는 것만으로도 부강한 제국을 만들 수 있다는 믿음이 있었던 것 같다. 제국을 완성하고 나니, 그 믿음은 현실이 되었다. 또한 잉카는 수천 년의 역사 속에서 쌓여온 모든 문화적 전통을 계승하고 발전시켰다. 그리하여 잉카는 모든 남아메리카 문명과 역사의 종합 선물 세트와 같았다. 이견이 있을 수 있으나, 잉카는 동시대 아쓰테카와 마야를 능가하는 최고의 제국이었다.

1530년대 에스파냐 세력이 남아메리카에 도착했을 때, 강력하고 부유한 잉카 제국은 그들이 그려왔던 유토피아에 제일 가까웠다. 더 나아가 그들이 꿈꾸어 왔던 황금이 가득한 제국과도 가장 가까웠다. 쿠스코의 신전과 왕궁은 금박으로 장식되어 있었고, 강렬한 태양빛은 도시에서 다시 반사되어 세상에 퍼졌다. 중세 유럽의 회화에서 신의 은총과 영광을 표현하기 위해 실제 보석과 황금 금박을 사용한 것과 비슷했다. 이는 그들의 상상력으로 표현할 수 있는 최대치였을 것이다. 회화에서나 가능했던 그 상상의 세계가 바로 눈앞에서 펼쳐졌다. 물론 그 모습을 보고 성스런 체험을 한 사람도 있었을 것이다. 그러나 대부분의 에스파냐 군사들에게 그것은 약탈할 수 있는 보화로만 보였던 것 같다. 비극은, 다른 문화권에 들어가서 마치 주인처럼 혹은 허락받은 도둑처럼 모든 것을 앗아갈 수 있다고 생각하는 무례함에서 시작되었다.

잉카 제국은 거대했다. 약 4827제곱킬로미터로, 남아메리카 서부의 거의 모든 지역을 장악했고, 그 방대한 제국을 경제·문화·행정의 면에서 중앙집중적인 구조로 다스렸다. 전성기 마야보다 더 발달한 도로망과 통신망을 갖추었으며, 교역 또한 활발했고, 아쓰테카의 군대와 비견할 만한 강력한 군대가 있었다. 아쓰테카의 정복 사업과 비교해도 전혀 뒤처지지 않을 정도로 활발한 정복 사업을 펼쳤던 것으로 볼 때, 잉카의 군사력은 아쓰테카에 뒤지지 않았을 것이다.

잉카는 그 이전 문명들의 모든 장점을 자신의 것으로 취할 줄 알았다. 이런 점 또한 잉카의 장점이자 특징이다. 제국의 일원으로 만드는 개방성과 통합성, 다채로운 교역의 기반을 구축하는 다양성까지, 어쩌면 전성기의 잉카는 거의 결점이 없던 제국이라 할 수도 있다. 하지만 잉카는 겨우 100년도 채 되지 않는 기간 동안 존속했다.

'잉카'라는 단어는 원래 그들의 지배자를 의미했다. 쿠스코에 정착한 토착 지배 세력을 모두 의미하는 단어로 사용되기도 했다. 다시 말하면, 황제와 황족을 의미하는 단어가 잉카였던 것이다. 잉카를 제국의 명칭으로 쓴다고 하면 '잉카들이 다스리는 제국'이라는 뜻이 될 것이다. 제국이 발전하면서 잉카의 황제를 '싸파잉카[Sapa Inca]', 황족을 '잉카'라고 불렀다. 또한 황제의 제국을 '타완틴수유[Tawantinsuyu, Tahuantinsuyu]'라고 불렀다. 타완틴수유는 케추아[Quechua]어[26]로 '사등분된 땅'을 의미한다. 제국이 동·서·남·북으로 사등분되어 통치되었음을, 크게 잉카는 네 지역으로 구분되었음을 의미하는 것이다.

잉카 제국은 1533년 에스파냐 세력에게 점령당하기 전까지 계속적으로 성장했으며, 안데스산맥 지역의 거의 대부분과 태평양 연안 지역, 그리고 내륙의 일부 지역까지 장악했다. 당시 남아메리카에서 잉카와 경쟁할 수 있는 존재는 없었으므로, 절대적인 권력을 지녔었다고 할 수 있다. 잉카는 현재의 페루·에콰도르·볼리비아의 대부분과 칠레·아르헨티나의 일부 지역까지 실제로 정복했으며, 그 영

---

26) 지금도 페루의 일부 지역에서 구어로 사용되는 언어로, 잉카를 대표하는 원주민 언어지만 기록할 수 있는 문자 체계가 없었다는 점이 특징이다.

향은 남아메리카 전역에 미쳤다. 이 거대한 제국은 쿠스코를 중심으로 사등분되어 관리되었다. 쿠스코의 동쪽 고산 지역에서 아마존 밀림 유역까지를 안티수유[Antisuyu], 쿠스코의 서부와 태평양 해안 지역을 쿤티수유[Cuntisuyu], 남쪽은 코야수유[Collasuyu]라고 불렀다. 티티카카 호수 지역과 현재의 아르헨티나·칠레·볼리비아 지역이 해당된다. 북쪽은 친카수유[Chincasuyu]라고 불렀다. 현재 페루의 북부와 에콰도르, 그리고 학자에 따라 견해가 다르긴 하지만 일부 콜롬비아 남부 지역에도 영향을 미쳤다.

잉카 제국의 심장, 쿠스코

잉카의 수도는 쿠스코였다. 쿠스코는 현재 페루의 수도인 리마에서 남동쪽으로 약 563킬로미터 떨어진 곳에 있으며, 해발고도 3566미터로 일반인들은 고산병으로 고생할 수 있으리만치 높은 곳에 위치한다. 잉카의 확실한 중심지, 잉카의 심장, 쿠스코. 수많은 길, 잉카의 길이 쿠스코를 향하고 있었다. 마치 모든 혈관이 결국 심장을 향하듯이 말이다. 도시의 중심에는 신성한 지역, 곧 황제의 지역이 있었다. 치모르 문명의 영향 탓인지, 살아 있는 황제만이 아니라 죽어서 미라가 된 황제의 궁궐도 남아 있었다. 그들은 죽어서도 제국과 함께했던 것이다. 다만 제국이 100년도 채 안 되는 기간 동안 유지되었기에 황제의 수가 얼마 되지 않았다. 만일 몇 백 년 동안 제국이 유지되었다면, 이 미라 황제의 궁궐은 상당한 골칫거리가 되었을 것이다.

쿠스코 근처에는 여러 중요한 지역과 건물 등이 있었다. 잘 알려진 잉카의 유적 마추핏추와 삭사우만[Sacsahuaman] 요새가 쿠스코 근처에 자리 잡았다. 현재 발굴과 탐사가 계속되는 것으로 봐서, 규모의 차이는 있겠지만 중요 지역이 몇 개 더 발굴될 가능성도 높다.

광대한 잉카 제국을, 쿠스코의 세력이 토착 세력을 억압하는 구조로 지배하지는 않은 듯하다. 잉카는 정복 전쟁만으로 제국을 확대하지 않았다. 협상이나 타협을 통해 다른 지역을 자신의 제국으로 편입시키기도 했고, 전쟁으로 정복했다고 해도 토착 세력을 어느 정도 배려했다. 이런 포용성과 개방성 덕분에 잉카는 하나의 제국으로 화합할 수 있었다. 물론 중앙에서 파견한 중앙관을 두긴 했지만, 말 그대로 관리하는 정도였던 것 같다. 실질적인 통치는 토착 세력이 했고, 중앙관은 군대를 관리하는 정도였다. 중앙관은 대부분 황족이었다.

1200년경 잉카인들은 쿠스코에 처음 도착했다. 그 이전에도 사람들이 살고 있긴 했지만, 잉카인들이 도착한 후부터 쿠스코는 과거와는 전혀 다른 도시로 탈바꿈하게 되었다. 1438년에서 1471년까지 통치한 잉카의 위대한 황제 파차쿠텍이 쿠스코를 변모시킨 장본인이다. 그의 재위 이후로 쿠스코는 계속 발전했다. 제국의 발전과 쿠스코의 발전은 완벽하게 정비례했다. 1533년 에스파냐 세력이 도착하기 전에 쿠스코는 인구 4만에서 10만에 이르는 대도시였다. 도시에는 거대한 바위로 건설된 신전과 요새가 들어서 있어, 당시 메소아메리카의 도시와 비교해도 전혀 뒤지지 않았다. 신전들의 옥상은 티와나쿠 문명의 경우와 비슷하게 금으로 장식되었다. 따라서 태양이 비치면 도시는 빛으로 덮여서, 잉카는 황금의 제국과 같았다. 그러나 에스파냐인들의 눈앞에 펼쳐진 이 광경은 영적이거나 신비한 체험으로 다가오지 않았다. 오히려 '황금으로 지어진 건물이다', '저 벽돌을 들어내라' 등 현실적이며 물질적인 욕망만을 불러일으켰던 것 같다.

쿠스코의 종교는 두 개의 중심을 갖고 있었다. 하나는 가장 성스런 신전, 곧 '코리칸차[Coricancha]'라 부른 태양의 신전이었다. 태양의 신전에는 태평양에서 가져온 백사장의 모래가 가득했다. 하얀 모래는 태양빛에 반짝였다. 쿠스코를 지나가는 두 개의 강이 갈라진 지점에 이 신전이 있었고, 그 근처에 황제의 궁전과 미라 황제의 궁전 등 도시의 중심이 나란히 자리했다. 또한 도시의 중심에는 '악야와씨[Acllahuasi]'라 불리던 선택된 여자들의 공간이 있었다. 이들은 다른 사람들과 격리된 채 '치차[chicha]'라고 부르는, 현재의 맥주와 흡사한 옥수수 발효주를 만들었다.

도시의 중심에는 희생 제의를 위한 장소와 여러 식량 등을 보관하는 창고들도 있었다. 대형 건축물은 대형 바윗돌로 만들어졌다. 쿠스코의 길은 잘 포장되어 있었고, 배수로도 잘 발달해 빗물만이 아니라 도시 하수를 내려보냈다. 이렇게 잘 정비된 도시는 청결하고 아름다웠다. 현재 보존된 부분이 그리 많지 않아 비교하기 어렵지만, 당시 유럽보다 더 발전한 공중위생 시스템이 있었던 것으로 보인다.

쿠스코는 상대적으로 저지대인 우린[Hurin] 지역과 고지대인 아난[Hanan] 지역으로 구분되며, 이 지역들은 다시 두 부분으로 구분되어서 전체 네 부분으로 나뉜다. 이 넷으로 나누어진 지역이 기본이며, 세부적으로는 더 작은 지역과 조직으로 나뉘어 있었다고 본다. 태양의 신전과 태양이 만드는 선과 기타 자연 지형물을 기준으로 볼 때, 약 328개의 행정 구역으로 나뉘어 있었다고 학자들은 보고 있다. 각 행정 구역에는 저마다의 종교 의식과 제삿날이 있었고, 황족과 그들의 하인, 행정 관리 등은 도시의 중심 지역에서 거주했다. 쿠스코는 주변에 발달된 농지를 확보해서, 식량 조달에는 특별한 문제가 없었던 듯하다. 쿠스코의 변두리 지역에는 잉카 출신이 아닌, 이주해 온 다양한 부족들의 자체 거주지가 있었으며, 그들은 보통 농사나 기타 도시 관련 부역을 담당했다고 짐작된다.

거대한 바위로 지어진 경이로운 건축물, 삭사우만 요새

쿠스코에서 멀리 떨어지지 않은 곳에 삭사우만 요새가 있다. 삭사우만 요새는 지름이 1미터에서 10미터 내외인 다양한 크기의 바위로 지어졌으며, 가장 무거운 바위는 약 100톤 정도 나간다. 바위와 바위 사이에 회반죽이나 기타 진흙 등 어떠한 접착제도 들어가지 않았고 바위만으로 지어졌으며, 그 길이는 500미터 이상이다.

삭사우만 요새에서 열리는 태양 숭배 축제 인티라이미[Inti Raymi].

삭사우만 요새는 15세기 잉카 황제 파차쿠텍에 의해 지어졌다고 본다. 그 용도에 대해서는, 종교적인 기능을 했다는 주장과 군사 요새의 기능을 했다는 주장이 팽팽하게 맞서고 있다. 하지만 에스파냐 세력에 저항할 당시에는 요새로 사용되었으며, 거대한 계단처럼 3단으로 구성된 요새의 성벽은 공성전[攻城戰]이 아니라 백병전[白兵戰]에서 특히 그 진가를 발휘했으리라고 본다.

삭사우만 요새를 짓는 데 쓴 거대한 바위들을 어떻게 운반했는지는 아직도 미스터리다. 현재까지 잉카 지역에서는 수레바퀴 등 무거운 물건을 옮길 수 있는 운반 장비가 발굴되거나 발견되지 않았다. 그렇기에, 채석장에서 공사 현장까지 바위가 어떻게 이동되었는지에 대해 다양한 가설이 있으나 증명하기란 어렵다. 또한 석기로 바위를 정교하게 다듬고, 사진에서 보듯 음영까지 주면서 마치 처음부터 완벽하게 한 몸이었던 것처럼 쌓아 올리기란 분명히 쉽지 않았을 것이다. 바위들이 마치 우리가 어릴 때 즐겨 가지고 놀았던 레고 조각처럼 서로 맞출 수 있는 이음새를 지녔다는 점에서, 채석 상황을 고려해 건축물이 고안·설계되었음을 알 수 있다. 뿐만 아니라 현재 페루 지역의 돌들 대부분이 쉽게 갈릴 수 있는 재질의 퇴적암이기에 이런 건축물을 세울 수 있었음을 알 수 있다. 매끈한 외부에 음영마저 준 디자인이나 완벽하게 결합된 이음새는, 여러 석기 공구로 깎기보다 물과 사포와 같은 도구로 갈아서 만들었을 가능성이 높다. 그렇다고 하더라도 잉카의 석조 건축물은 만들어졌다는 그 자체가 경이로우며 미스터리다. 학자들은 이 건축물을 두고 약 3만 명의 인원이 70년 동안 작업한 결과일 것이라 평가한다. 현재의 기준으로 보아도 대공사였음은 그 누구도 부정할 수 없을 것이다.

행정과 축제의 도시, 와누코팜파

1460년경 건설된 와누코팜파[Huanuco Pampa]는 잉카 제국의 북쪽 지역을 다스리기 위해 만들어진 행정 중심 도시다. 물론 와누코팜파 외에 많은 행정도시들이 존재하고 있었으나, 그 중에서 와누코팜파가 제일 컸다. 와누코팜파는 해발고도 3810미터 정도인 안데스 산맥의 고산 분지에 위치하며, 현재 페루의 수도 리마에서는 동북쪽으로 274킬로미터 정도 떨어져 있다. 와누코팜파는 오직 주변 지역의 행정적·효율적 통치를 위해 인위적으로 만들어진 도시로, 상주인구는 그리 많지 않았다.

도시의 동쪽에 있는 500여 개의 창고에는 여러 지역에서 제공해 온 공물들, 보통 수확한 옥수수들이 보관되었다. 도시의 중심에는 수천 명의 사람들이 모일 수 있는 광장이 있었다. 그 광장 중앙에 제단이 마련되어 축제와 같은 행사에 잉카의 황제 혹은 황족들과 귀족들이 앉아서 축제를 즐길 수 있었다. 와누코팜파에는 상주인구가 얼마 없었지만, 4천여 개의 크고 작은 건물들이 있었다. 실제로 거주했던 공간이 아니라 잉카의 황제나 황족들의 행차를 대비하기 위한 건물이었으리라고 본다. 축제와 같은 행사에서 음식과 치차 등을 준비하던 공간이었다고도 추정한다.

잉카 문명을 대표하는 미스터리, 마추핏추

잉카의 건축물 중에서 가장 유명한 것은 유네스코가 지정한 세계 문화유산인 마추핏추다. 쿠스코의 북쪽 우루밤바[Urubamba] 계곡의

구름에 둘러싸인 맞추핏추.
주변이 모두 높은 산봉우리기에, 마치 신선들이 살고 있을 것 같은 분위기가 감돈다.

산봉우리에 위치한 마추핏추는 그다지 큰 공간을 차지하고 있지 않으며, 그곳의 건축물도 그리 거대하지 않다. 그래서 조그마한 산골마을처럼 보이기도 한다. 하지만 높은 산봉우리로 둘러싸여 밖에서는 전혀 그 존재를 알 수 없다는 점, 1911년이 되어서야 비로소 발견되었다는 점, 그리고 '잉카의 잃어버린 도시'라는 타이틀을 지녔다는 점에서 관광객들의 눈길을 끌 만하다.

사실 마추핏추는 규모가 그리 크지 않지만 상당히 아름답게 만들어진 계획도시다. 남아메리카에는 메소아메리카의 경우처럼 대형 피라미드 유적이 많지 않고, 있다 해도 보존 상태가 좋지 않아 유적으로서의 가치가 그리 높지 않다. 그러나 마추핏추는 보존 상태가 몹시 뛰어나 당시 잉카 사회와 가옥 구조 등을 엿볼 수 있게 한다.

마추핏추의 상주 인구는 약 천여 명이었으며, 크고 작은 건물 200여 개가 있었다. 과거에는 마추핏추가 잉카인들의 독립 기지, 즉 끝까지 저항하던 잉카인들의 마지막 도시로 추정했지만, 특별한 전쟁이 일어났다거나 전쟁을 준비했던 흔적이 발견되지 않았다. 현재는 마추핏추가 잉카의 황제 파차쿠텍의 겨울 황궁 혹은 별장 등이었을 것이라 짐작한다. 종교적 기능을 했으리란 주장도 있긴 하지만, 주변 건물을 압도하는 종교 시설은 아직 발굴되지 않았다. 물론 황제의 겨울 황궁 혹은 별장이란 주장에 대한 만만치 않은 반론이 있었다. 너무 외딴 곳에 있어서 제국을 다스리기 힘들어 보이는 마추핏추에서 시간을 보낸다는 것은 어떤 학자들에게는 권력의 공백을 의미했기 때문이다.

하지만 보통 '하늘의 길'이라 부르는, 안데스산맥을 마치 혈관처럼 빽빽하게 이은 잉카의 길은 마추핏추에도 닿아 있었다. 전령들과 기타 필요한 물품들, 나아가 황제의 가마까지도 충분히 이동할 수 있는 길이 있었다. 그 길을 통해 적지 않은 교류가 이루어졌다. 황제가 마추핏추에 있다고 해도 충분히 제국을 다스릴 수 있었을 것이다. 마추핏추의 주변에는 계단형 밭까지 마련되어 있어서, 어느 정도 자급자족이 가능했을 것이다. 에스파냐 세력이 침공했을 때 마추핏추에 거주하던 사람들은 도시를 버리고 다른 곳으로 이주한 듯하다. 도시는 버려졌고, 1911년 미국의 고고학자 하이럼 빙엄[Hiram Bingham](1875~1956)이 발견할 때까지 그 누구의 발길도 허락하지 않았다. 하이럼 빙엄은 잉카의 구불구불한 산길을 따라, 그동안 알려지지 않았던 잉카 유적을 많이 발견했다. 그는 마추핏추를, 잉카가 마지막 저항을 벌인 중심지였던 빌카밤바일 것이라 생각했다. 빌카밤바는 쿠스코가 함락된 후 만들어진 잉카의 마지막 수도다.

1533년 쿠스코가 함락될 때 대부분의 황족을 비롯한 잉카 세력들은 쿠스코의 서북 산간 지역 혹은 밀림 지역으로 후퇴했다. 그리고 거기에 그들의 마지막 수도를 세우고 끝까지 저항했다. 그곳에서 세 명의 황제가 즉위했으며, 제국을 전체적으로 통제하진 못했지만 재정비한 군대로 100여 명에 불과한 에스파냐 군대를 제압하려 했다. 그러나 천연두의 계속적인 유행과 무역 루트의 차단으로 인적·물적 교류가 활발하지 못한 잉카는 더 이상 잉카가 아니었다.

1571년 에스파냐 군대가 총공격을 준비하자 잉카인들은 빌카밤바를 버리고 도망쳤다. 그들 스스로 마지막 수도에 불을 질러 파괴했다는 설도 있다. 그러나 빌카밤바가 몇 세기 동안 발견되지 않았기 때문에, 이 사실을 확인할 수는 없었다. 빌카밤바에 대한 전설은 잉카인들 사이에 널리 퍼져 있었으며, 그 전설을 기반으로 많은 탐험과 탐사가 시도되었다. 그러다가 1999년 탐험가 피터 프로스트[Peter Frost]는 전설과 맞닥뜨렸다. 그는 마추핏추에서 남서쪽으로 35킬로미터 떨어진 쎄로빅토리아[Cerro Victoria] 산봉우리에서 빌카밤바를 발견하게 되었다. 도시에는 종교적 목적의 건물과 공동묘지 등이 있어서, 종교 의식이 빈번히 행해졌음을 알 수 있었다.

2001년 미국인 고고학자 게리 치글러[Gary Ziegler]는 영국 출신 작가이자 탐험가인 휴 톰슨[Hugh Thomson]과 함께 빌카밤바와 그 주변을 탐사했다. 그리고 그들은 빌카밤바보다 더 큰 규모의 코타코카[Cota Coca]라는 지역을 발견했다. 이 지역 또한 쿠스코 함락 이후 만들어진 잉카의 새로운 도시였다. 발해가 거란에게 패망하고 나서 그 유민들이 하나로 결집하지 못하고 정안국[定安國]·흥료국[興遼國]·대원국[大元國]·후발해[後渤海] 등으로 분열했던 것과 마찬가지로, 잉카 제국 또한 빌카밤바에 황제의 후손이 있었으나 여러 도시로 분열되어 그 결집력이 약했다.

현재 쿠스코 인접 지역을 몇 개의 팀이 탐사하고 있는데, 그 결과에 따라 잉카의 마지막 날은 재구성될 수 있을 것이다. 사실 잉카의 미스터리는 고작 200여 명의 에스파냐 군대에 의해, 그것도 정규군이 아닌 민병에게 거대한 대제국이 멸망했다는 것이다. 에스파냐 군대의 화승총[火繩銃]과 대포가 아무리 강력했다 해도, 화승총은 현대의 연발 기관총이 아니었고 대포 또한 그리 이동하기 용이하지 않은 무기였다. 다시 말해 수만의 잉카 군대가 동시에 공격했다면 에스파냐 군대는 시체조차 찾을 수 없었을 것이다. 잉카의 멸망에 대해서는 뒤에서 다시 언급하겠지만, 이런 대국이 고작 200여 명의 민병에게 패망했다는 것은 역사의 미스터리다.

하지만 잉카 문명에서 가장 유명한 미스터리는 바로 마추핏추다. 마추핏추에 대한 미스터리는 무엇보다 왜 그런 곳에 그런 건축물이 들어섰는가 하는 점이다. 전체적으로 보면 네 개의 봉우리가 마추핏추를 에워싼 형국인데, 이 네 봉우리는 각각 동·서·남·북 방향과 일치한다. 즉, 그 지역 중심에 마추핏추가 위치한 것이다. 산신[山神] 혹은 산신령을 숭배한 것으로 보이는 남아메리카 문명의 맥락에서 마추핏추는 건축물이 들어서기 전부터 종교적 성지였을 것이다. 그러므로 황궁의 건축은 정복 사업을 통해 잉카의 위대함을 알리는 상징적인 퍼포먼스였을 가능성이 높다. 주변에서 가장 신성하게 여기던 곳에 자신의 황궁을 건축해 그곳에서 머물고 제국을 통치하기 시작했다는 것은 황제가 인간의 범주를 벗어나 신의 영역에 들어섰음을, 범접할 수 없는 권위를 가지게 되었음을 의미한다. 한[漢]나라가 고조선을 침략하면서 신단수[神壇樹]를 훼손하고 그 자리에 자신들의 궁전을 지었다는 설이 있는데, 이것 또한 같은 맥락이다. 그러므로 마추핏추를 건축할 때, 정복한 지역의 노예들을 이용했을 가능성 또한 높다. 계단식 밭을 이용한 지반 공사와 수원[水源] 확보를 통해 자급자족할 수 있었을 것이며, 주변 거주민들에게 잉카의 황제는 신과 마찬가지로 추앙받았을 것이다.

그렇다면 마추핏추는 왜 버려졌을까? 치모르 문명과 마찬가지로 잉카의 황제들은 자신만의 궁전을 지녔을 것이다. 마추핏추는 파차쿠텍 황제의 궁전이었으므로 그의 후계자들이 감히 범접할 수 없었을 것이다. 황제의 미라가 존재하는 한, 마추핏추는 그 누구도 아닌 파차쿠텍 황제의 궁전이었던 것이다. 그러므로 당연히 시간이 흐르고 새로운 황제들이 즉위함에 따라 점점 발길이 끊어졌을 것이다. 게다가 계속된 정복 사업을 통해 남북으로 예전과는 비교할 수 없이 광대한 영역을 통치하게 된 잉카의 관점에서도 마추핏추는 더 이상 최고의 성지는 아니었을 것이다. 특히 북쪽 정복 사업에 점점 치중하면서 마추핏추의 중요성은 거기에 비례해 떨어졌을 것이며, 황위 계승 전쟁이 일어나는 등 내부의 혼란으로 인해 그 존재마저 점점 잊혔을 것이다. 이런 과정 속에서 마추핏추는 바닷가의 모래성이 허물어지듯이 사람들의 기억에서 조금씩 사라져갔을 것이다.

이렇게 마추핏추는 마치 유령의 도시처럼 버려지게 되었지만, 그것은 어쩌면 축복이었다. 잉카의 수도 쿠스코는 에스파냐 세력에게 철저히 파괴되었지만, 마추핏추는 미스터리를 품은 채 현재까지 그 모습을 오롯이 간직하고 있기 때문이다.

어쩌면 이제 마추핏추의 미스터리는 거의 없다고 할 수 있다. 하지만 여전히 신비롭다는 것은 부정할 수 없다. 산봉우리에서 흘러들어 오는 신성한 기운을 느끼기 위해 지금도 많은 이들이 방문하고 있으며, 어떤 이들은 명상하기에 가장 좋은 곳으로 마추핏추를 언급하기도 한다. 1983년 유네스코에서 세계문화유산으로 지정했다.

잉카의 기록 시스템, 매듭문자 키푸

잉카에는 문서[文書]가 없었다. 종이가 없었던 것이다. 그러나 문자를 비롯해서 기록할 수 있는 시스템이 없었다고 할 수는 없다. 어떠한 기록도 없이 문화가 발전하기란 어렵고, 기록된 역사가 없다면 모든 과거는 전설과 신화가 되어버린다. 그러므로 잉카의 문화에는 어떤 사회적 기록이 있었을 것이다. 뒤에서 다시 설명하겠지만, 얼마 전까지 잉카의 매듭문자는 숫자를 기록하기 위한 시스템으로서 주로 농산물의 작황과 세금 따위를 기록하기 위해 사용되었다고 보았다.

한편 문자나 기록 없이 문화가 발전하기 어렵다는 생각을 변하게 한 것은 바로 컴퓨터 그리고 모스[Morse]부호 등이었다. 예전에는 인간의 언어는 복잡하고 난해해서, 매듭 등을 이용해서는 도저히 표현할 수 없다는 것이 일반적인 생각이었다. 하지만 컴퓨터와 인터넷 등 현재 인간이 사용하는 매체는 모두 디지털 신호를 기반으로 하며, 이것은 0과 1의 조합으로 이루어졌다. 또한 모스부호는 신호의 장단[長短]으로 인간의 언어를 표현한 것이다. 이런 점에서 잉카는 매듭문자 시스템을 이용해 기록을 남겼으며, 더 나아가 다양한 구어를 사용하는 제국을 효율적으로 관리했다고 볼 수 있다. 점토판에 문자를 새긴 수메르 문명과 비슷한 시기에 성립한 카랄 문명에서부터 매듭문자가 사용되었으므로, 이 매듭문자를 통해 고도로 복잡한 표현도 할 수 있었을 것이다.

그러나 불행히도 이 매듭문자의 용도를 알지 못했던 에스파냐 세력은 거의 모든 매듭문자를 파괴해 버렸다. 아마 당시 에스파냐인들에게 매듭문자는 별로 예쁘지 않은 매듭 장식으로 보였을 것이다.

하지만 여기서도 역사의 아이러니는 발생한다. 가톨릭 신부들은 전도하기 위해 잉카 제국의 땅으로 들어왔다. 그리고 효과적으로 가톨릭 신앙을 전하고자 잉카인들에 대해 연구하고 기록하기 시작했다. 잉카의 문화와 역사에 대한 수많은 사료들은 잉카의 패망 이후 약 반 세기 동안 에스파냐의 선교사들이 기록한 것이다. 물론 에스파냐 가톨릭 선교사의 관점에서 기록이 이루어졌다는 것 자체가 어떤 한계를 지니지만, 지금까지 잉카를 연구하는 데 가장 소중한 사료임은 부정할 수 없다.

에스파냐 선교사가 기록한 사료와 약간 성격이 다른 사료도 존재했다. 잉카의 패망 이후 에스파냐어를 익힌 잉카인들은 자신들의 신화와 구전되던 전설, 이야기 등을 기록하기 시작했다. 그들의 기록도 사료적 가치를 지니고는 있으나, 보통 잉카 사회를 미화하는 경향을 띤다. 게다가 잉카 제국의 문화적 특성이 그랬던 것처럼, 이전에 존재하던 수많은 신화와 전설을 잉카 제국과 결합하려는 성향을 지녔다. 그래서 현재는 많은 고고학자들과 역사가들이 에스파냐 선교사들과 잉카인들이 기록한 사료에서 감추어지고 가려진 진짜 역사를 찾아내기 위해 노력하고 있다.

잉카의 역사 - 파차쿠텍 시대부터 에스파냐의 침입까지

신화가 아닌 역사로서의 잉카 제국은 1438년 집권한 황제 파차쿠텍 시대부터 실질적으로 시작한다고 보는 것이 일반적이다. 아쓰테카가 제국이 되어 주변국을 복속시킨 후 제일 먼저 했던 일은 분서갱유였다. 이를 통해 아쓰테카 이전의 모든 역사를 파괴하거나 아쓰테카의 역사로 변형시켰다. 잉카에는 문서가 없었으므로, 파차쿠텍은 이야기꾼들을 이용해 새롭게 윤색된 신화와 전설을 퍼트리기 시작했다. 잉카 이전은 그저 혼돈의 시대였을 뿐이며 이 혼돈을 정리하기 위해 잉카가 등장했다고 말이다. 따라서 잉카 이전의 카랄·차빈·나스카·모체·와리·티와나쿠·치모르 등의 문명들은 자연스럽게 잉카의 것인 양 탈바꿈했다. 때문에 고고학적 연구 결과물들이 나오기 전까지는 신화와 전설, 그리고 역사 사이에서 그 진의를 파악할 수 없었다.

지금 가능한 한 모든 허구적인 요소를 제거하고 실제 잉카 역사라 인정받는 것만을 살펴보면 다음과 같다.

일단 무엇보다 잉카인은 쿠스코의 원주민이 아니며, 그들이 언제 어디서 쿠스코로 이주해 왔는지는 아직 확실하지 않다. 1000년에서 1470년경 현재 페루의 북부 지역은 치모르 제국이 들어서면서 하나로 통합되었고, 남부 지역은 여러 중소 도시국가로 나누어져 서로 경쟁하는 혼란스러운 상황이었다. 이때 잉카가 나타났다. 약 13세기까지 쿠스코 근처의 중소 도시국가들은 천천히 하나로 통합되어 갔고, 그 세력은 점점 더 커져갔다. 그 쿠스코 근처의 중소 도시국가 및 부족들 중에 잉카가 있었는데, 당시에는 세력이 아주 미약했고 농사를 기반으로 한 작은 공동체에 불과했던 것으로 보인다.

하지만 1200년경에 잉카는 점점 성장하기 시작했다. 잉카의 신화와는 별 상관 없이 잉카는 당시 이웃한 세력과 동맹을 통해 자신의 세력을 유지했고, 다른 부족이나 도시국가의 통치 계급과 혼인 동맹을 맺어 이를 강화했다. 또한 방어를 위한 군대를 양성함으로써 주변 세력을 아주 조금씩 복속시켜 나갔다. 잉카 신화의 여덟 번째 왕비라코차[Viracocha]가 집권했을 때인 대략 1300년경, 잉카는 쿠스코에서 약 40킬로미터 정도 떨어진 지역까지 자신의 영역을 확장한 것으로 보인다.

그리고 1438년 잉카는 큰 전환기를 맞게 된다. 당시 '찬카스[Chancas]'라는 호전적인 세력이 쿠스코를 공격하려 했다. 찬카스가 쿠스코로 들어가는 길목에 자리 잡고 있었던 당시 잉카로서는 도저히 찬카스를 물리칠 수 있는 힘이 없었다. 하지만 용기가 넘치던 전사 잉카 유팡키[Inca Yupanqui]는 모두가 항복을 생각하고 있을 때 결사 항전을 부르짖었다. 그는 쿠스코 지역 도시 연맹에 지원군을 요청했고, 결국 지원군의 도움으로 찬카스를 물리칠 수 있었다. 전설에 따르면, 잉카 유팡키가 바위 위에서 기도하자 돌들과 바위들이 군인으로 변했다고 한다. 그리고 전쟁이 끝난 후 그들은 다시 하나로 모여 잉카의 신전으로 바뀌었다고 한다. 아마도 이 전설은 잉카 유팡키가 지원군을 요청했고, 그 지원군의 공격력이 잉카에 비해 상당히 발전되었으며, 이를 계기로 잉카는 당시 쿠스코에서 믿고 있던 종교를 받아들였다는 사실을 신화적으로 표현한 것이라고 본다. 이 사건을 계기로 왕의 장남은 아니었으나 잉카 유팡키가 왕위를 이어받아, 이름을 '지진' 혹은 '세상을 바꾸는 혁명가'라는 의미의 파차쿠텍으로 바꾸었다. 그러고는 잉카를 제국으로 만들고 스스로 잉카의 첫 번째 황제가 되었다.

파차쿠텍은 정복 사업에 집중해 제국을 확장하기 시작했고, 효율적인 정치와 경제 체제, 그리고 다양한 부족 출신의 잉카인들이 편하게 생활할 수 있는 방법을 고안하기 시작했다. 황제의 첫 원정은 티티카카 호수 근처에서 이루어졌다. 전쟁이 일어났었기도 했지만, 이미 그 지역은 티와나쿠 문명이 붕괴한 후 구체적·가시적 중심 없이 분열된 상황이었기에 회유와 타협만으로도 제국을 확장할 수 있었다. 제국의 통치를 따르기만 한다면 잉카는 각 지역의 고유한 문화를 인정해 주었으며, 탄압하지 않았다.

쿠스코 북쪽으로 원정을 다녀온 파차쿠텍은 그 후 군 통솔권을 그의 아들 투팍 잉카 유팡키에게 넘겨주고, 자신은 쿠스코 재개발에 몰입하기 시작했다. 그가 쿠스코의 재개발을 생각한 데엔 어떤 자극이 있었기 때문이다. 남쪽 원정을 통해, 예전 대도시의 면모를 잃어버리긴 했지만 계획적으로 건설된 티와나쿠를 보고 상당한 충격을 받은 것이다. 그는 쿠스코의 모든 사람들을 일단 도시 밖으로 이주시킨 후 건물을 모두 철거했다. 그리고 새롭게 고안한 도시를 건설하기 시작했다. 현재는 쿠스코도 티와나쿠도 그 본래 모습을 잃어버려, 어떤 모습이었는지 확인할 수는 없다. 하지만 남아 있는 티와나쿠의 모습에서 미루어 짐작해 보면, 큰 신전과 궁전, 잘 짜인 도로망과 배수로 등이 있는 굉장히 아름다운 도시였을 것이다. 아마 아쓰테카의 테노치티틀란, 마야의 치첸이싸·테오티우아칸과도 비교할 수 없는, 당시 기준으로 상당히 모던한 도시였을 것이다. 이전의 도시들은 갑자기 제국의 수도로서 주춧돌부터 다시 지어지지 않고 조금씩 증축되거나 개량되는 정도였으나, 쿠스코는 아예 처음부터 새로이 지어졌기 때문이다.

파차쿠텍의 아들 투팍 잉카 유팡키는 잉카 제국의 정복 사업을 말할 때 언급하지 않을 수 없는 인물이다. 그는 현재 칠레의 중부에서 에콰도르의 북부까지 제국을 확대했고, 그 거리는 약 3218킬로미터에 이른다. 아버지 파차쿠텍에 이어 잉카의 황제가 된 그는 약 4만 명 정도의 정규군을 보유하고 있었다. 투팍 잉카 유팡키는 당시 북부의 강력한 제국이었던 치모르를 지나서 더 북쪽의 에콰도르 지역을 먼저 공격했고, 투메밤바[Tumebamba]라는 도시를 세웠다. 이 도시는 일부 학자들에게 지역 통치를 위한 행정 도시로 알려져 있으나, 투팍 잉카 유팡키의 전술상 요지였다고 보는 게 요즘의 연구 추세다. 상당히 강한 제국이었던 치모르는 위험한 세력이 없었던 북쪽을 방어하기보다는, 성장하는 잉카에 대비하기 위해 남쪽의 방어에 더 신경을 썼던 것 같다. 하지만 잉카군은 먼저 북쪽을 점령하고 북쪽에서부터 치모르를 점령하기 시작했다. 전통적으로 현재 에콰도르 지역에서 거대한 세력이 존재했던 적은 없었다. 사막이 발달한 북쪽 지역은 점령해야 할 의미가 크게 없었다.

　북쪽에서 공격을 받은 치모르는 몹시 당황했을 것이다. 인구 백만이 넘었고 매우 발달한 문화를 지녔던 치모르는 잉카가 벌인 뜻밖의 공격과 재빠른 주요 도시 점령에 이어 관개 수로 장악으로 수도 찬찬이 정복되면서 예상 외로 쉽게 무너지고 말았다. 투팍 잉카 유팡키는 알렉산드로스 대제와 비교할 만했다. 그는 북쪽의 최대 세력이었던 치모르를 정복하고 남쪽으로 군대를 돌렸다. 이어서 현재 칠레의 북부 지역을 점령했고, 티티카카 호수 근처에 거주하는 부족들을 복속시켰으며, 안데스 동쪽의 아마존 밀림 지역으로 군대를 돌렸다. 그러나 열대우림 기후는 고산 지역과 사막의 전사들에게는 가장 무서운 적이었다. 황제는 병에 들어버린 채로 쿠스코에 돌아왔다. 투팍 잉카 유팡키는 자신의 아버지가 하던 도시 재개발 사업을 이어받았고, 대제국에 걸맞은 수도로서의 쿠스코를 만들어갔다. 그는 1493년에 사망했다.

황위는 와이나 카팍[Huayna Cápac]에게 이어졌다. 그는 정복 사업을 이어받아 칠레와 볼리비아의 내륙으로 제국을 더욱 넓혔다. 북쪽으로는 현재 에콰도르의 수도 키토를 중심으로 세력을 펼치고 있던 키토 왕국을 정복하기 위해 10여 년의 세월을 보냈다. 한편 정복지에서는 크고 작은 반란이 일어났는데, 특히 옛 치모르 제국의 지역에서는 반란이 끊이지 않았다. 와이나 카팍은 이 반란을 모두 제압했으며, 제국을 유지하기 위해 황제로서 솔선수범했다. 그는 쿠스코에서 부귀영화를 즐긴 것이 아니라, 투메밤바를 제2의 수도로 정하고는 북부 지역을 확실히 정복하고 반란을 제압하는 데 신경을 썼다. 하지만 그의 순수한 노력과는 상관없이 상황은 전혀 엉뚱한 방향으로 흘러갔다.

제국에서는 황제가 있는 곳이 수도다. 그러나 와이나 카팍은 북쪽에 있었고, 황제의 명령은 쿠스코에서 제국 전체로 퍼지는 것이 아니라 이젠 투메밤바에서 제국 전체로 퍼졌다. 제국의 중심이 10여 년간 바뀌었던 것이다. 또한 와이나 카팍은 정복할 수 있는 거의 모든 대지를 정복했다. 따라서 정복 사업은 현저하게 줄어들기 시작했다. 정복과 안정을 위한 황제의 순수한 노력은 결국 제국을 분열시키는 결과를 낳았다. 거의 모든 제국이 그렇듯, 정복 사업이 마무리되면 제국의 강성한 군대는 항상 위험 요소가 된다.

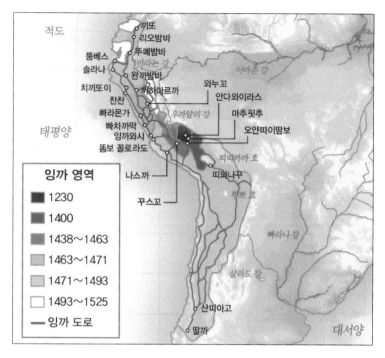

잉카 제국의 영역과 주요 도시 및 연결 도로

　황제는 북쪽으로부터 이상한 소문을 듣게 되었다. 낯선 사람, 곧 유럽 사람들이 해안 주변에 나타난다는 것이었다. 황제는 이 사람들에 대해 관심을 가졌던 것 같다. 하지만 그 관심이 부른 것은 바로 천연두였다. 해안 지역을 중심으로 갑자기 처음 보는 전염병이 퍼지기 시작했다. 의료 및 복지 시설이 잘 갖추어져 서너 명의 의사와 간호사가 환자 한 명을 돌보게 되어 있었던 잉카 제국에서 접촉으로 퍼지는 천연두는 걷잡을 수 없을 정도였다.

　결국 1525년 황제와 황위 계승자가 천연두로 목숨을 잃었다. 이는 사실 황제가 직접 병자들을 돌보았다는 증거다. 황태자도 마찬가지로 말이다. 잉카 제국의 절정기가 천연두 창궐을 시작으로 저물고 있었다. 인구가 천만에서 천오백만 명을 헤아렸고 근면한 국민들 덕에 제국의 부는 최고조에 달했지만, 천연두로 인구의 50퍼센트 이상이 사망했다. 제국이 반 토막 났다. 그래도 제국에는 황제가 있어야 했다.

황족들은 회의를 거쳐 와이나 카팍의 아들 와스카르를 다음 황제로 결정했다. 그러나 북쪽 키토 지역에서 태어난, 황제의 또 다른 아들 아타우알파는 자신이 황제가 되어야 한다고, 아니 자신이 스스로 황제라고 느꼈다. 그는 직접 황제를 보필하며 투메밤바에서 지냈으며, 정복 사업의 중심에 있었던 강성한 군대를 보유했다.

제국의 군대가 제국의 심장부로 들어가기 시작했다. 이렇게 시작된 3년간의 황위 계승 전쟁은 힘에서 우위를 보인 아타우알파의 승리로 끝났다. 제국의 군대가 제국의 심장을 짓밟았다. 강성한 제국 잉카는 이미 이때 천연두와 내란 때문에 국력이 겨우 4분의 1 정도 남았을 것이다. 그리고 1532년 아타우알파가 황위에 오르기를 기다렸다는 듯이, 바로 그해 에스파냐 세력이 도착했다. 그들은 잉카의 엄청난 부[富], 특히 황금에 대한 소문을 들었다. 그러나 그들은 황금과 귀금속만을 원한 것이 아니었다. 노예들과 영토까지 원했다. 요컨대 잉카 제국 자체를 원했던 것이다.

잉카 제국은 가장 허약해진 시기에 가장 강력하고 위험한 적을 만난 셈이었다. 운명의 수레바퀴는 그렇게 굴러갔다.

160여 명의 에스파냐 군인들이 제국에 침입했다는 소식이 들려왔다. 황제는 가만히 앉아 있지 않았다. 자신의 군인들 수만 명과 전장으로 달려 나갔다. 에스파냐 군대들 또한 잉카 세력들과 점점 가까워졌다. 역사적 순간이 다가오고 있었다.

에스파냐, 잉카를 정복하다

잉카를 정복한 프란시스코 피싸로는 어떠한 정규 교육도 받지 않은, 민병에 가까운 군인이었다. 그는 에스파냐와 이탈리아의 군사작전에 참여한 적이 있었고, 1502년에는 신대륙으로 향하는 원정에 참여했다. 그는 현재 도미니카공화국의 수도인 산토도밍고[Santo Domingo]를 지나 콜롬비아를 거쳐서 파나마로 이동했다고 한다. 파나마에서 그는 남아메리카에 '비루[Biru]'라는 거대하고 부유한 제국이 있다는 소문을 들었다. 이 비루라는 명칭에서 지금의 '페루'라는 국명이 나왔다고 한다.

피싸로는 몇 번의 항해 끝에 현재 콜롬비아의 태평양 연안에 있는 부에나비쓰타[Buena Vista] 지역까지 도착했다. 그리고 현재 페루 북부의 툼베스에 정박하게 되었다. 원주민들은 그와 그의 일행들에게 친절했고 우호적이었다. 피싸로 일행은 원주민들에게서 황금의 도시 쿠스코에 대한 이야기를 들었다. 그들은 남쪽으로 진군했지만, 식량과 기타 자원이 부족해져서 더 이상 나아가지 못했다. 이에 피싸로는 고국으로 돌아가 정복에 필요한 지원을 요청했다.

에스파냐의 왕은 피싸로 일행을 지원했으나, 군대의 규모가 커진 것은 아니었다. 군인 180명과 말 27필이 고작이었다. 그들이 툼베스에 다시 도착했을 때 도시는 이미 파괴되어 있었다. 거기서 피싸로는, 황위 계승 전쟁이 일어났고 천연두와 전쟁으로 많은 사람들이 죽었다는 사실을 알게 되었다. 나아가 당시 황제의 군대가 근처에 있다는 사실까지도 알아냈다. 그는 여기서 어떤 운명을 느낀 것일까? 피싸로 일행도 아타우알파 황제가 있는 지역인 카하마르카[Cajamarca]로 진군하기 시작했다.

황제에게 에스파냐 군대는 고작 200명 정도였고, 전령의 말에 따르면 군인 같지도 않았다. 잉카 군인들의 모습과 너무 달랐기에 그런 생각을 했겠지만, 황제에게는 4만이 넘는 잉카의 정예군이 있었다. 에스파냐군의 무려 200배였다. 이 정도면 황제가 염려할 것은 거의 없었을 것이다. 황제의 군대가 왼손과 왼발만 사용해도 에스파냐 군대는 흔적도 없이 사라질 수 있었을 테니 말이다.

에스파냐 군대는 두려움에 사로잡혔다. 200명의 군사를 둘러싸고 있는 4만의 군사들을 상상해 본다면 당연한 일이었다. 4만의 적의[敵意]를 가진 군대는 살기[殺氣]로 가득했을 것이다. 그러나 잉카의 군대도 적지 않은 충격과 공포를 느꼈을 것이다. 일찍이 그들은 기마병을 본 적이 없었다. 강철판 갑옷을 입고 말에도 갑옷을 입힌 중세 기사의 모습은 잉카 병사의 눈에는 반인반수의 미노타우로스[Minotauros]처럼 보였을 것이다. 게다가 에스파냐 군인들은 대포와 화승총으로 무장까지 했다. 정확도와 파괴력보다 그 소리에, 천둥처럼 들리는 그 소리에 잉카의 군대는 꽤 당황하고 놀랐을 것이다.

피싸로는 사신을 보내 아타우알파에게 회담을 요청했다. 황제는 흔쾌히 받아들였다. 회담은 카하마르카의 중앙 광장에서 이루어졌다. 하지만 이것은 함정이었다. 잉카군 수천이 황제와 함께 왔으나 비무장 상태였고, 에스파냐군은 매복하고 있었다. 회담장의 분위기는 갑자기 변했다. 공격하기 전에 마치 관습처럼 에스파냐군은 잉카 황제에게 가톨릭으로 개종하라고 강압적으로 권유했다. 그러면서 에스파냐 선교사는 기독교 성서를 아타우알파에게 건넸다. 호기심 많은 황제는 '신의 목소리'라는 성서를 이리저리 들춰보기 시작했다. 천둥소리를 내는 화승총을 들고 철갑 갑옷을 입은 에스파냐인들이 가져온 것은 황제의 눈에는 그저 종이 쪼가리일 뿐이었다. 황제는 곧 호기심을 잃었고, 에스파냐의 신은 무능하고 별 볼일이 없다고 느꼈을 것이다. 황금의 신전에서 빛과 함께 내려오는 잉카의 영광스러운 신과 비교하면 볼품없었기 때문이다.

잉카 황제는 성서를 손에서 내려놓았다. 아니, 약간 던진 듯이 보일 수도 있었을 것이다. 그것이 신호가 되었다. (그들 또한 읽을 수 있는 자가 거의 없었으나) 자신들의 성서가 땅에 닿는 그 순간 에스파냐군은 공격하기 시작했다. 무장하지 않은 육천여 명의 잉카 군인을 학살했고, 황제를 포로로 잡았다. 에스파냐 군인 한 사람당 스무 명 넘게 죽인 것이다. 명백한 학살이었다. 육천의 군대가 괴멸했고 황제가 잡혔다는 소식을 들은 나머지 잉카 군은 퇴각했다. 그들은 무엇을 어떻게 해야 할지 몰랐을 것이다.

사로잡힌 아타우알파 황제는 총명하고 사교적이며 매력적인 인물이었다. 그는 통역관을 통해 에스파냐어를 빠르게 습득했으며, 체스와 기타 유럽식 사교술과 에티켓 등도 익혔다. 황제는 얼마 지나지 않아 에스파냐인들이 황금에 미쳐 있음을 알아챘다. 그는 자신이 갇힌 감옥을 모두 금으로 채울 수 있고 은으로는 그 두 배를 채울 수 있다고 말했다. 황제가 스스로 협상해 오기 시작한 것이다. 그는 몸값을 치르면 풀려날 수 있을 것이라 믿었다. 그는 전령을 쿠스코로 보내 금과 은을 모으라고 명령했다. 그리고 그와 황위 경쟁을 하던 배다른 형제 와스카르의 사형을 명했다. 와스카르는 마치 자신의 형제 아타우알파처럼 아타우알파 군의 포로로 잡혀 있었다. 황제는 그의 형제가 에스파냐 군과 손잡고 자신을 축출할 수 있다고 보고 위기감을 느꼈던 것 같다. 포로로 잡혀 있는 순간에도 황제는 자신이 에스파냐 군에게 살해되리라고 생각하지는 못한 듯하다. 에스파냐 군은 고작 200명이었으니 말이다. 황제는 자신의 경쟁자에게 자신을 넘기는 일이 제일 위험하다고 생각했다.

하지만 황제의 계획은 모두 비틀어졌다. 황금과 은이 카하마르카에 도착했지만 그는 풀려나지 못했다. 또한 그의 형제를 죽였다는 소식이 에스파냐 군 측에 들어갔다. 이에 에스파냐 군은 말도 안 되는 재판을 열었다. 에스파냐에 대항하고 동생을 살해한 죄를 물어, 그를 화형에 처할 것을 언도했다. 이 말도 안 되는 재판을 통해 황제는, 대[大]잉카 제국의 황제는 결국 목숨을 잃게 된 것이다.

잉카의 황제에게 죽음보다 더 무서웠던 것은 바로 화형이었다. 뒤에서 다시 설명하겠지만, 잉카의 전통에 따르면 황제는 죽은 후 미라가 되어 영원불멸의 존재로 남아야 했다. 그러나 시체가 없다면 미라도 될 수 없었다. 황제는 엄청난 고민에 빠졌다. 죽음 따위는 두렵지 않았다. 그는 평생 전장을 누빈 전사였다. 하지만 불에 태워져 시체가 없어진다는 것은 굉장히 두려운 일이었다. 그는 다시 비싼 값을 치르고 기독교인이 되었다. 거기에는 교수형으로 사형을 집행해서 죽은 후에는 쿠스코로 시체를 보내 미라로 만들 수 있게 협조한다는 조항이 있었을 것이다. 화형이 아니라 교수형에 처해진다는 사실만으로도 황제는 다행이라고 생각했을 수 있다. 1533년에 그는 교수형을 당했다. 그러나 에스파냐 군은 교수당한 그의 시체를 태우고 아무도 모르게 땅에 묻어버렸다. 이렇게 잉카의 황제는 초라하게 사라졌다.

잇따른 두 죽음은 잉카 제국이라는 관점에서 보면 황위 계승 전쟁으로 국력을 낭비하던 두 세력이 사라진 것이었다. 따라서 제국을 재정비하고 하나로 통합하는 과정을 거치고 난 후라도 에스파냐 군을 충분히 물리칠 수 있었다. 잉카는 허약한 제국이 아니었기 때문이다. 하지만 역사의 위기에는 으레 기회주의자들이 나오기 마련이다. 대한제국에는 친일파가 있었고, 고구려의 마지막에는 친당파가 있었고, 잉카의 마지막에는 친에스파냐파가 있었다. 잉카의 경우에는 망코 잉카[Manco Inca]였다. 그는 자신이 섬기던 신과 종교를 버리고 에스파냐 세력을 새로운 신으로 섬겼다. 그는 황제의 배다른 아들로서, 자신의 세력은 미미했지만 황제가 되고 싶은 욕망을 품었다. 그 욕망이 굴절되어 에스파냐의 꼭두각시 황제가 된 것이다. 잉카의 패망은 아타우알파의 죽음 때문이 아니고, 고구려의 패망도 연개소문의 죽음 탓이 아니다. 조국을 배신하고 개인의 영달을 노리는 기회주의자들과 간신배들 때문이다.

잉카의 수도 쿠스코 사람들은 황제들의 잇따른 죽음에 큰 충격을 받았지만, 이제야 오랜 내란을 끝내고 안정을 찾을 수 있다는 생각에 새로운 황제 망코 잉카와 함께 에스파냐 세력까지 환영했다. 그러나 자신들의 힘이 아닌 외세에 기대어 나라가 안정될 수 있다고 믿는 것은 그저 망상에 불과했다. 쿠스코는 얼마 지나지 않아 에스파냐 세력, 즉 피싸로의 지배 아래에 놓였다. 잔학하고 무례한 그의 통치에 쿠스코는 신음했다. 에스파냐인들에게 잉카란 그저 착취할 대상일 뿐이었다. 그들은 성폭행을 자행했고, 반항하는 자는 고문했으며, 잉카인들을 노예화하기 시작했다. 에스파냐 세력이 쿠스코에 입성한 순간부터 그들의 눈에 잉카인들은 그저 노예로 보였을 것이다.

에스파냐의 가혹한 폭정을 보면서 망코 잉카는 무언가 깨닫기 시작했다. 애초에 그는 잉카 제국의 황제가 되길 꿈꿨다. 에스파냐 세력은 그 자리에 오르기 위한 하나의 방편이었을 뿐이었다. 그러나 그는 황제였으나 황제가 아니었다. 망코 잉카는 그 스스로 황제의 권위를 되찾아야 한다고 생각했다. 하지만 그가 제대로 된 저항을 시작하기도 전에 그는 수감되었다. 그 순간 아타우알파의 모습이 그의 눈앞에 그려졌을 것이다. 그는 필사적으로 탈출을 감행했고, 탈출에 성공했다. 그는 오지로 숨어들었으며, 잉카의 길, 일명 '하늘의 길'을 통해 침입자를 처단하자는 메시지를 전 잉카 제국에 보냈다. 그러자 잉카 곳곳에서 수만의 군대가 모집되었다. 그들은 외부인들에게 침탈당한 제국의 심장을 구하기 위해 쿠스코로 모인 후 진격했다. 그 선봉에 망코 잉카가 있었다.

하지만 역사의 역설은 또다시 여기서 만나게 된다. 잉카 군은 제국의 심장을 허무하게 빼앗기고 그 심장을 되찾기 위해 자신의 심장을 스스로 파괴하기 시작했다. 투석기로 바위를 날리며 최소 4만 이상의 잉카 군이 쿠스코로 돌격했다. 에스파냐 군은 잉카의 장대한 건축물인 삭사우만 요새로 후퇴해, 거기서 공격 진지를 갖추고 대결했다. 화승총과 대포의 힘뿐 아니라 견고한 삭사우만 요새 덕에 에스파냐 군은 1년 이상을 버틸 수 있었다. 잉카 군은 삭사우만 요새를 포위하고 에스파냐군이 스스로 항복하고 나오기를 기다렸다. 이 과정에서 배신자였던 망코 잉카는 제국의 중심으로, 진정한 황제로 일어서는 것처럼 보였다. 하지만 진실을 아는 자들이 있었다. 그들은, 마치 망코 잉카가 그랬던 것처럼 에스파냐 군을 도와주기 시작했다. 그 숫자가 그리 많지는 않았으나, 에스파냐군의 숫자와 비슷했던 듯하다.

망코 잉카는 황제가 되고 싶은 욕망을 품고 있었으나 카리스마나 능력을 지닌 군대 지도자는 아니었다. 지루한 전쟁은 1년을 넘어 계속되었고, 잉카 제국은 약 1년여 동안 농사를 짓지 못했다. 역사가들은 천연두와 내란으로 잉카 제국에서 최소한 600만 명 이상이 사망했다고 추정한다. 제국의 노동력 자체가 50퍼센트 이하로 떨어졌고, 쿠스코에 주둔한 4만 이상의 군대 또한 이제 자신들의 고향으로 돌아가야만 했다. 돌보지 않은 논과 밭은 황폐해지기 시작했다. 제국의 군대는 흩어졌다. 이미 잉카의 북부와 남부는 황제의 영향권 밖이었다. 고작해야 쿠스코 주변 지역만이 황제의 영역이었다. 하지만 그마저도 군대가 흩어지면서 해체되기 시작했다. 전의[戰]를 잃어버린 군대는 1년을 넘게 버틴 에스파냐군의 상대가 되지 못했다. 게다가 에스파냐 지원군마저 도착함으로써 잉카의 마지막 불꽃은 허무하게 꺼져버렸다.

지원군과 함께 도착한 가톨릭 신부들은 이교도의 상징물들을 파괴하기 시작했다. 신전을 꾸미고 있던 외부 장식과 금박을 비롯해, 궁전과 기타 황족·귀족의 집을 꾸미고 있던 황금과 모든 보석류를 갈취했다. 세련된 황금 세공품들, 엄청난 문화적·예술적 작품들은 에스파냐 정복자들에게는 그저 황금일 뿐이었다. 황금은 녹여져 금괴로 만들어진 후 에스파냐로 보내졌다. 신전은 파괴되었고, 뒤에 설명할 잉카 황제의 미라는 불태워졌다. 쿠스코는 테노치티틀란과 마찬가지로 철저하게 파괴되었고 약탈당했다.

배신자이자 영웅이며 황제이자 매국노인 망코 잉카는 자신의 세력을 이끌고 쿠스코 근처의 계곡 구석에 자신의 요새를 만들었다. 바로 빌카밤바였다. 그는 새로운 신전과 요새를 만들고는, 잉카의 새로운 수도라 선포했다. 하지만 이때의 잉카는 그저 조그만 요새의 이름일 뿐이었다. 망코 잉카는 인구가 약 2만 명 정도일 뿐인 도시의 지도자였다. 그는 가끔 게릴라전을 펼치며 쿠스코의 에스파냐 세력과 대립했다. 그러나 어찌 보면 그것은 격리였다. 산속으로 숨어버린 잉카의 새로운 수도는 새로운 요새였으며 은둔 장소였다. 이 은둔 장소는 1999년까지 우리에게 알려지지 않았다. 지금도 연구가 진행 중이므로 우리는 곧 잉카의 마지막에 대한 새로운 이야기를 들을 수 있을 것이다.

잉카의 황제가 격리 혹은 은둔 상태인 상황에서 쿠스코는 새로운 문제에 봉착했다. 에스파냐 세력이 분열한 것이었다. 피싸로와 알마그로[27] 사이의 알력은 점점 심해졌고, 결국 알마그로는 암살당했다. 물론 피싸로의 사주였다. 이에 알마그로 휘하에 있던 군인들이 복수를 했다. 피싸로 또한 암살당했다. 피싸로를 죽인 알마그로의 부하들은 빌카밤바로 망명했다. 한때 피싸로를 섬겼으나 결국 원수가 된 황제 망코 잉카는 그들을 환대했다. 알마그로의 부하들은 3년 정도를 빌카밤바에서 살았다. 그리고 다시 쿠스코에 돌아가기로 결심한 그때, 그들에겐 무언가가 필요했다. 다시 말해 쿠스코의 에스파냐 세력이 좋아할 만한 선물이 필요했다. 알마그로의 부하들은 떠나기 전에 잉카의 황제를 암살했다. 망코 잉카는 그렇게 생을 마쳤다. 어찌 보면 그에게 어울리는 죽음이었다. 그의 일생에는 '배신'이라는 일관된 법칙이 있었기 때문이다.

*

망코 잉카에게는 세 명의 아들이 있었다. 싸이리 투파 잉카[Sayri Tupa Inca], 티투 쿠씨[Titu Cusi], 그리고 투팍 아마루[Túpac Amaru]가 바로 그들이다. 1552년 에스파냐의 왕은 크고 작은 반란을 잠재우기 위해 가장 좋은 방법은 허수아비 왕을 만드는 것이라 생각했다. 황위를 이어받은 싸이리 투파 잉카에게 다시 쿠스코에서

---

27) 디에고 데 알마그로[Diego de Almagro](1475?~1538). 에스파냐 출신의 또 다른 잉카 제국 정복자.

황제가 되라고 에스파냐 왕은 제안했다. 이는 마치 중국의 마지막 황제 부의[溥儀]가 일본이 만든 만주국[滿洲國]의 왕이 되어 일본 천황에게 복종하는 꼭두각시가 되었던 것과 같은 맥락이다. 거세고 국지적인 잉카 세력의 반란을 확실하게 제압할 수 있는 군사력이 에스파냐 세력에게는 아직 없었다. 싸이리 투파 잉카는 쿠스코로 돌아왔고, 가톨릭 교인이 되었다. 황제가 확실한 제국 재건의 영웅이 되길 바라던 잉카인들에게 기독교인 황제란 그저 배신자일 뿐이었다. 결국 싸이리 투파 잉카는 암살되었다.

그의 동생 티투 쿠씨가 황위를 물려받았다. 황제는 독립전쟁을 시작했다. 독립전쟁은 약 8년여 동안 지속되었으나, 군사의 수는 예전과 비교도 되지 않았다. 황제의 가족은 겁탈당했고, 무참히 살해당했다. 황제의 가족마저 이 정도였으니 일반 잉카인들의 피해는 말로 표현할 수 없을 정도였다. 피해만 남긴 채 독립전쟁은 끝났고, 황제는 항복했다. 티투 쿠씨는 에스파냐 왕에게 충성을 맹세했고, 에스파냐의 가톨릭 선교사가 빌카밤바에서 선교 활동을 하는 것도 허락했다. 또 한 번의 굴욕이었다. 하지만 그 또한 암살당했다.

그리고 잉카의 진정한 황제이자 마지막 황제 투팍 아마루가 등장했다. 그는 자신의 형을 암살한 것이 에스파냐 세력이라고 믿었다. 물론 투팍 아마루 혹은 독립운동 세력이 굴복한 황제를 암살했을 가능성이 더 높으나, 황제의 암살은 잉카의 흩어진 민심을 다시 모으는 데 효과적인 소재였다. 1571년 빌카밤바에서 투팍 아마루는 잉카의 황제로 즉위했다. 그는 즉위하자마자 가톨릭의 모든 흔적을 지워냈다. 거의 같은 시간, 페루 부왕청에 에스파냐 귀족 출신인 프란시스코 데 톨레도[Francisco de Toledo][28])가 왕으로 부임했다. 새로운 에스파냐의 부왕은 혼돈을 정리하기 위해 빌카밤바에 사신을 파견했다. 하지만 투팍 아마루에게 에스파냐 세력은 그저 적일 뿐이었다. 투팍 아마루는 사신의 목을 베어버렸다. 이에 전쟁을 준비했던 부왕은 이윽고 약 250명의 에스파냐 정예 부대와 대규모 원주민 부대를 이끌고 빌카밤바로 진격했다.

마지막 잉카의 황제와 잉카의 군대는 격렬하게 저항했으나, 빌카밤바는 결국 함락되고 말았다. 그들의 두 번째 수도가 침탈되기 전에 잉카는 자신의 수도를, 예전에도 그랬듯이 자신들의 손으로 파괴했다. 남은 사람은 산속으로 혹은 밀림으로 도망갔으나, 에스파냐 군은 끝까지 추격했다. 추격이 있은 후 며칠이 지나서 결국 투팍 아마루는 생포되었다.

마지막 황제는 자신들의 원래 수도였으나 이제는 에스파냐 세력의 중심지가 되어버린 쿠스코로 끌려왔다. 그는 아타우알파처럼 에스파냐 법정에 세워져서 사형을 선고받았다. 영화 ≪미션[Mission]≫[29]에서처럼, 원주민에게 호의적인 가톨릭 신부들도 있긴 했다. 투팍 아마루는 그런 신부들의 변호를 받았지만 사형을 피할 수는 없었다. 그는 참수되었고, 그의 목은 쿠스코 광장에 효수[梟首]되었다. 그가 참수되는 장면을 만 명 이상의 잉카인들이 모여서 지켜보았다. 그렇게 제국은 완전히 끝이 났다. 천만 명이 넘는 인구를 지녔던 제국의 마지막에는 겨우 만여 명만이 남았던 것이다.

---

28) 이전까지는 잉카의 마지막 황제를 죽이고 빌카밤바를 정복해 잉카의 숨통을 끊어놓은 인물로 기억되었으나, 현재 일부에서는 그를 재평가하기도 한다. 그는 잉카와 에스파냐 정복 세력 모두에게서 고통 받던 원주민이 에스파냐 국민으로서의 지위와 권리, 그리고 의무를 질 수 있도록 배려하고 신경 쓴, 합리적이고 학구적인 인물이었던 것으로 보인다. 특히 그가 5년 동안 잉카 제국 곳곳을 직접 발로 뛰어 관찰해 남긴 기록은 인류학과 고고학에서 아주 중요한 자료로 평가된다. 최초의 인류학자 혹은 인류학적인 시각을 가졌던 인물이라 해도 지나치지 않을 것이다.

29) 1750년경, 파라과이와 브라질의 국경 부근에서 일어난 실화를 바탕으로 한 종교 영화. 원주민 과라니[Guarani]족을 상대로 포교 활동을 벌이는 두 선교사가 대립하는 모습을 통해서 종교와 사랑, 정의가 무엇인지에 대한 고민을 심오하게 그렸다. 1986년 제39회 칸 영화제 그랑프리를 수상한 명작이다.

효수된 투팍 아마루의 머리는 에스파냐 세력의 바람처럼 잉카인들에게 어떤 두려움을 주지는 못했다. 오히려 잉카인들의 마음속 깊이 분노를 심어주었다. 그들은 마치 예배하듯 혹은 잉카의 황제를 대하듯 예의를 갖추고 효수된 머리를 숭배하기 시작했다. 당혹스러워하던 에스파냐 세력은 어느 날 밤, 마지막 황제의 머리를 치워버렸다. 하지만 이 사건은 조금 엉뚱한 방향으로 흘러갔다.

예수 재림의 영향을 받은 듯한 투팍 아마루 재림 신화가 사람들 사이에서 퍼지기 시작했다. 없어진 투팍 아마루의 목은 자신의 몸을 찾고 있으며, 투팍 아마루의 목이 자신의 몸을 찾아 다시 결합해 온전해지면 다시 잉카를 통치하기 위해 돌아올 것이라는 재림 신화가 유행했다. 이 재림 신화의 힘으로 투팍 아마루 2세가 등장하기도 했다. 이후 잉카인 인구는 과도한 노역 등으로 인해 전성기에 비해 약 80퍼센트 이상이 줄어들었다. 이 줄어든 인구는 쉽게 회복되지 않았다. 전성기에 천만 명 이상을 바라봤던 잉카의 인구는 1780년에 전성기 때의 10퍼센트, 약 백여만 명 정도였다.

마야와 아쓰텍를 합친 것과 같았던 라틴아메리카 최고의 제국 잉카는 에스파냐 세력에 의해서 혹은 천연두로 인한 인구 감소 때문에 패망한 것이 아니다. 인간의 욕망, 그 욕망 때문에 일어난 대립과 배신으로 인해 무너진 것이다. 에스파냐군 200명에 대항해 그 200배, 즉 4만 명이 넘는 군대가 있었다고 해도, 인간의 욕망과 배신이 그 안에 얽혀 있어서 질 수밖에 없었다. 잉카 제국의 최후에도 수많은 제국들의 마지막 모습이 겹쳐져 있다. 또한 우리에게 전하는 강렬한 교훈도 분명히 남아 있다.

1780년 안데스산맥에는 잉카인들의 좌절과 고통이 메아리쳤다. 수탈해 갈 자원들이 점점 바닥을 드러내는 것에 비례해 식민 정치는 점점 더 가혹해졌다. 이때 투팍 아마루 2세가 등장했다. 그는 잉카 황제의 후예를 자처한 페루 부왕청에 자치권을 요구했다. 그의 요구에 수많은 잉카 원주민들과 혼혈인들이 호응했다. 에스파냐의 차별은 원주민과 혼혈인을 가리지 않았기 때문이다. 이 요구는 폭동으로, 반란으로 이어졌다. 하지만 에스파냐 세력은 가혹했다. 수천의 사람들이 몰살당했고, 지도자 투팍 아마루 2세는 사로잡혀 고문을 당하다 결국 죽었다. 우리의 독립투사들과 그들은 다르지 않았다. 투팍 아마루 2세에 대한 수많은 전설이 있으나, 사실관계를 확인할 수 없었다.

투팍 아마루 2세의 봉기는 하나의 불씨가 되어, 지역별로 크고 작은 반란이 이어졌다. 에스파냐 부왕청은 모든 반란을 잔혹하게 제압했다. 그리고 잉카 황제의 후예들을 추적하기 시작했다. 몇몇은 사형당했고 몇몇은 수감되었지만, 잉카 황제의 후예들은 적어도 반란의 중심이 되었고, 될 수 있는 가능성이라도 갖고 있었다. 또한 무참히 학살당했고 감시당했으나, 이것은 페루 해방의 불씨가 되었다. 40여 년이 지나 1821년에 페루는 독립했다. 하지만 독립 초기의 모든 국가가 그렇듯, 페루의 상황은 독립 후에 더 어려워졌다. 1533년 제국이 패망한 후 약 400여 년이 지난 1969년에 와서야 농지 및 토지 개혁이 이루어졌고, 잉카의 후예들은 다시 주인의 위치를 꿈꿀 수 있었다. 현재 다양한 문화가 공존하는 페루는 경제적·정치적 문제와 테러리즘으로 어려운 상황을 겪기도 했으나, 이제는 꿈꿀 수 있게 되었다. 그리고 제국이란 행정 조직만 사라졌을 뿐, 잉카인들은 살아남아서 그들의 문화를 지키며 바로 그 자리에서 살고 있다.

잉카의 왕위 계승과 통치 방식

잉카의 황제는 신과 같은 존재였다. 이는 물론 대제국을 건설한 황제들이 공통적으로 보여주는 특성이다. 하지만 잉카의 황제는 좀 더 특별했다. 그는 얼굴이 없었다. 마치 도쿠가와 이에야스가 그랬던 것처럼, 그의 신하들은 그의 얼굴을 볼 수 없었다. '신의 얼굴을 본 자는 죽는다'는 전설처럼, 황제의 얼굴을 바로 본 사람은(황제의 가족을 제외하고) 살해당했다. 잉카의 황제는 인간의 범주에 속하지 않은 듯했다. 그의 얼굴을 보지 못했을 뿐만 아니라 그의 배설물과 터럭 하나까지도 철저하게 관리되었고, 황제의 몸에서 나오는 것은 그 어떤 것이라도 신성하게 여겨졌다. 황제의 타액과 터럭은 그의 아내들이 먹기도 했다. 모두 밖으로 유출되지 않도록 하기 위한 방편이었다. 이 황제의 절대성은 그가 죽은 후에도 이어졌다.

잉카의 전통 중에서 가장 눈길을 끄는 것은 바로 미라다. 잉카인들은 부패를 방지하는 다양한 허브의 진액을 시체에 바르는 방법으로 미라를 만들었다. 황제의 시체는 썩지 않고 마치 돌처럼 딱딱해졌다. 죽은 황제와 그의 가족들은 계속 황제의 궁전에서 살았다. 미라 만드는 작업에 참여하지 않은 많은 시종들은 황제가 죽었는지도 잘 알지 못했을 것이다.

새로운 황제는 자신의 황궁을 지어야 했다. 선황제가 정복한 지역의 모든 공물은 계속 선황제에게 바쳐져 그 가족들이 사용했으므로, 새로운 지역을 정복해야만 했다. 이것이 새로운 지역을 찾아 정복을 해야 하는 큰 이유가 되었을 것이다. 황제는 죽지 않는 존재처럼 보였고, 실제로 중요한 종교 행사에는 황제의 미라들이 마치 살아 있는 황제처럼 등장했다. 그는 현 황제와 함께 황제 집단에 속했다. 잉카에서 황제의 권력이란 계승되는 것이 아니라 증식[增殖]되는 것이었다. 보통 황권이 장자 혹은 한 명의 태자에게 계승되면 황족은 권력과는 그리 관련이 없는 상징적인 존재가 되었다. 하지만 잉카의 경우에는 황족이 지방에 파견되어 그 지역을 다스렸다. 이 경우에도 황족간의 경쟁이 있었다고 보지만, 황족의 수는 오히려 모자랐다.

잉카의 모든 도시는 삼등분되어 있었다. 황족이 황제를 대신해 다스리는 부분과, 종교의 힘으로 장악하는 부분, 그리고 토착 지방 세력과 농부들이 관리하는 부분, 이렇게 세 부분으로 나누어져 있었다. 이로써 수확의 3분의 1을 그 지방 세력에게 전담하도록 해서 반란의 빌미를 없애면서도, 황제가 마치 친정[親政]을 하는 것과 같은 효과를 볼 수 있었다. 제국이 동일한 종교 행사에 의무적으로 참가함으로써 제국의 정체성을 하나로 모을 수 있는 현명한 방법이기도 했다. 물론 모든 수확의 3분의 1이 농부에게 돌아간다고 하면 그리 많아 보이지 않을 수도 있지만, 당시 유럽 농노들의 생활을 고려하면 이는 혁명적인 사건이었다.

또한 사회의 기반이 되는 도로와 다리 등을 만들기 위한 공역[公役]인 '미따[mitá]'의 의무가 있었다. 이 공역에는 군대의 징집도 포함되었다. 지역사회는 공역으로 인한 빈자리를 서로 도와서 채웠다. 그래서 공역에 가장이 나갔다고 해도 그 가족들은 굶주리지 않았다.

제국은 그저 의무만 부과하고 착취만 하지는 않았다. 그렇게 했다면 거대한 잉카 제국은 이루어질 수 없었을 것이다. 제국의 기술과 과학은 공평하게 분배되어, 거대한 석조 건물과 도로, 관개 시설이 건설되었다. 마치 알렉산드로스 대왕이 여러 알렉산드리아[Alexandria]를 만들어 고대 그리스의 문화와 예술, 그리고 도시라는 발전된 거주 형태를 자신의 정복지에 건설한 것과 같았다. 잉카 제국은 모든 잉카인들이 좀 더 편안하고 안락하게 살 수 있도록 해주었다. 이로써 제국 안의 모든 잉카인은 거의 비슷한 수준의 삶을 영위할 수 있었다. 그들은 모두 같은 잉카인들이었던 것이다.

몇몇 학자들은 잉카가 현재의 사회주의 시스템과 비슷하게 운영되는 복지국가였다고 주장한다. 확실한 것은, 잉카 제국 안에서 일어나는 모든 물류의 흐름을 중앙정부가 제어했다는 것이다. 동서고금을 막론하고 이런 경우는 잉카밖에 없을 것이다. 물류의 흐름은 사적 동기와 이윤이 아닌, 공적인 목표를 위해 제어되었다. 모자란 곳은 채워주고 남는 곳은 나누게 했다. 잉여 생산물이 없었으므로, 자본주의적 경쟁이나 가격에 의한 시장 형성은 불가능했다. 잉카의 풍요는 양적 풍요가 아니라 '서로 나눌 수 있다'는 심리적 풍요였다. 잉카인 모두가 일했고 굶주리지 않았으며, 제국의 일원으로서 공공의 것에 대한 확신을 지녔다. 물류만이 아니라 가끔은 사람들도 이주되었다. 노동력도 중앙정부가 관리했던 것으로 보인다. 또한 제국에서는 환자들과 노인들을 보살펴 주는 현재의 의료보험 제도 같은 것이 확립되어, 아픈 사람은 바로 치료받을 수 있었다. 한편 화폐나 개인의 재산이 그리 발달해 있지 않아 더 많은 이윤을 얻기 위한 경쟁 자체가 아예 없었다. 하지만 잉카인들은 근면했고, 그들의 생활은 굉장히 풍요로웠다. 물론 현재의 복지국가 개념으로 보기에는 무리가 있으나 당시의 기준으로는 상당한 복지국가로서, 어떤 면에서 보면 굉장히 사회주의적인 시스템을 지녔다.

거석의 완벽한 결합으로 이루어진 건축물들

잉카의 건축물은 신비롭다. 무엇보다 거석[巨石]들의 완벽한 결합은 상당히 충격적이다. 현재 남아 있는 사료가 없어 어떤 과정을 거쳐 건축되었는지 단언할 수 없으나, 발굴된 유물과 유적, 그리고 원주민과의 인터뷰를 통해 본 잉카의 건축 과정은 현대의 건축 과정과 상당히 흡사하다. 우선 점토로 건축물의 모형을 만들고 그 모형을 기본으로 채석장에서 돌을 채취해, 노동을 최소화했다. 돌과 돌 사이에는 레고 블록과 같이 결합될 수 있는 홈이 있었고, 각 돌들은 마치 처음부터 한 몸이었던 것처럼 완벽하게 결합되었다.

쿠스코의 벽.
몇 번의 지진에도 불구하고 현재까지 견고하게 보존되고 있다.

잉카 건축 양식은 간단하고 단순하며 장식이 없는 것이 특징이나, 돌마다 조금씩 볼록 튀어나와서 빛과 그림자의 조화가 이루어져 상당히 모던한 느낌이다. 이 돌을 석기나 청동기를 이용해 깎아서 만들었다고 보기는 어려우며, 매끈하게 가공된 것으로 보아 갈아서 만들었다고 본다.

잉카 건축의 비밀은 크게 두 가지로 나뉘는 것 같다. 하나는 벽돌도 아닌 자연석을 가공해 만든 건축물이 너무나 견고하고 튼튼해서 현재까지도 안정적이라는 것, 두 번째는 이 자연석이 경우에 따라 100톤이 넘는 경우도 있는데 수레를 비롯한 기타 운반을 위한 도구가 없었는데도 불구하고 이 거대한 바위들을 운반했고 쌓아 올렸다는 것이다. 사실 잉카 건축물의 아름다움이 무엇보다 먼저 언급돼야 하겠지만, 불행히도 현재 남아 있는 잉카의 건축물은 일부분이고 온전하게 남아 있는 건축물을 찾아보기 어렵다. 마추핏추를 비롯해 삭사우만 요새 등 거의 모든 유적들이 본연의 모습을 회복한 것이 아니라 불완전한 형태로, 쉽게 우리가 놀라고 간간히 감동을 받는 잉카의 건축물은 잉카 건축의 정수가 아니라 그저 잉카 문명의 흔적이다. 또한 쿠스코만이 아니라 거의 모든 지역의 잉카 유적들이 온전하지 못하다는 것은 잉카 문명의 마지막이 어떠했는지를 간접적으로 말해 주는 것이라 할 것이다.

면도날 하나 들어가기 어려운 잉카의 구조물의 비밀은 이미 많이 알려져 있다. 규모가 작을 경우 나무 격자나 나무못을 바위틈에 넣은 후 물을 넣어 나무가 물에 불어나면서 바위가 갈라지게 해서 바위를 채취한다. 그런 다음 그 모습과 각도를 유지하면서 돌망치로 다듬은 후 물을 뿌리면서 바위 표면을 갈아내어 이동할 준비 및 현장에서 조립될 준비를 한다. 현장으로 이동한 후에 다시 돌을 다듬어 쌓아 올린 것으로 본다. 규모가 큰 바위의 경우 주변에 나무를 쌓고 불을 지른 후 다시 물을 뿌려 식히고 다시 불을 지르면서 바위가 수축과 팽창을 반복하는 과정에서 자연스럽게 틈이 벌어지면 나무 격자들을 꽂아, 작은 바위의 경우와 비슷하게 잘라내고 가공했던 것으로 본다. 이 과정에 마치 레고의 조각처럼 서로 맞춰질 수 있는 홈을 만들어 하나하나가 완벽하게 맞춰질 수 있도록 했다는 것이다. 사실 쿠스코에 남아있는 잉카의 구조물을 보면, 돌 하나하나가 약간 볼록 튀어나와 음영이 생기게 되어 있다. 이 매끈한 돌의 표면은 깎아서 다듬은 것이 아니라 갈아서 다듬은 것으로 보아야 할 것이다. 실제로 잉카의 구조물은 후기로 가면 갈수록 자연의 원석을, 모양을 이용하기보다는 마치 현재 사용하는 벽돌처럼 같은 규격으로 다듬어서 사용하게 되었다. 특히 잉카의 마지막 수도였던 빌카밤바 와누코밤바의 구조물에서 삭사우만 요새와는 다른 변화 혹은 발전을 확인할 수 있다. 미적으로도 아름다우면서 구조적으로 복잡한 건축물을 만들기 위해서는, 거석이 필요하다기보다는 다루기 쉬운 작은 돌이 더 효과적이다. 특히 마추핏추의 구조물을 보면, 거석이 아닌 작은 바위와 돌도 얼마나 섬세하게 다듬어 사용했고 이것 또한 얼마나 예술적으로 쌓아 올렸는지를 확인할 수 있다. 또한 안정적인 지반을 만들기 위해, 그리고 건축물의 하중에 대한 계산을 통해 거석은 건물의 아래에 사용하고 상대적으로 작은 규모의 돌을 벽돌처럼 쌓아 올려 건축물을 만들었다.

사실 메소포타미아와 페르시아 지역의 구조물에 대한 여러 정보가 이미 있으므로, 잉카 지역의 구조물이 어떻게 만들어졌는가에 대한 것은 그리 큰 미스터리가 아니다. 사실 가장 큰 문제는 최대 100

톤 이상으로 보이는 거석을 어떻게 운반했는가 하는 것이다. 수레를 비롯한 기타 이동을 위한 도구도 발달하지 않았고, 소나 말 등을 이용할 수도 없었으며, 고대 그리스에서 사용한 것으로 확인되는 도르래·기중기 등도 없었다. 그래서 외계인 혹은 외부의 존재에 의해 만들어진 것이 아닌가 하는 가설도 존재한다. 물론 UFO를 타고 먼 우주에서 온 외계인이 바위와 돌로 구조물을 만들 이유가 무엇인지도 확실하지 않으며, 철기를 비롯한 기타 도구의 사용법을 알려주지 않았다는 것도 의아한 부분이다. 사실 더 이상한 것은 남아메리카의 문명에 나타나는 공통점, 즉 지배층의 하늘 혹은 외부에서 온 세력으로 자부했다는 것이다. 쉽게 천자[天子] 혹은 천손[天孫]이라는 것인데, 이것은 자신들 외에 또 다른 외부 세력, 즉 외계인 세력이 있었다는 것이다. 이것은 해결되기 어려운 구조다. 만일 외계인과 접촉이 있었다면 스스로 선민사상을 갖기 쉽지 않았을 것이다.

또한 여기에 우리의 선입견이 작용한 것 같다. 사실 이집트의 피라미드를 만들기 위해 사람과 동물, 말이나 소가 끌고 통나무를 이용했다고 단언하기는 어렵다. 바퀴를 이용하는 것이 항상 좋은 것만은 아니다. 하중이 높으면 높을수록 마찰력이 없을 때 힘의 균형이 안 맞게 되면 굴러 떨어질 가능성이 높고, 끄는 인원이 많으면 많을수록 힘의 균형을 맞추는 것이 쉽지 않다. 아마 병역의 의무를 마친 남성들은 추계·춘계 진지 공사 등을 통해 오르막에서 리어카가 얼마나 위험할 수 있는지 다들 경험했을 것이다. 하중이 높으면 높을수록 마찰력이 거의 없어 잘 굴러가는 리어카는 편리하지만은 않다.

이런 우리의 선입견을 깨고 합리적인 가설을 발표한 사람이 있다. 건축학자이자 고고학자인 빈센트 리[Vincent R. Lee]는 약 30년 정도 잉카의 건축물을 연구하고 기타 유적지들을 탐방하고 조사한 학자다. 그가 발표한 가설은 아래와 같다. (그의 책 ≪PUNCUYOC REVISITED: An Inca Marvel Decoded≫와 ≪The Building of Sacsayhuaman, and Other Papers≫에서 더 자세한 내용을 볼 수 있다.)

한두 명이 끌 수 있는 규모의 작은 바위의 경우, 먼저 바닥을 우리나라 판옥선처럼 다듬어 마찰력을 줄이고 원활하게 끌고 갈 수 있도록 하고, 돌의 규모에 따라 모래를 깔기고 하고 자갈을 깔기고 하고 둥그런 돌멩이를 바닥에 깔기도 했던 것으로 보인다. 빈센트 리의 가설에 의하면, 더 큰 규모의 바위는 철길과 비슷한 나무 길을 만들어 이동했던 것으로 보인다. 이 나무 길은 철길과 비슷하며, 차이점은 가장자리가 길게 나와 있는 것이 다르다. 어떤 면으로 사다리와 흡사하다고 할 수도 있다. 이렇게 길을 만든 후에 기차를 연상케하는 사다리를 바위의 규모에 맞게 만든 후 그 위에 바위를 올리고, 옆으로 튀어나온 부분에 나무를 끼워 넣어 지렛대의 원리로 밀어내면서 운반했다는 것이다. 마찰력을 줄이기 위해 윤활 물질을 뿌렸던 것으로 보는데, 옆으로 늘어선 인부들이 두 그룹 혹은 세 그룹으로 나누어 분업처럼 일을 했다면 상당히 빠르게 움직였을 것이다. 이것은 사실 배에서 노를 젓는 것과 그리 다르지 않은 방식이다. 차이가 있다면, 물에서가 아니라 나무로 만든 길 위에서 이루어졌다는 것이 차이가 있다. 또한 회전 등의 방향 전환에도 용이하고 오르막을 오르는 것도 그리 어렵지 않으며, 무엇보다 위험 요소가 거의 없다는 장점이 있다. 지렛대로 사용하기 위한 나무를 홈에 꽂아두면 바위가 미끄러질 가능성이 상당히 적기 때문이다. 사실 이집트의 피라미드를 만들기 위해서도, 굴림대인 나무 부목을 깔고 지나가면 다시 가져와 깔고 하는 등의 소모적인 작업을 했을 것이라 상상하는 것은 이집트인들의 수준을 너무 낮게 보는 것일 수도 있다.

어찌 보면 불편해 보일 수도 있는데, 익숙해지면 상당한 속도로 작업을 할 수도 있다. 일부 인류학자·고고학자들은 이것을 썰매 [Sleigh] 방식이라 부르기도 한다.

현재도 티티카카 호수 주변의 원주민들과 페루의 원주민인 케추아족이 전통적으로 무거운 물건을 나를 때 이와 비슷한 방식을 사용한다고 한다. 특히 티티카카 호수 주변 원주민의 경우, 그리 크지 않은 카누에 백여 킬로그램의 바위를 운반하는 경우도 있다. 물론 균형을 잡는 것이 중요한 문제지만, 몇몇 열혈 인류학자들은 직접 실험을 했고 성공했다. 빈센트 리의 가설은 바로 이 방식, '물에서의 이동 방법을 육지에서도 재현할 수 있을까'에서 시작한 것으로 보이며, 여기에 그의 추론과 가설의 합리성이 인정된다. 수레가 발명되고 말이나 소가 수레를 이끈다고 해도 물류 이동 속도와 규모에서 선박을 이기지 못한다. 수나라의 양제가 대운하를 건설해 양자강과 황하 등을 비롯한 여러 강을 남북으로 연결한 것도 바로 선박을 통한 물류 이동의 힘을 알았기 때문일 것이다. 어쩌면 잉카는 이런 해운 혹은 수운을 육지에서 재현한 것일지도 모르겠다. 우리의 선입견과 무지가 합리적으로 극복될 때, 어떤 새로운 쾌감이 있는 것 같다.

잉카 문명이나 기타 고대 문명에 대한 다양한 선입견과 미스터리가 있고, 그에 대한 황당한 가설들이 존재한다. 하지만 거기에는 우리의 무지와 선입견이 존재하고 있다는 것을 부정하기는 어렵다. 외계인이 UFO를 타고 와서 레이저와 흡사한 빔으로 돌을 다듬고 자신들의 기술로 거석을 운반하고 그것을 구경하는 원주민들의 모습과, 나무 길을 통해 노를 젓듯 지렛대의 원리를 이용해 돌을 밀어 운반하고 돌을 깎아내고 물을 뿌려가며 갈아내고 다시 지렛대의 원리로 돌을 올리는 모습, 이 두 모습 중에 어떤 것이 더 사실적인지는 굳이 언급할 필요가 없을 것이다. 아무튼 이로써 잉카의 구조물들은 신비의 커튼을 걷어내고 조금 현실적으로 친근해지는지도 모르겠다.

인간은 끈 하나만 있으면 정삼각형·정사각형·직사각형·원 등 다양한 기하학적 문양을 그려낼 수 있다. 이것은 기하학의 기본이 된다. 아무리 복잡한 문양과 구조물도 시작은 이와 같다. 문명의 발달과 기술의 발달이 인간 상상력의 발전까지 담보해 주는지 모르겠다. 천 년 이상 전인 약 10세기에 만들어진 인도의 찬드바오리 우물은 지금도 여전히 보는 이들에게 까마득한 충격을 준다. 어쩌면 우리는 우리 스스로의 능력을 과소평가하고 스스로 상상력을 억제하는 자기비하에 빠진 것이 아닌지 돌아봐야 할 것이며, 현대 기술 문명과 분업이라는 것이 전체적인 인류의 상상력과 창의력을 퇴보시킨 것은 아닌지도 생각해 보아야 할 것이다.

잉카의 비밀 문서이자 암호, 키푸

키푸는 잉카의 문자이자 기록 도구로, 보통 100여 개의 끈과 다양한 매듭으로 구성되었다. 끈의 길이와 간격, 매듭의 간격과 수, 색깔의 차이로 다양한 정보를 담았던 듯하나, 현재 남아 있는 키푸는 수에 관련된 정보만을 담고 있다. 그래서 키푸 자체가 기록 도구였음을 알게 된 지는 그리 오래되지 않았다. 키푸를 통해 중앙정부는 지역의 보고를 받았으며, 황제는 다양한 지역에 자신의 명을 전했다. 키푸의 해석은 소수의 전문가들만이 할 수 있었다. 일반적인 잉카인들에게 키푸는 그저 매듭장식으로 보였을 것이다. 다시 말해 키푸는 잉카의 비밀 문서 혹은 암호였다. 키푸를 해석하는 데에는 몇 가지 방식이 있었고, 같은 모양의 키푸라 해도 상황과 시대에 따라 다르게 해석될 수 있었다. 잉카의 다양한 설화와 신화, 구비문학이 그저 구전으로 전해졌다고 보는 것이 과거의 시각이었으나, 지금은 이야기꾼들이 이야기를 기록하기 위해 키푸를 사용했다고 본다. 물론 그저 대략적인 줄거리만을 키푸에 기록하고 다른 여러 설정은 이야기꾼의 재량에 따라 각색될 수 있었는지, 아니면 이야기의 세부적인 서사와 묘사까지 키푸를 통해 기록되었는지는 지금도 알 수 없다. 그러나 수메르 문명의 점토판만큼이나 오랜 역사를 가진 키푸가 그저 단순한 정보만을 전달했으리라 볼 수는 없다.

키푸는 특히 숫자를 기록하는 데 굉장히 용이했으며,[30] 이런 점은

---

30) 키푸는 숫자를 기록하는 데에 만 이용했을 뿐이다. 마치 동양의 주판처럼 계산까지 가능했으리라

작황이나 인구 등의 기록과 보고를 편리하게 해주었다. 지방의 모든 기록은 전령을 통해 중앙으로 전달되었으며, 중앙정부는 이 키푸의 보고를 기반으로 제국의 물류를 관리하고 통제했다. 요컨대 키푸는 잉카 제국의 보고 서류였다. 조금 과장해서 말하면, 거대한 잉카 제국은 키푸를 통해 유지되었다고 할 수 있다.

끈의 길이, 색깔, 매듭의 모양과 위치 등으로 다양한 정보를 기록할 수 있으며 파피루스, 종이 등과 비교하면 보관도 용이하다.

잉카 제국의 주된 산업은 농업이었으며, 파종과 수확에 대한 정보는 제국의 경제를 뒷받침하는 최고의 정보였다. 다른 라틴아메리카 문명과 마찬가지로 잉카 제국에는 상당히 수준 높은 천문학적 지식이 있었던 것으로 보인다. 또한 앞에서 언급했듯이, 수차례의 지진에도 견뎌내는 견고한 건축물을 짓는 기술도 있었다. 어떠한 기술과

생각되지만, 계산에는 작은 판을 이용했던 것으로 보인다. 현재까지 남아 있는 키푸를 보면, 숫자 '0'의 개념도 있었던 것 같다. 계산하기 위해 숫자 개념의 부호를 사용했으리란 의견도 있긴 하지만, 현재로서는 증명할 길이 없다.

지식도 기록되어 후대에 전해지지 못한다면 사라지기 쉽다. 교재가 없다면 교육하기도 어렵다. 잉카에는 상당히 발달한 교육 시스템이, 특히 쿠스코에 있었던 것으로 보인다. 그러므로 당연히 기술과 각종 지식이 기록된 키푸가 있었을 것이다. 하지만 에스파냐 세력은 남아메리카 지식의 보고였을 수도 있는 키푸를 대부분 파괴했고 불태웠다. 아마 키푸를 손에 들고 말하는 이야기꾼의 모습에서 주문을 외우는 주술사가 연상되었을 수도 있고, 그 모습이 다소 악마적으로 보였을 수도 있다. 또한 잉카 제국의 키푸를 만들고 해석하던 소수의 전문가들은 전염병으로 대부분 사망했을 것이다. 그러나 몇몇 살아남은 이들은 제국의 비밀을 지켰다. 그들이 비밀을 지킴으로써 에스파냐 세력은 키푸를 통해 어떤 정보도 얻을 수 없었다. 에스파냐 세력들에게 키푸란 그저 별로 아름답지 않은 매듭으로 보였기에 없애버린 것이다. 제국의 비밀은 영원히 지켜졌다. 동시에 제국의 영광도 사라졌다.

계단식 밭을 이용한 사계절 작물 재배

안데스산맥의 고산 지형을 십분 이용한 계단식 밭 안데네스 [andenes]는 산비탈 거의 모두를 이용하는데, 제일 위와 아래의 기온 차가 몹시 큰 편이다. 아래쪽에서는 열대작물, 제일 위쪽에서는 한대작물까지 재배할 수 있다. 안데스산맥 지역에서는 옥수수·감자·콩·고추 등이 풍부하게 자라며, 계단식 밭을 이용해 사계절의 작물을 1년 내내 재배할 수 있었다. 물론 이런 재배는 와리 문명 혹은 그 이전부터 전해 내려온 것으로 보이나, 잉카 문명 시기에 들어서면 그 규모가 전과는 비교하기 어려울 정도로 커져서 제국의 풍요로 이어졌다. 덕분에 인구 천만 명 이상의 제국 사람들이 굶주리지 않을 수 있었고, 더 많은 식량과 자원을 갖기 위한 분쟁을 막을 수 있는 근본적인 해결책이 되어주었다. 이와 더불어 고산 지역의 낮은 기온을 이용해 작물을 보관할 수 있는 창고 시스템도 발달해서, 이런 안정적인 농업을 바탕으로 대규모 원정도 할 수 있었다.

잉카는 지금까지도 완벽하게 밝혀낼 수 없으나 다양한 정보와 기술을 담은 키푸와 안정적인 농업 생산성, 그리고 남아메리카를 아우르는 문화적 통합을 통해 대제국을 건설할 수 있었다.

쿠스코 근교 피삭(Pisac)의 계단식 밭, 안데네스

제 3 장

구대륙과
신대륙의 만남

3.1. 대항해 시대와 신대륙 발견의 역사적 배경

신대륙은 주로 아메리카를 지칭하지만 오세아니아 지역도 포함한다. 구대륙은 아시아와 유럽, 아프리카를 일컫는다. 이와 같은 구분은 구대륙에 살던 유럽인의 기준으로 구분한 것이다. 유럽인들은 자신들이 미처 알지 못했던 미지의 대륙의 존재를 파악한 후부터 그 지역을 신대륙이라 불렀다. 자연스레 자신들이 오래전부터 알고 있던 지역은 구대륙으로 인식하였다. 특히 유럽인들이 몰랐던 아메리카의 발견은 다른 지역에 대한 탐험과 정복의 열의로 이어졌다.

그렇다면 유럽인들은 어떻게 아메리카를 발견했을까? 우리는 흔히 콜럼버스가 아메리카를 발견했다고 알고 있다. 물론 사실이다. 콜럼버스의 아메리카 발견은 단순한 항해가 아니었다. 그 항해는 당시의 전지구사적 거대한 변화를 반영한 것이었다. 우리는 그 변화를 '대항해 시대'라 부른다. 쉽게 말해서 대항해 시대는 선박으로 원거리 항해, 즉 대양 횡단이 가능하게 되었다는 것을 말한다. 요즘은 대양 횡단을 우습게 여기지만, 이 당시에 미지의 세상을 건너는 것은 지금

우리가 우주를 탐험하는 것과 유사한 수준의 기술이 요구되었다.

대항해 시대는 과학기술의 발달과 교역에 대한 열망의 합작품이었다. 르네상스 이후 인간 이성이 중시는 만물을 이해하기 위한 과학의 발달로 이어졌다. 당시 등장한 다양한 과학적 지식은 지구가 둥글다는 것을 증명하였다. 이는 이론적으로 먼 바다 넘어 지구를 한 바퀴 돌 수 있는 근거를 제공하였다. 게다가 먼 거리 항해를 위한 필수품인 나침반과 해도의 발명도 대양을 항해를 할 수 있는 조건을 제공하였다.

과학 기술의 발달과 함께 동서양을 가로지르던 무역로인 실크로드가 십자군 전쟁이후 오스만 투르크 제국의 건설로 막히면서 유럽인들은 다른 무역로를 찾아야 했다. 유럽과 아시아를 연결하는 주요 교역로인 지중해와 중동, 아시아를 잇는 길은 무용지물이 되었다. 이러한 외적 조건은 유럽인들에게 큰 장애물이 되지 못했다. 이미 후추와 육두구, 정향 등 아시아의 향료에 매료되었던 유럽인들은 어떻게든 새로운 교역로를 찾아야만 했다. 당시 후추는 굉장한 사치품으로서 유럽의 귀족들은 손님을 접대할 때 고기 두께 만큼이나 후추를 쌓아서 대접하는 것을 미덕으로 여겼다. 동양의 향료와 자기 등 사치품에 대한 인간의 욕망은 대양을 가로지르는 무역로 개척에 열을 올리게 되었다.

당시 유럽에서는 이른 시기에 통일 왕국을 건설한 포르투갈과 스페인의 국력이 막강하였다. 이들 두 국가는 라이벌 관계로서 새로운 항로 개척을 위해 불꽃 튀는 경쟁을 하였다.

그 경쟁의 서막은 스페인과 콜럼버스가 먼저 열었다. 콜럼버스는 제노바 출신으로서 스페인계 부모 아래에서 태어났다. 당시 제노바[31]는 실크로드와 유럽을 잇는 지중해 무역의 중심지였다. 그는 직공의 자녀였지만, 제노바에 거주한 영향으로 여러 번의 항해에 참여하게 되었고 서대서양을 통해 아시아와 인도로 가는 루트에 관심을 가지게 되었다. 콜롬버스는 1484년 포르투갈 국왕에게 '신항로' 개척 후원을 요청했으나 거절당하였다. 포르투갈이 국왕이 콜롬버스의 제안을 거절 한 것은 아프리카 연안을 거쳐 아시아로 도달하는 희망봉 루트를 계획 중에 있었기에 막대한 비용이 드는 신항로 개척에 회의적이었기 때문이다. 그 후에 콜롬버스는 제노바와 영국, 프랑스 왕실에서도 도움을 청하였다. 그러나 실현 가능성이 없다고 생각한 각 국의 왕실들은 포르투갈과 마찬가지로 거부하였다. 마지막으로 콜롬버스는 스페인에 지원을 요청하였다. 이와 관련된 세부적인 내용은 다음과 같다.

> 콜롬버스는 아들인 디에고를 데리고 이웃 국가인 카스티야(현재의 스페인)에 갔다. 1486년 1월 콜롬버스는 페르난도 왕과 이사벨 여왕을 만나 항해계획을 제출했다. 이에 대한 타당성 여부 심사가 타라베라 신부가 주관하는 위원회에 위탁되었다. 그러나 당시의 페르난도 왕과 이사벨 여왕은 이슬람 세력의 최후 보루인 그라나다 공략에 정력을 기울이고 있을 때였으므로 콜롬버스의 계획에 대한 최종판단은 그후 몇 년 뒤로 미루어질 수밖에 없었다. 그동안 포르투갈 왕과 재교섭을 시도하기도 했고 친동생인 바르돌로메를 이탈리아 왕에게 파견하여 의사 여부를 타진시키기도 했으며 콜롬버스 자신이 프랑스에 한번 가볼 결심을 하기도 했다. 그러나 1492년 1월 2일 그라나다가 함락되어 새로운 전망이 열리게 되었고 스페인의 여러 성직자와 궁정 인사들이 협력을 해주어 마침내 1492년 4월 항해를 허용한다는 산타페 협약이 체결되었다. 이 협약에 따라 콜롬버스는 세습권으로서 제독의 지위를 획득하는 한편 종신직으로서 부왕의 지

---

31) 이 시기의 이탈리아는 통일국가가 아닌 다수의 공국(公國)의 형태로 존재했다. 예컨대 당시 해상을 무역을 주도한 공국으로는 제노바를 비롯하여 베네치아, 피사, 아말피 등이 있었다

위에 버금가는 총독의 지위를 약속받았다. 또한 새로이 발견된 지역으로부터 얻어지는 모든 이익의 10%를 취득하고 앞으로의 교역활동에 대해 최고 1/8의 자본참가권을 승인받았다. 항해의 준비는 핀손 3형제의 협력을 얻어 진행되었는데 1492년 8월 3일, 산타마리아 호, 핀타 호, 니냐 호 3척에 120명의 승무원을 태우고 마침내 파로스 항구로부터 그토록 꿈꾸어오던 항해에 나서게 되었다. 카나리아 제도에 정박한 후 9월 6일, 고메라 섬을 떠나 북위 28°선상에서 계속 서쪽으로 항해하면서 처음으로 경험하는 자침편차와 사르갓소 해의 불안을 극복했다. 10월 12일에는 구아나하니라고 불리는 바하마 제도의 한 섬(지금의 와틀링 섬)에 도착했다.[32]

콜럼버스는 아시벨 여왕의 후원을 약속을 받고 산타페(Santa Fe) 협정 체결하였다. 산타페 협정은 항해를 통해 발견한 영토를 지배할 수 있는 권한(총독과 제독)을 콜럼버스가 가짐과 동시에 교역의 10% 이익을 가지는 것이 주요 골자이다. 콜롬버스는 스페인 왕실의 지원을 받아 1492년 10월 12일 산따마리아호를 비롯한 두 척의 배가 후아나(지금의 쿠바)에 도착하여 요새 건설하였다.

그러나 콜럼버스는 아메리카 대륙을 마르코 폴로가 이야기한 인도로 착각하였다. 콜럼버스와 스페인 왕실은 오랫동안 아메리카 대륙을 인도로 여겼다. 그래서 아메리카 대륙의 원주민을 인도 사람이라는 의미로 인디오(indio)라 불렀으며, 아메리카 대륙을 통치하는 최고의 의결기구도 인디스아 추기회의로 명명하였다. 1차 항해이후 콜럼버스는 3차례 아메리카 대륙을 항해를 했는데, 4차 항해에서는 콜럼버스가 총독에서 물러났고, 이 항해 이후에 콜럼버스는 건강이 악화되어 죽었다, 그는 죽을 때 까지 아메리카 대륙을 아시아와 인

---

32) 브리태니커 온라인 백과(http://premium.britannica.co.kr/bol/topic.asp?article_id=b21k3627a 검색일 2018.8.25)

도로 착각하였다.

신항로를 개척한 스페인과 달리 아시아의 해상 무역권을 잃을까봐 전전긍긍하던 포르투갈 왕실은 조급해졌다. 게다가 스페인은 이미 콜럼버스의 두 번째 항해를 준비하면서 첫 번째 항해에서 발견한 바닷길과 카리브해 섬들을 차지하는 데 필요한 승인을 교황으로부터 얻었다. 만약 콜럼버스가 두 번째 항해에서 아메리카대륙을 넘어 유럽에 다시 돌아오게 되면 모든 항해권과 영토가 스페인으로 넘어갈 수 있었기에, 포르투갈은 그들의 항로를 모두 뺏길까봐 노심초사하였다. 아시아의 무역로 개척을 위해 포르투갈이 가진 선택은 아프리카를 거쳐 인도와 아시아에 가는 방법 밖에 없었지만, 이 마저도 스페인이 대서양 항해권을 가져감으로서 여의치 않게 되었다. 특히 교황이 스페인에 우호적이었기에 포르투갈은 영유권을 확보하기 위해 스페인 왕실과 직접 담판 지을 수밖에 없었다. 이와 관련된 내용은 아래와 같다.

교황 알렉산데르 6세는 그 자신이 에스파냐인인 데다가 이미 가톨릭 공동왕에 여러 가지의 빚을 지고 있었고, 거기다가 이탈리아에서 자신의 아들에게 제후령을 만들어 주려고 노력하고 있는 상황에서 에스파냐 왕들의 도움이 절실했기 때문에 기꺼이 그들의 편이 되어 주었다. 그리하여 교황은 네 차례에 걸쳐 에스파냐 왕들의 요구를 받아들여 그들의 지배 영역을 계속 확대해 주는 칙령을 발표하였다. 첫 번째와 두 번째의 칙령은 콜럼버스가 항해하고 탐험한 지역들에서 이미 발견되고, 그리고 앞으로 발견될 모든 땅에 대한 사법권을 에스파냐[카스티야]의 군주들에게 준다는 것이었다. 토르데시야스 조약선의 실제적인 근거가 되는 세 번째 칙령(Inter Caetera)은 아조레스(Azores) 제도와 케이프베르데(Cape Verde) 제도에서 서쪽으로 100레구아(legua, 중세 유럽에서 사용된 거리 측정 단위로 약 4~7km에

이르기까지 다양한 거리 단위로 쓰였으며, 에스파냐에서 1레구
아는 약 5.5~6km에 해당함)에 남북으로 상상의 경계선을 긋고,
이 선의 너머, 즉 선의 서쪽에 있는 땅과 바다를 에스파냐의 관
할 영역으로 하였다. 네 번째 칙령(Dudum siquidem)은 1481년
과 1455년의 칙령으로, 교황이 포르투갈에 인정한 권리를 포함
하여 다른 나라들에 부여한 이전의 권리들을 모두 취소하고, 세
번째 칙령에서 에스파냐에 준 지배 영역을 더 확대하여 "인디아
의 서쪽 지역이든 남쪽 지역이든 혹은 동쪽 지역이든 간에 서쪽
과 남쪽으로 항해 혹은 여행하면서···지금까지 발견된 혹은
앞으로 발견될 모든 섬들과 육지"들을 에스파냐의 영역에 포함
시킨다고 결정하였다. 이 네 번째 칙령은 인디아에 대한 명시적
인 언급, 그리고 동쪽과 서쪽의 경계 구분 때문에 포르투갈의
이익을 심각하게 위협하는 것이었다. 만일 포르투갈인들이 동쪽
으로 항해하여 아시아에 도달하기 전에 콜럼버스가 서쪽으로
항해하여 아시아에 먼저 도달한다면, 교황의 네 번째 칙령은 그
들이 지금까지 애써 추진해 온 탐험의 열매들을 송두리째 상실
하게 되는 것을 의미했다. 그 때문에 포르투갈의 왕 주앙 2세
(João II)는 모든 외교적 수단과 합리적 설명을 동원하여 이 칙
령을 무효화하기 위해 노력했다. 그러나 교황에게서 호의적인
반응을 얻어낼 수 없다는 것이 분명해지자, 주앙 2세는 에스파
냐 정부와 직접 담판을 벌이기를 원했다. 그리하여 두 나라 대
표가 에스파냐 북부에 위치한 도시 토르데시야스(Tordesillas)에
서 만났으며, 여기에서 두 나라 대표는 세 번째 칙령에서 정한
경계선에서 서쪽으로 270레구아 더 이동한 지점, 그러니까 아
조레스 제도와 케이프베르데 제도에서 370레구아 되는 지점[즉
그린위치에서 서쪽으로 48도와 49도 사이]으로 이동시키는 데
합의했고, 이것이 1494년의 토르데시야스 조약이다. 결과적으
로 이 조약은 포르투갈의 외교적 승리였으니, 그것은 이 새로운
경계 설정으로 인디아로 가는 동쪽 루트 전체가 포르투갈의 수
중에 들어오게 되었을 뿐 아니라, 1500년 포르투갈의 카브랄
(Cabral)이 브라질 해안을 발견했을 때 포르투갈이 이 지역에
대한 지배권을 주장할 수 있는 확고한 법적 근거가 되어 주었기
때문이다. 그리고 그 후 수세기 동안 포르투갈은 브라질 영토에
서 이 경계선을 넘어 서쪽으로 탐험과 정주를 계속함으로써, 지

금의 브라질 전체에 대한 지배권을 주장할 수 있는 확고한 토대를 구축했다.[33)]

스페인 왕실과 교황간의 네 번째 칙령은 포르투갈에게 극한 위기감을 줬다. 스페인과 교황간의 세 번째 칙령까지는 대서양의 케이프 베르데(Cape Verde)에서 서쪽으로 100 레구아[34)] 위치한 곳에 남북으로 경계를 그어 그 선을 중심으로 서쪽만 스페인 왕실의 영토로 인정하였다. 그러나 네 번째 칙령에서는 아메리카 대륙을 중심으로 동서남북에 관계없이 스페인이 발견하는 지역을 모두 스페인령으로 인정한다는 것이다.

포르투갈 왕실은 엎친 데 덮친 격으로 희망봉 루트 개척이 차일피일 미뤄지면서 스페인에게 신항로를 개척 주도권을 내주게 되었다. 그러나 당장 희망봉 루트를 추진할 수 없었기에 포르투갈 정부는 네 번째 칙령을 막아야 했다. 당장 희망봉 탐험을 떠나더라도 그것이 성공한다는 보장도 없었다. 게다가 포르투갈 왕실은 스페인과 달리 교황과의 관계가 좋지 않았기에 남은 방법은 스페인 왕실과의 대화 밖에 없었다. 포르투갈은 회담을 통해 신항로 개척을 통해 발견되는 지역에 대한 스페인의 독점권을 막는 것이 급선무였다. 또한 희망봉 루트 개척을 위한 탐험대 파견도 서두를 수밖에 없었다. 특히 교황 알렉산더 6세가 스페인과 맺은 세 번째 칙령에서 획정한 경계선(케이프 베르데에서 서쪽으로 100레구아)은 아메리카 대륙에 대한 포르투갈의 지배권이 거의 없는 상태였다.

---

33) 서울대 역사연구소 2015 역사용어사전, 서울대학교출판문화원
34) 1레구아(legua)는 약 5.5km 이다.

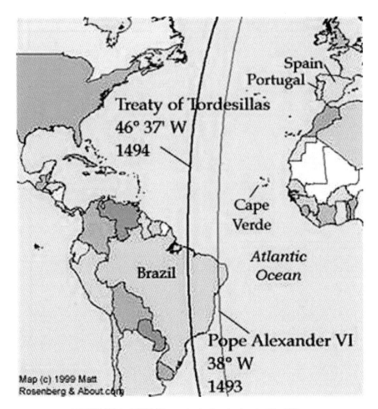

토르데시야스 조약선(linea tratado de tordesillas)[35]

위의 지도는 교황 알렉산더 6세가 획정한 경계와 토르데시야 조약의 경계가 어느 정도 이동했는지를 보여주고 있다. 포르투갈 국왕은 스페인의 토르데시야스에서 스페인 왕실과 영토와 관련된 회담을 열었는데, 두 왕실이 합의한 세 번째 칙령을 기준으로 하여 케이프 베르데에서 270레구아를 서쪽으로 더 이동하여 양국 간의 경계를 획정하였다. 포르투갈 입장에서는 수정안이 교황이 제시한 안보

---

35) http://dept.sfcollege.edu/hfl/hum2461/maps/tordesillasmap.htm(검색일 2018.8.25)

다 서쪽으로 더 이동했기 때문에 유리하였다. 또한 교황이 제시한 안은 아메리카 대륙이 거의 포함되지 않았지만, 세 번째 칙령에서는 지금의 남미 지역을 많이 포함하고 있기에 포르투갈이 브라질을 건설할 수 있는 토대를 마련하게 되었다.

이 회담은 스페인의 토르데시야스(Tordesillas)에서 열렸기 때문에 토르데시야스 조약으로 불리며, 남북을 연결한 경계선은 토르데시야스 조약선이라고 한다. 토르데시야스 조약은 1494년에 체결되었다. 이 조약은 아프리카의 까보 베르데의 서쪽 370레구아(약 1670km)를 기점으로 양국(스페인과 포르투갈)의 경계를 설정한 것이다.

이 조약으로 양국은 향후의 신대륙 발견과 정복에 있어 배타적인 독점권을 인정을 받았다. 위의 지도에서 보듯이 토르데시야스 조약에 따라, 서쪽은 스페인이 영유권을 가지고, 동쪽은 포르투갈이 점유권을 가지게 되었다. 그 결과로 포르투갈은 아프리카의 앙골라와 모잠비크, 상투페프린시페, 기니시바우, 인도의 고야, 아시아의 마카오와 동티모르 등을 식민지로 삼았다. 앞서 언급했듯이 토르데시야스 조약은 스페인 왕실과 교황이 체결한 세 번째 칙령보다 포르투갈에 유리하게 체결되었는데, 서쪽으로 200레구아를 더 이동하면서 아메리카 대륙의 일부분이 포르투갈령에 포함되었다. 바로 이 영토가 지금의 브라질에 해당된다.

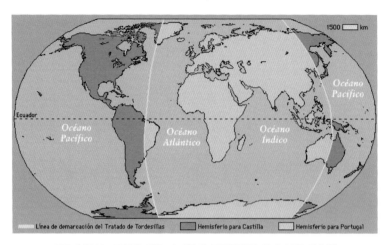

토르데시야스 조약에 따른 스페인과 포르투갈의 세계 분할 모습[36]

　토르데시야스 조약 체결 이후 포르투갈은 토르데시야스 선을 기준으로 동쪽 지역에서 해당하는 아프리카와 아시아에 대한 항로를 개척하였다. 이를 위해 포르투갈 출신의 탐험가이자 항해자였던 바스코 다 가마(Vasco Da Gama)는 1497년에 포르투갈을 출발하여 아프리카 희망봉을 돌아 인도로 항해하는 길을 처음으로 개척하였다. 그 이후 바스코 다 가마는 두 번이나 더 항해를 하게 된다.

　스페인도 아메리카의 다른 지역과 필리핀에 도달한다. 콜럼버스의 2차 항해와 아메리고 베스푸치(Amerigo Vespucci)의 항해에 참여한 알론소 데 오헤다는 오리노코강 연안을 탐험하면서 이 지역을 베네치아의 이름을 따서 베네수엘라로 명명하였다. 아메리고 베스푸치는 1499년 현재의 가이아나 지역에 도착하여 브라질 해안과 아마존

36) https://es.quora.com/(검색일 2018.8.25)

강 어귀를 탐험하였다. 2차 항해에서는 다시 브라질을 탐험한 후 책을 편찬하였다.

1507년 마르틴 발트제 뮐러는 "세계지개론"이라는 책에서 지금의 브라질 지역을 발견한 사람이 아메리코 베스푸치오이기 때문에 이 지역을 '아메리코의 땅'이라고 불러야 한다고 주장하였다. 그 후에 이 주장은 신대륙 전체를 가리키는 말로 받아들였고, 1541년 아메리카라는 용어가 지금의 북미와 중남미를 모두 지칭하는 말로 확장되었다.

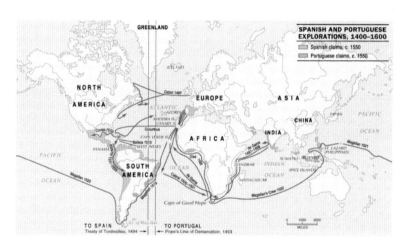

대항해시대[37]

스페인은 아메리카 대륙을 넘어 '진짜' 인도를 찾기 위해 태평양을 횡단하는 항해를 계획하였다. 이에 마젤란은 1519년에 신대륙을 탐험한 후 현재의 브라질과 아르헨티나 해안을 돌아 1520년 태평양

---

37) http://wps.ablongman.com/wps/media/objects/419/429222/thumbs/ch16_308.html(검색일 2018.8.30)

을 거쳐 필리핀에 도착하였다. 필리핀에 도착한 마젤란은 원주민의 공격으로 사망하였고, 나머지 선원들은 1522년 9월에 스페인에 도착하였다. 이들은 세계 최초로 지구를 한 바퀴 돈 사람들이 되었다. 비로소 인류는 마젤란 함대를 통해 공식적으로 세계일주를 한 셈이 되었다.

결과적으로 아메리카 대륙의 발견과 세계 일주를 통한 대항해시대의 도래는 인류의 전쟁과 과학기술의 발달, 교역의 열망, 특히 향신료에 대한 갈망이 함께 어우러져 빚어낸 거대한 문화 변동을 예고하는 것이었다. 구대륙과 신대륙의 교류(침략과 식민지를 모두 포함)는 양 지역의 물자들이 교환되고 그 물자들이 각 지역에서 소비되면서 새로운 문화현상들이 발생하는 계기가 되었다.

3.2. 메소아메리카 정복

(1) 카리브해 정복

카리브해 도서(島嶼)는 콜럼버스가 신항로 개척에서 가장 먼저 도착한 지역이다. 이 지역에 가장 먼저 도달한 것은 스페인 세비야에서 지리적으로 가장 가까운 곳이기 때문이었다. 스페인과 포르투갈, 유럽의 국가들은 아메리카 대륙을 정복할 때 카리브해를 전진 기지로 활용하였다.

제1회 항해의 출범은 1492년 8월 3일이었으며, 같은 해 10월 12일에 현재의 바하마 제도(諸島)의 와틀링섬(추정)을 발견하였다. 이어서 후아나와 히스파니올라(현재 쿠바와 아이티)에 도달하여, 이 곳을 인도의 일부라고 생각하고, 히스파니올라에다 약 40명을 남겨 식민화 하였다. 그러나 그 사이에 핀손과 사이가 나빠져, 1493년 3월에 귀국하여 왕 부부로부터 '신세계'의 부왕으로 임명되었다. 당시 그가 가져온 금제품이 전 유럽에 센세이션을 일으켰고, '콜럼버스의 달걀'이란 일화도 생겨났다. 17척에다 1,500명의 대선단에 의한 제2회 항해(1493)는 그의 선전에 따라 금을 캐러 가는 사람들이 대부분이었다.[38]

1차 항해의 결과에 고무된 스페인 정부는 2차 항해에서 대규모 정복대를 파견하였다. 그러나 후아나(쿠바)와 히스파뇰라(아이티)에 두고 왔던 선원들이 원주민들에게 모두 살해되었다. 콜럼버스는 선원들의 죽음에 개의치 않고 식민 도시를 건설하였고 현지 원주민을 동원하여 금을 채굴하였다. 부족한 노동력은 주변 카리브해 소군도에서 데려온 원주민으로 채웠다. 그러나 금의 양이 기대에 미치지 못하자 원주민들을 학살하였다. 이와 같은 대량 학살로 인해 현재 카리브해 도서에는 원주민이 거의 절멸하였고, 그 빈자리는 아프리카에서 온 흑인 노예로 채우게 되었다. 쿠바를 비롯한 카리브해 국가에서 흑인과 물라토의 비율이 높은 이유가 바로 여기에 있다.

스페인 왕실은 콜럼버스가 발견한 후아나와 히스파뇰라를 아메리카 대륙 정복을 위한 거점 지역으로 삼았다. 아메리카 대륙을 최초 정복한 코르테스 군대는 카리브해를 기점으로 아즈텍의 정복에 나

---

38) 두산세계대백과사전
(http://www.doopedia.co.kr/doopedia/master/master.do?_method=view&MAS_IDX=101013000862571 검색일 2018.9.25.)

섰으며, 다른 정복자들도 마야와 잉카 제국을 정복하기 위한 전략적 요충지로 이용하였다.

(2) 꼬르테스의 열망과 아즈텍 제국39)의 정복

코르테스의 아즈텍 제국 침입 경로40)

---

39) 아즈텍과 관련한 글을 보면 종종 메소아메리카라는 용어가 등장한다. 이 메소아메리카는 특정 문명을 가리키는 말이 아니라 여러 문명이 홍성한 지역을 가리키는 말이다. 일종의 문명권인 셈이다.메소아메리카는 특정 문명을 가리키는 말이 아니라 여러 문명이 홍성한 지역을 가리키는 말이다. 일종의 문명권인 셈이다. 선사시대부터 아메리카 대륙의 곳곳에서는 여러 문명이 끊임없이 발흥했다가 멸망했다. 그런데 중미 지역 여기저기서 발흥한 문명은 차이점 못지않게 공통점이 많았다. 이를테면 옥수수를 재배하고, 피라미드 외부에 계단을 내고, 250일 주기 달력과 365일 주기 달력을 사용하고, 인신공희와 같은 희생의식을 치렀다. 이런 공통점을 보이는 문명이 발흥한 지역을 일컬어 20세기 인류학자 폴 키르히호프는 메소아메리카라고 명명했다.(출처: [네이버 지식백과] 아스테카 문명이란? (라틴아메리카 고대문명 - 아스테카, 서울대학교 라틴아메리카연구소)

40) https://www.gob.mx/semar(검색일 2018.9.25.)

코르도바는 1517년에 유카탄 반도를 최초로 탐험한 선원이었다. 코르도바에 이어 그리할바는 두 번째로 지금의 멕시코 지역인 캄페체 해안지방을 탐험하였고 최초로 멕시코 원주민 접촉한 후 원주민 제국인 아즈텍에 대한 정보를 들었다. 이 소식을 접한 스페인 왕실은 아즈텍 정복을 계획하게 된다. 당시 후아나(쿠바)는 식민 초기 본국과 식민지의 관계를 조정하는 기지로서 총독이었던 벨라스케스가 꼬르테스에게 아즈텍 제국에 대한 정복을 지시하였다.

꼬르테스는 11척의 배와 508명의 군인, 110명의 선원, 그리고 16마리의 말로 구성된 원정대를 이끌고 1519년에 쿠바를 출발하여 유카탄 반도에 도착했다. 코르테스는 현지 가이드와 정보원 역할을 할 아길라르(Aguilar)를 만남. 아길라르는 원정대의 일원으로 배가 난파되어 8년 동안 마야인의 포로로 지내면서 마야어를 구사할 수 있었다.

코르테스 일행은 타바스코주에 상륙하여 또또나까 원주민으로부터 값진 보석과 원주민 처녀를 선물로 받았으며, 그 원주민 속에는 또 다른 통역원인 말린체(Malinche)가 있었다. 말린체는 귀족의 딸로 마야어와 아즈텍의 나우아뜰어에 능숙했다. 초기의 의사소통은 말린체가 나우아틀어를 마야어로 아길라르에게 전하면 아길라르가 마야어를 스페인어로 바꾸어 전하였다.

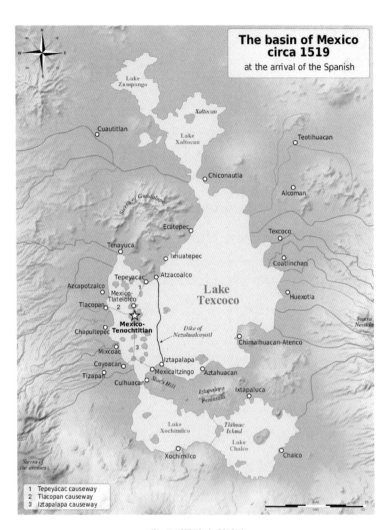

테노츠티틀란의 위치[41]

아즈텍 제국은 지금의 멕시코 수도인 멕시코시티의 텍스코코 호수 근처에 터를 잡은 세 종족인 멕시코-테노츠티틀란(México-Tenochtitlan), 텍스코코(Texcoco), 틀라코판(Tlacopan)이 연합해 만든 삼국 동맹국이다. 이 세 종족은 모두 나우아틀(Náhuatl)어를 사용했다. 아즈텍은 삼국 동맹국 이외에도 주변의 다수 종족들과 연합한 제국의 형태로서 중앙집권적 형태의 제국이 아니었다. 그렇다 보니 아즈텍 제국은 다양한 종족 집단들로 구성되었고, 일부는 아즈텍의 중심세력인 세 종족에 불만을 품고 있었다. 코르테스는 유카탄 반도에서 아즈텍으로 진격하면서 아길라르와 말린체를 도움으로 정보를 얻었는데, 특히 아즈텍 제국의 연합 관계가 느슨한 점을 적극적으로 활용하였다.

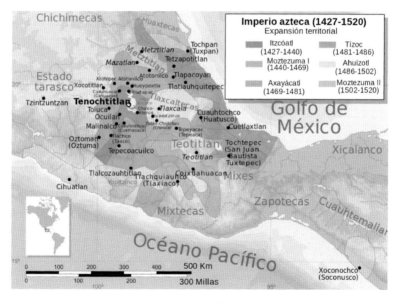

아즈텍 제국[42]

42) https://es.wikipedia.org/wiki/Imperio_azteca(검색일 2018.9.27)

위의 지도에서 보듯이 아스텍 제국은 느슨한 종족 연합 국가의 형태였기 때문에 코르테스는 이러한 정치적 사정을 활용하여 진격하였다. 코르테스는 아즈텍 제국으로 가는 길에 뜨락스깔떼까와 전투를 벌여 승리를 거두는데, 이들은 아즈텍 제국으로부터 독립을 원했기 때문에 코르테스에게 5,000명의 병력을 지원하였다. 또한 코르테스는 또또나까족과 화친을 맺고 베라쿠르스에 도시를 건설한 후 스스로를 정복대 사령관으로 임명하였다. 이 조처에 반발한 군사들을 처형하고 쿠바로 갈 수 없게 배를 모두 태웠다.

코르테스가 아즈텍 제국에 다다르자 위협을 느낀 아즈텍의 목테수마 왕은 사신을 보내 코르테스에게 금을 주는 조건으로 철수를 요구하였다. 말린체의 도움으로 흰색 피부의 아즈텍의 신인 케살코아틀에 대한 전설을 파악한 코르테스는 목테수마가 보낸 사신(司辰)을 압도하기 위해 총포로 화력시범을 통해 위협함과 동시에 테노츠티틀란 입성을 요구하였다, 이에 목테수마는 다시 2만 두까도(약 100만달러)의 선물을 주면서 코르테스 군대에 철수를 요청하였다. 결국 목떼수마는 1519년에 11월 12일에 코르테스의 요구를 받아들여 테노츠티틀란에 그의 군대를 들였다. 테노츠티틀란에 입성한 코르테스 군대는 얼마 참지 못하고 목테수마를 포로로 잡았다.

한편 코르테스가 반란을 일으켰다는 소식을 들은 총독은 군대를 이끌고 코르테스를 체포하기 위해 베라쿠르스에 도착하였다. 코르테스도 벨라스케스 총독 군대의 추격 소식을 들은 후 전쟁을 위해 다시 테노츠티틀란을 비우게 된다. 이때 코르테스의 일부 군사들은 테노츠티틀란에 남아 있었다. 그런데 문제가 발생하였다. 마침 그때 아즈텍의 의례인 인신공양이 이뤄진 것이다.

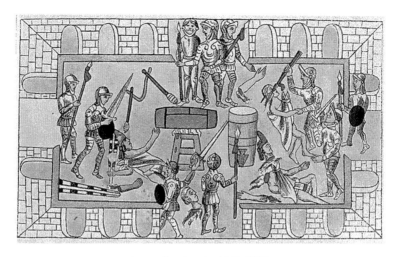

La noche de triste(슬픈 밤)[43]

　난생 처음 테노츠티틀란의 신전에서 열린 인신공양의례를 목격한 남은 병사들이 제관을 비롯하여 아즈텍인들을 학살하였다. 이에 아즈텍인들은 신성한 의례를 망치고 방해한 코르테스의 병사들을 처단하기 위해 봉기하였다. 테노츠티틀란에 남아 있던 코르테스의 병사들은 서둘러 도시를 탈출하여 하였다. 벨라스케스 총독의 군대를 물리친 코르테스는 도시에 뛰쳐나온 병사들과 합류하여 다시 전열을 가다듬었다.

　코르테스는 벨라스케스 총독과의 전쟁과 예기치 못한 테노츠티틀란의 반란으로 병력과 전열을 가다듬을 시간이 필요했다. 코르테스는 테노츠티틀란 인근에서 진을 치고 아즈텍 제국과 적대적인 부족들을 규합하여 전열을 가다듬고 1521년 8월 13일 아즈텍의 심장부인 테노츠티틀란을 함락하였다.

---

43) http://www.annalisamelandri.it/2007/08/pablo-neruda-alvarado/(검색일 2018.9.27.)

3.3. 안데스 및 남아메리카 정복

(1) 피사로와 잉카 제국 정복

아즈텍을 정복한 스페인은 파죽지세로 남미의 원주민 문명을 정복하는데 나섰다. 파나마 총독은 1525년 피사로를 잉카 제국으로 보낸다. 피사로는 공교롭게도 아즈텍을 정복한 코르테스와 친척간이었다. 피사로는 잉카 제국을 정복하기 위해 지금의 페루 근처에 당도했을 무렵 파나마 총독이 복귀를 명령하였다. 이에 피사로는 명령을 어기고 전진할 부하들 13명을 모아 탐험을 계속 진행하였다.

피사로는 1527년 잉카문명을 확인한 후 스페인으로 귀국하여 왕실로부터 총독으로 임명될 것을 약속받고 다시 스페인을 1530년에 출발하여 이듬해인 1531년에 파나마에서 군대를 소집하여 잉카제국 정복에 나섰다.

당시 잉카제국은 우아이나 카팍 황제가 죽자 왕위계승을 둘러싼 내분에 휩싸여 있었다. 우아이나 카팍의 아들인 우아스카르는 그의 이복형 아타우알파에게 왕위를 찬탈당했고, 우아스카르와 그의 가족은 모두 잔혹하게 살해되었다. 이렇게 부당하게 왕위를 찬탈하여 잉카제국을 통치하고 있던 아타우알파는 카하마르카라는 도시의 중앙광장에서 피사로 일행을 만났다. 아타우알파는 피사로가 이끄는 정복자들에게 커다란 황금 술잔에 담은 옥수수술(치차)을 제공했다. 정복자들은 처음에는 거절했지만 위협에 가까운 강권에 어쩔 수 없이 마셨다. 이렇게 잉카의 황제 아타우알파와 피사로와의 1차 만남이 끝나고, 그 다음 날 피사로는 곧바로 황제를 납치하기로 결정했다. 2차 만남에 나온 아타우알파 황제의 행렬은 장관이었다. 황제는 앵무새 깃털로 호사스럽게 장식한 가마에 올라탄 채, 금으로 장식한 화려한 의상을 걸친 근위병들에게 둘러싸여 있었다. 피사로는 수백 명의 부하들을 주변 건물에 매복시켜 놓았다. 이윽고 사제가 원주민 통역자를 데리고 나와서 황제 앞으로 나가 한 손으로 성호를 긋고 다른 손으로 성서를 내밀면서 "나는 그대에게 신의 말씀을 가르치기 위해서 왔노라"라고 말했다. 이에 아타우알파는 성서를 빼앗아 귀에 대보고는 땅바닥에 던져버렸다. 이 잉카 황제의 불경스러움에 피사로는 분노를 터뜨렸다.[44]

피사로의 군대는 1532년에 잉카 제국의 왕인 아타우알파와 회담을 가졌으며, 그 군대에 속해 있던 발베르데 신부는 왕에게 가톨릭을 믿을 것을 요구하였다. 잉카 왕이 성경을 바닥에 던지고 거부하면서 전쟁의 빌미를 제공하였다.

피사로의 병사는 200명 남짓 되었고, 잉카의 병력은 수천 명이었지만 상대가 되지 않았다. 잉카는 전쟁에서 상대를 죽이는 것이 아니라 희생의례 혹은 노예로 사용하기 위해 산채로 잡았다. 이런 면에서는 '학살의 기술자'들인 스페인 군대에 상대가 되지 못했다. 오랫동안 십자군 전쟁과 무어족과의 길고 전쟁에서 터득한 전략과 전술의 습득한 스페인군은 잉카 군대를 기만하기에 충분했다. 특히 기마병과 총포는 잉카인들에게 두려움의 대상이었다. 왕은 전쟁에서 패해 포로가 되었다. 왕은 석방을 조건으로 두 방을 가득 채울 은과 한 방을 가득 채울 금을 주기로 했다. 그러나 피사로는 잉카 왕의 제안에도 아랑곳 하지 않고 왕을 화형에 처하였다.

이후 피사로는 쿠스코로 진격하여 점령하였고 아타우알파 동생인 망코 카팍을 피사로의 입이 되 줄 왕으로 세웠다. 망코 카팍은 스페인군과의 결전을 준비했지만, 결국 잉카 제국은 스페인 정복자의 손에 넘어가게 된다.

---

44) 이강혁 2008 라틴아메리카역사 다이제스트 100, 서울: 가람기획.

THE EXECUTION OF THE INCA.

잉카왕의 처형[45)]

(2) 리오 데 라 플라타 지역의 정복

스페인이 아메리카 대륙을 정복했던 가장 큰 목적은 금과 은이었다. 아즈텍과 잉카 문명을 정복한 것도 그곳에 금은보화가 가득찼다는 소문 때문이었다. 정복자들이 생각했던 것 보다 아즈텍과 잉카 제국이 보유한 금은이 적었기에, 이들은 원주민 노동력을 이용하여 사금과 광산을 개발하였다. 즉 노동력은 바로 돈과 직결되었다. 그래서 스페인 왕실은 지금의 멕시코와 페루를 중심으로 식민 정부를 꾸리게 되었다. 이에 비해 리오 데 라 플라타 지역은 제국이나 금은이 충분치 않아 스페인 정복자들이 관심을 두지 않았다. 지리적으로도 안데스 산맥과 아마존에 가로막혀 페루에서 육로로 접근하는 것

---

45) https://commons.wikimedia.org/wiki/File:The_execution_of_Inca.jpg(검색일 2018.9.27)

은 불가능하였다. 오직 배를 통해 지금의 브라질을 거쳐 육로 이동하거나 아르헨티나와 우루과이 사이의 강을 따라 이동하는 방법 밖에 없다. 이 또한 장기간의 항해가 필요했기에 남미남부지역은 한동안 스페인 왕실의 관심에서 벗어나 있었다. 게다가 브라질은 포르투갈 영토로서 브라질쪽으로 접근하는 것도 만만찮은 문제였다.

스페인 정복자로서 리오 데 라 플라타 지역을 처음 발견한 자는 솔리스였다. 그는 1519년에 산타카탈리나 해안에 상륙하여 내륙인 이과수 폭포를 지나 티티카카 호수 근처까지 탐험하였다.

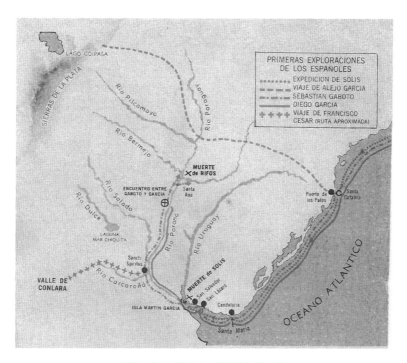

리오 데 라 플라타 지역 정복 루트[46]

---

46) http://www.puntadelesteinternacional.com/500-anos-del-descubrimiento-de-diaz-de-solis/(검색일

솔리스가 발견 한 후 한참이 지나서야 스페인 왕실에서는 페드로 멘도사(Pedro Mendoza)를 중심으로 한 정복대를 파견하였다. 멘도사는 1535년 16척 배에 1,200명의 병사와 함께 리오 데 라 플라타 지역으로 이동하였다. 멘도사 일행은 1536년에 부에노스아이레스를 건설하였으나 원주민에 의해 파괴되었다. 부에노스아이레스에 정복 도시를 건설하는 것이 여의치 않게 되자, 멘도사 일행은 1537년에 아순시온을 도시를 건설한다. 그리고 1580년에 다시 부에노스아이레스를 건설하였다.

리오 데 라 플라타 지역 첫 번째 정복대 책임자인 페드로는 사망하게 되었고, 다시 스페인 왕실로부터 명을 받은 카베사 데 바카(Cabeza de Vaca)가 두 번째 정복대를 이끌고 오게 된다. 그 이후에도 몇 차례 정복대들이 도착하였다. 당시 정복자들의 주요 임무는 리오 데 라 플라타 지역을 브라질을 점령한 포르투갈 세력으로부터 보호하는 것이었다.

3.4. 정복과 학살(Genocide)의 사회적 영향

보라(Borah)와 쿡(Cook)의 연구[47]에 의하면, 멕시코지역의 인구가 1519년 2,530만 명에서 1605년 100만 명으로 줄어들었다고 한다. 이를 바탕으로 아메리카 전체로 추산한 결과 1520년에 7,500만 명이었던 인구는 1620년경에 500만 명으로 줄어든 것으로 추정된다.

2018.9.27)

47) Borah, Woodrow y Sherburne Cook(1963), The Aboriginal Population of Central Mexico on the Eve of the Spanish Conquesta, Berkeley: University of California.

16세기 스페인의 서인도 역사가인 오비에도에 의하면, 산토도밍고의 원주민수가 100만 명이었으나 1548년에 500명으로 격감했다고 밝힘. 이는 카리브해안에 흑인이 주류가 된 원인이기도 하다. 잉카제국은 1천만 명의 원주민이 있었으나 정복전쟁 이후 1630년경에는 60만 명으로 격감하였고. 콜롬비아와 브라질의 원주민수도 거의 80% 정도가 줄어들었다.

정복자들의 원주민 학살 모습[48)]

대규모 학살의 원인은 정복 전쟁과 전염병(천연두, 홍역, 장티프스, 독감, 늑막염, 수막염, 성병), 식민화에 따른 생태환경과 사회조직과 구조의 변화로 인한 인구성장의 둔화를 들 수 있다.

---

48) https://www.historiadelnuevomundo.com/index.php/2016/07/10-razones-que-desmontan-el-genocidio-indio-en-america/(검색일 2018.9.27.)

제 4 장

라틴아메리카
식민 통치와 문화

4.1. 식민시기 정치제도

스페인의 식민시기 정치 행정제도는 크게 4단계로 구분할 수 있다. 본국의 최고 의사결정기관인 인디아스 추기회의와 식민지 통치기구인 부왕령과 아우디엔시아, 코레히미엔트로 나눌 수 있다. 인디아스 추기회의는 스페인의 세비야에 위치하였고, 나머지는 아메리카 대륙 곳곳에 설치되었다.

스페인은 아메리카 대륙을 지배하기 위해 총 네 개의 부왕령을 두었으나, 실질적으로는 두 개의 부왕령으로 운영되었다. 나머지 두 개 부왕령은 18세기 이후에 설치되었다. 식민지배 초기에는 지금의 멕시코와 페루에 각각 부왕령을 두었다. 멕시코에 세운 누에바 에스파냐 부왕령은 북중미를 통치하였고, 페루 부왕령은 남미를 관장하였다.

스페인은 왕실은 애초에 두 개의 부왕령으로 거대한 아메리카 대륙을 모두 통치하려는 의도는 없었다. 스페인 왕실과 정복자들은 아메리카 대륙을 잘 통치하기보다는 자원을 그들의 손아귀에 자원을 지속적으로 얻는 것이 목적이었다. 그들은 아메리카 대륙에서 유용할 수 있는 노동력을 최대한 이용하여 금과 은을 취하는 것에 혈안이 되어있었다. 그들이 원하는 목적에 부합할 수 있는 지역이 바로 부왕령의 중심지가 된 것이다.

아우디엔시아와 코레히미엔토는 부왕령의 하위 기구들로서 각 부왕령의 통치 아래에 아메리카 각 지역에 설치되었다. 그 중에서 꼬레히미엔토는 식민 통치 기구 중 가장 하위 기구에 해당된다.

(1) 인디아스 자문위원회(Consejo de Indias)

인디아스 자문위원회는 아메리카와 필리핀을 통치하는 국왕의 자문기구로서 1524년에 설치되었고 식민지의 행정과 입법, 사법을 총괄하였다. 자문위원회는 의장과 12명의 자문위원으로 구성되었다. 자문위원들의 대부분은 인디아스의 관리들이었으며, 그 중에 일부는 법관과 석학이 임명되었다. 국왕은 자문위원회를 거쳐 식민지에 파견할 부왕(virrey)과 아우디오이도르(oidor)를 임명하였다. 인디아스 자문위원회는 세비야에 위치하였다. 자문위원회를 세비야에 둔 것은 스페인의 남부지방인 안달루시아에 위치한 항구 도시로서 아메리카 대륙의 정복과 무역을 위한 전진기지였기 때문이다.

인디아스 자문위원회는 아메리카 대륙에서 왕실의 권한을 유지하도록 하는 것이 목적이 있다. 아메리카 대륙은 스페인과 지리적으로 멀리 있기에 본국의 행정력이 미치지 않을 수 있기에 왕실에서 정치나 행정적 공백이 생기지 않도록 본국의 관리를 파견하는 것이 중요하였다. 특히 정복자들은 본국과 멀리 떨어져 있는 점을 고려하여 왕실의 눈을 피해 그들의 부를 축적하는데 혈안이 되어 있었다. 일례로 16세기 스페인 왕실은 페루 부왕에게 원주민을 보호하라는 칙령을 내린다. 그 내용의 주요 골자는 원주민을 가혹한 노동환경으로 내몰지 말 것과 원주민과의 혼인을 자제하라는 것이었다. 정복자들은 그들이 지배하는 순간에 많은 부를 축적해야 했음으로 원주민의 가혹한 노동과 착취로 인해 당장 그 수가 줄어드는 것을 고려하지 않았다. 하지만 본국의 입장에서는 지속적으로 원주민 노동력을 유지하여 세수가 줄어드는 것을 막아야하는 입장이었다. 또한 대부분의 정복자들이 여성 없이 아메리카로 왔기에 다수의 원주민 여성과 혼인을 하였다. 혼인으로 인한 메스티소의 증가도 왕실의 입장에서 달가울 리 없었다. 원주민과의 혼인은 메스티소가 증가하는데 반하여 원주민 수가 감소하는 결과를 낳았기 때문이다. 이러한 상황을 고려하여 왕실의 입장에서는 정복자들을 통제하는 것이 식민지 통치에 있어 중요한 사안이었다.

(2) 부왕령(Virreinato)

부왕령은 아메리카를 통치하는 기구 중 가장 상위에 있는 조직이다. 이 조직의 장은 부왕(Virrey)이라고 부른다. 스페인, 즉 본국의 최고 통치자가 왕(rey)이라면, 식민지인 라틴아메리카 내의 통치자는 바로 본국의 왕 아래인 부왕인 것이다. 부왕의 임명은 세비야에 위치한 인디아스 추기회의에서 국왕의 주재로 결정된다.

첫 번째 부왕령은 누에바 에스파냐(Nueva España)로 1535년에 설치되었다. 통치 권역은 중앙아메리카와 북아메리카를 모두 포괄하였다. 당시 부왕령의 수도는 지금의 멕시코 시티이다. 두번째 부왕령은 페루(Peru)로 1543년에 설치되었다. 이 부왕령은 남아메리카(포

르투갈령 브라질 제외)를 모두 통치하였다. 스페인은 두 부왕령을
중심으로 아메리카 대륙을 18세기 초까지 통치하였다.

식민시기 부왕령49)

---

49) https://laamericaespanyola.wordpress.com/2015/10/22/virreinatos-y-fronteras-americanas/검색일
2018.06.25.)

거대한 아메리카 대륙 구석구석을 모두 다스리기에 두 개의 부왕령은 부족하였다. 그럼에도 불구하고 스페인은 오랜 기간 동안 두 개의 부왕령만 두었다. 그 이유는 이 두 지역이 아즈텍 문명과 잉카 문명의 중심지로서 금은을 비롯한 자원과 원주민 노동력이 풍부했기 때문이다. 또한 지리적으로는 두 지역이 유럽과 필리핀을 잇는 삼각 무역을 하기에 적합했기 때문이다. 점차 라틴아메리카 다른 지역의 식민지가 성장하면서 세 번째 부왕령인 누에바 그라나다(Nueva Granada)가 1717년에 설치된다. 누에바 그라나다는 지금의 콜롬비아와 에콰도르, 베네수엘라, 파나마 지역을 아우르는 지역을 다스렸다. 마지막 부왕령은 1776년에 설치된 리오 데 라 플라타(Rio de la Plata)이다. 이 지역은 지금의 아르헨티나와 우루과이, 파라과이, 볼리비아를 포괄한다.

(3) 아우디엔시아(Audiencia)

아우디엔시아의 공식 명칭은 레알 아우디엔시아(Real Audiencia)이며 왕립심문원으로 번역할 수 있다. 아우디엔시아는 사법기관으로서 고등법원에 해당한다. 법관에 해당하는 의원들은 오이도르(oidor)라 불렸다. 아우디엔시아은 부왕령의 직속 하부 기관으로 부왕이 의장을 맡았다. 의원들은 인디아스 추기회의를 통해 스페인 국왕이 임명한다. 본국에서 직접 임명하는 직책은 부왕과 오이도르 뿐이다. 이는 본국에서 아우디엔시아까지만 고위직으로 인정함을 알 수 있다.

최초의 아우디엔시아는 콜럼버스가 에스파뇰라 섬(지금의 도미니카 공화국과 아이티에 해당)을 통치하던 때인 1511년 산토도밍고

(Santo Domingo)에 세운 것이었다. 그 후 얼마지나지 않아 아우디엔시아가 붕괴되고 1526년에 다시 만들었다. 산토도밍고 아우디엔시아를 포함하여 총 14개의 아우디엔시아가 아메리카 대륙과 필리핀에 설치되었다.

아우디엔시아 설치 연도[50]

아우디엔시아	설립연도	비고
산토도밍고(Santo Domingo)	1511(1526)	재설치
멕시코(México)	1527	
파나마(Panamá)	1538	
과테말라(Guatemala)	1543	
리마(Lima)	1543	
과달라하라(Guadalajara)	1548	
산타페 데 보고타(Santafé de Bogotá)	1548	
차르카스(Charcas)	1559	
키토(Quito)	1563	
콘셉시온(Concepción)	1565~1575	폐쇄
마닐라(manila)	1583	
산티아고(Santiago)	1605	콘셉시온 대신 설치
라 플라타(La Plata)	1661~1671	폐쇄
부에노스아이레스(Buenos Aires)	1783	라플라타 대신 설치
카라카스(Caracas)	1786	
쿠스코(Cuzco)	1787	

아우디엔시아가 설치된 지역은 산토도밍고(1511, 1526), 멕시코(1527), 파나마(1538), 과테말라(1543), 리마(1544), 과달라하라(1548), 보고타(1549), 차르카스(1559), 키토(1563), 콘셉시온(1565), 라플라타(1661), 마닐라(1583), 산티아고(1605), 부에노스아이레스

---

50) https://es.wikipedia.org/wiki/Real_Audiencia(검색일 2018.7.27) 참조하여 재구성한 것임.

(1783), 카라카스(1786), 쿠스코(1787) 등이 있다.

16세기 아우디엔시아 위치[51]

---

51) https://patriadominicana.wordpress.com/2015/09/08/real-audiencia-primada-de-america/검색일
    2018.07.27

이중에 콘셉시온과 라플라타 아우디엔시아는 각각 산티아고와 부에노스아이레스로 옮기게 된다. 콘셉시온은 1565년에 설치되어 10년간 지금의 칠레 지역에서 운영되었다 1605년에는 산티아고에 재설치 되었다. 라플라타 아우디엔시아는 폐쇄된 후 약 110년 후에 부에노스아이레스에 다시 설치된다.

아우디엔시아가 설치된 지역은 현재 라틴아메리카 각 국가들의 수도와 거의 일치하고 있다. 이는 식민시기의 행정조직의 정체성이 라틴아메리카의 근대 독립 국가 형성에 영향을 미쳤다고 볼 수 있다.

(4) 코레히미엔토(Corregimiento)

코레히미엔토는 식민지 행정구역 중 가장 말단 행정구역으로 시혹은 시의회에 해당된다. 여기에는 코레히도르(Corregidor)라 불리는 지방행정관이 스페인의 엔코미엔다(Encomienda) 소유자나 정복자로 구성하는 시회(詩會)를 총괄한다. 멕시코에는 1540년에 150개의 지방행정구역이 있었고, 17세기 초에는 200개로 확대되었다. 같은 무렵에 페루는 88개에 불과하였다.

지방행정구역은 시도에 해당하는 다양한 용어들이 있으며, 이러한 용어들은 라틴아메리카 각 지역마다 다르게 불린다. 시(市)에 해당하는 용어는 아윤타미엔토(ayuntamiento)에서 부터 카빌도(cabildo), 무니시피오(municipio) 등에 이르기까지 다양하게 불린다.

지방행정관은 본국에서 임명하거나 관여하지 않는다. 지방행정관은 주로 크리오요(criollo)가 맡으며, 때로는 메스티소(mestizo)가 담당하는 경우도 있다. 크리오요는 스페인계 혈통이지만, 식민지에서 태어났다는 이유로 본국에서 태어난 사람들과 차별을 받는 계층이다. 이들이 본국의 관리로 가는 것은 불가능하였다. 라틴아메리카에서도 아우디엔시아의 오이도르 이상의 관직을 갖는 것도 불가능하였다. 왜냐하면 부왕과 오이도르는 국왕이 본국 출신의 관리들만 인명했기 때문이다. 이러한 사정으로 인해 크리오요들은 본국의 차별정책에 불만을 갖게 되었는데, 이는 크리오요가 본국으로부터 독립하는 계기 중의 하나가 되었다.

4.2. 식민시기 경제제도

스페인이 아메리카 대륙을 발견한 원동력은 향료와 금, 은 등 당시 무역에서 중요한 자원을 확보하는 것이 목적이었다. 식민시기의 경제제도는 이러한 목적에 맞게 식민지 자원을 안정적이면서 지속적으로 본국에 가져오는데 초점을 두고 있었다. 스페인 왕실은 그들이 파견한 정복자들을 왕권아래에 두고 세금을 제대로 받기 위해 경제제도를 실시하였다.

이와 반대로 정복자들은 왕실의 눈을 피해 그들의 이익만을 올리는 데 집중하였다. 양측의 서로 다른 이해관계는 식민시기 경제제도가 시기에 따라 변화 된 원인이 되었다. 특히 왕실은 경제제도에 문제가 발생하면 왕실의 이익에 해가 가지 않는 방향으로 제도를 수정하였다. 그러나 완벽한 제도는 없기에, 정복자들은 제도의 허점을 노리고 그들의 이익을 취하였다. 식민시기의 경제제도는 바로 두 세력 간의 팽팽한 다툼을 반영하고 있다.

(1) 엔코미엔다(encomienda)

엔코미엔다는 스페인어로 위탁이라는 뜻을 가지고 있다. 이 말은 아메리카의 영토와 그에 속해 있는 모든 것이 스페인 왕실에 귀속된다는 것을 의미한다. 다만 왕실이 정복자들에게 일정을 대가를 받고 그것에 대한 권한을 위임하는 것이다. 즉 정복자가 차지한 지역의 모든 노동력과 자원은 모두 왕실의 소유이다. 정복자들은 단지 운영권만을 가지는 것이다.

정복자들은 스페인 왕실로부터 공물을 거두고, 원주민 노동력을 이용하는 권한을 받는 대신에 원주민들을 기독교로 개종해야할 의무를 가진다. 기독교로 개종할 의무는 정복자들이 아메리카 대륙을 차지할 '도덕적' 명분을 가지 위한 것이었다. 마치 십자군 원정처럼, 개종은 이방인을 정복하기 위한 도구에 불과하였다.

왕실에서 가장 염려됐던 것은 정복자들의 탐욕과 권력남용이었다. 왕실은 정복자들을 제어하기 위해 원주민 노동력을 사용하는 최종적 권리를 가지고 있었다. 초기에는 농장을 운영과 금, 은을 채굴하기 위해 노동력을 징발하였다. 페루나 멕시코에서는 사금을 채취하여 세금을 바치는 것이 관행이 되었다. 본국으로 수출되는 주요 물품은 담배와 사탕수수, 코치닐 등 이었다.

1545-1546년에는 페루와 멕시코에서 대규모 은광개발로 광산경영이 본격화되었다. 또한 수은아말감법이 스페인에서 도입되면서 1570년대는 대량으로 은을 제련 할 수 있게 되었고, '은의 시대'가 도래하였다. 스페인으로의 수출품은 은과 귀금속이 95%이며, 코치닐과 피혁이 그 다음 순이었다. 멕시코의 경우에는 엔코미엔다 수입의 3/4이 왕실에 귀속되었다. 점차 정복자들의 엔코미엔다가 늘어나

면서 노동력이 부족해지자 스페인 왕실에서는 엔코미엔다 억제 정책(새로운 엔코미엔다 설치 불가 및 세습 금지)을 실시하였다.

(2) 레파르티미엔토(repartimiento)

레파르티미엔토는 원주민 노동력의 감소로 인한 엔코미엔다 유지가 어렵게 되자 새로이 만든 제도이다. 이 제도는 페루의 잉카제국의 미따(mita)에서 응용한 것이다. 운영 방식은 한 지역의 원주민 가운데 광산노동(5%)에 동원되고 계절에 따라 농사(10%)를 위해 동원한다. 노동 기간은 법적으로 연간 3, 4차례에 걸쳐 각 2주(광산의 경우는 5주)로 한정된다. 노동에 따른 임금을 지불해야 한다. 또한 식민정부는 청원 순서에 따라 원주민 노동력을 배정해야 한다.

그러나 노동력 배정을 받기 위해 식민정부의 관리들에게 뇌물을 바치는 등의 폐해가 발생하였다. 실제로 노동 조건은 무시되었으며, 원주민들은 종종 잔인한 대우를 받았다. 임금을 받더라고 실질적인 예속상태에 놓이는 경우가 허다하였다. 이런 경우는 외상거래로 인해 빚을 갚을 수 없어 지속적으로 예속상태에 놓이게 된다.

(3) 아시엔다(hacienda)

아시엔다는 대농장 제도로로서 엔코미엔다와 레파르티미엔토와 다르게 법적으로 토지 소유가 인정되고 노동 조건을 직접 협상할 수 있다. 이 제도는 유럽의 장원제도와 유사하다. 원주민들은 자유로운 임금노동자들이었지만 사실상 고용주에 대한 채무로 인해 농장을 벗어나기 힘들이다. 노동자들의 다수가 주인들에게 예속된 상태로

지내는 경우가 많았다. 실제로 19세기까지 멕시코에서는 농촌 주민의 절반 이상이 채무노예 상태였다

아르헨티나와 우루과이의 라플라타 강 유역과 브라질에서는 각각 아시엔다에 상응하는 에스탄시아(Estancia)와 파젠다(Fazenda)가 생겨났다. 이러한 대농장 소유자는 독립 이후 까우디요(caudillo)라 불렸으며 지방정부의 지배권을 장악하고 대지주정치를 실시하였다. 멕시코와 일부 다른 지역에서는 까우디요를 까시께(cacique)라고 부르기도 한다.

(4) 플랜테이션(plantación)

플랜테이션은 카리브해와 브라질에서 나타나는 농장의 형태로 사탕수수와 커피, 담배 등의 상품작물, 즉 환금작물을 재배한다. 상품작물은 유럽으로 수출하였다. 당시 유럽에서는 설탕과 차, 담배 등 기호식품의 소비가 증가하였고, 그에 대응하여 라틴아메리카에서 플랜테이션이 성장하게 되었다. 초기에는 원주민 노동력으로 플랜테이션 농업을 감당하였다. 그러나 점차 원주민이 감소하는 반면에 플랜테이션 농장이 증가함에 따라 아프리카에서 흑인 노동력이 들어오게 된다. 플랜테이션 농장은 라틴아메리카 대서양 연안에 위치하고 있는데, 그 이유는 지리적으로 노예 수입과 유럽과의 교역이 유리했기 때문이다.

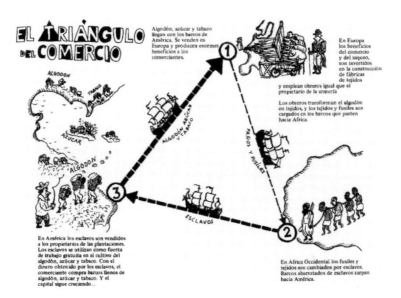

대서양 삼각무역[52]

플랜테이션을 통해 생산된 사탕수수와 면화, 담배 등은 유럽으로 수출되었다. 유럽은 원재료인 면화를 가공하여 만든 직물과 총기류를 만들어서 아프리카에 수출하였다. 직물과 총기류는 아프리카의 흑인 노예와 교환되어 라틴아메리카로 팔려갔다. 당시 흑인들은 린넨 천 몇 조각에 거래되었다. 라틴아메리카로 건너간 흑인들은 수백만 명에서 천만 명까지 추산되고 있다. 실례로 카리브해로 간 흑인만 약 육백 만에 이른다.

이렇게 플랜테이션을 통한 세 대륙의 교역 시스템을 삼각 무역이라고 한다. 인류학자인 에릭울프는 라틴아메리카를 중심으로 발생한 국제적 교역을 세계화의 시작이라고 주장하였다. 아프리카의 노예무

---

52) https://elarcondh.blogspot.com/2014/04/el-comercio-triangular-en-el-siglo-xviii.html(검색일 2018.07.29.)

역은 라틴아메리카 교역의 근간이 되었다. 흑인 노동력은 라틴아메리카의 주요 수출 품목인 농업과 광업 노동력으로 집중 투입되었다.

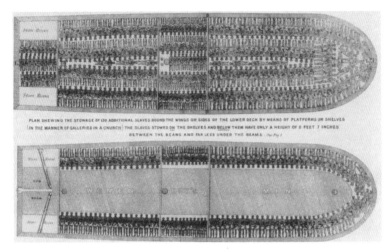

아프리카 노예 수송선[53]

4.3. 식민시기의 산업

(1) 광업(Minería)

광업은 스페인에서 가장 관심을 갖던 산업이었다. 주요 광산 자원은 금과 은이었다. 17세기 중반에는 유럽에서 유통되는 99%의 은이 라틴아메리카에서 생산된 것이었다. 라틴아메리카의 최대의 광산은 볼리비아 포토시였다. 포토시에서는 3세기 동안 8백만의 원주민이

---

53) https://aoxoa.co/atlantic-slave-trade-census-book-review/(검색일 2018.07.13.)

사망하였다.

시기적으로 금과 은을 채굴하는 단계는 다음과 같다. 첫 번째 단계는 원주민 추장 소유의 것을 강탈하는 것이다. 초기 정복자들은 아즈텍과 잉카 등 주요 고대문명에서 보유하고 있던 금과 은, 보석 등을 약탈하였다. 두 번째 단계는 원주민 노동력을 이용한 사금 채취하는 것이다. 세 번째 단계는 광산을 개발하는 것이다. 수은아말감법이 발견된 이후부터 광산 개발이 활성화되었다. 이 시기부터는 많은 노동력이 필요하였다. 광산의 가혹한 노동 환경으로 인해 원주민들이 견디지 못하였다, 노동력 부족은 흑인 노동력으로 대체되었다.

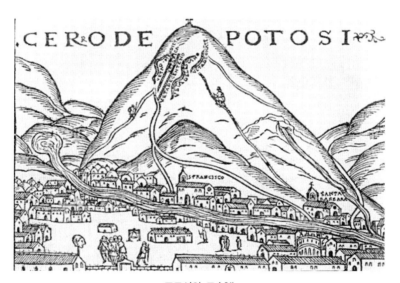

포토시의 모습[54]

54) http://la-razon.com/index.php?_url=/suplementos/tendencias/obra-capital-historiografia-boliviana-colonial_0_2103389759.html(검색일 2018.8.2.)

(2) 농업(agricultura)

대토지를 소유한 정복자들은 최소 500ha에서 최대 2,000ha에 이르는 땅을 소유하였다. 주요 재배 농산물은 구대륙에서 들여온 밀과 보리류, 포도이다. 교역을 위한 환금 작물로는 사탕수수, 담배, 면화, 카카오 등을 재배하였다. 18세기 이후에는 남미남부지역 목축(가우초)을 하는 대농장이 증가하였다.

[사탕수수]

사탕수수의 원산지는 동남아로 라틴아메리카 주요 생산 농산물 중 하나였다. 1630년에는 네덜란드가 브라질 북동부를 점령하여 120개의 설탕공장 가동하였다. 포르투갈 세력에 의해 브라질을 재정복당한 후 네덜란드는 카리브해로 이동하여 설탕을 생산하였다. 사탕수수 재배는 17세기부터 유럽에서 커피와 홍차, 코코아를 마시면서 설탕수요가 증가하면서 폭발적으로 늘어났다. 18세기 이후에는 영국이 카리브해의 설탕 산업으로 막대한 이익을 거두었다. 사탕수수는 브라질과 카리브해 연안이 주요 생산지로 플랜테이션을 통해 재배 되었다. 플랜테이션 재배지에는 아프리카 흑인 노예들이 노동력으로 이용되었다. 그래서 이지역에는 흑인과 관련된 문화들이 나타나는데, 살사와 삼바 등의 음악과 춤이 그 대표적인 예이다.

[담배]

담배는 아메리카 원산자로서 베네수엘라에서 활발히 생산되었다. 포르투갈과 네덜란드, 영국의 상선의 대표적인 밀수 품목이었다. 1627년에 영국은 스페인이 물러난 카리브해 식민지를 건설하고 담배를 재배하였다. 프랑스도 뒤이어 카리브해에 진출하여 담배를 재배하였다. 남미 북부에도 네덜란드(수리남, 1975년 독립)와 영국(기아나, 1966년 독립), 프랑스(수리남 동부: 프랑스령 기아나) 등이 진출하여 식민지 개척과 담배를 재배하였다. 18세기 이후에는 브라질이 라틴아메리카에서 최대 담배 생산지가 되었다. 담배도 사탕수수와 마찬가지로 플랜테이션 농업으로 이뤄졌다.

[면화와 양모]

면화는 유럽으로의 수출과 현지에서 직물을 짜기 위해 재배되었다. 누에바에스파냐와 페루 부왕령의 중심지인 멕시코시티와 리마에서는 면직물 생산이 점차 늘어났다. 직물 생산은 16세기 말부터 시작되었다. 더불어 라틴아메리카에서는 양모로 천을 짜는 모직물 생산도 본격화 되었다. 모직물 생산 기술은 스페인 본국에서 기술자들에 의해 전파되었다. 이러한 직물 생산방식은 오브라헤(obraje)라는 노동력 징발제도로 이뤄졌다. 오브라헤를 위한 노동력은 엔코미엔다와 레파르티미엔토 제도를 통해 충당하였다. 17세기에는 누에바에스파냐에만 오브라헤 직물공장이 수 백 개로 증가하였다. 특히 광산촌의 노동력이 집중된 곳에 직물을 공급하였다.

4.4. 식민시기 종교와 문화

(1) 라틴아메리카에서의 가톨릭의 의미

라틴아메리카 전체 인구의 90%이상은 가톨릭 신자이다. 가톨릭을 빼고 라틴아메리카를 논하는 것은 '앙꼬 없는 빵'과 같다. 라틴아메리카에서 가톨릭은 국가를 상징하기도 하고 지역 행정 조직을 대표하기도 하며, 개인의 일상을 주관하기도 한다.

예컨대 라틴아메리카 각 국가는 각각 그 국가에서 발현한 성모가 있으며, 그 성모가 발현한 날은 온 국가의 의례일이자 축제일이다. 성모일의 의례 행렬은 라틴아메리카 고유이 문화로 자리 잡고 있다. 이러한 성모 의례는 국가단위 뿐만 아니라 각 지방 단위에도 존재하며, 국가 성모와 마찬가지로 각 지역 마다 발현한 성모 일에 축제를 연다. 축제일에는 종교적 의례도 하지만, 투우와 민속음악과 춤을 추며 지역 사람들이 즐긴다.

또한 가톨릭은 개인의 일생을 관장한다. 흔히 라틴아메리카 사람들은 태어나서부터 죽을 때 까지 한국의 관혼상제(冠婚喪祭)처럼 가톨릭의 법도에 따라 통과의례를 치른다. 또한 라틴아메리카 사회를 관통하고 있는 가상의 친족제도인 대부모제도 가톨릭에 의해 유지되고 있다.

뿐만 아니라 가톨릭은 도시 구조의 기본 틀이기도 하다. 라틴아메리카의 전통적인 동네(바리오: Barrio)는 교회를 기준으로 설정된다. 기본적으로 한 도시에는 도시 전체를 관장하는 큰 교회(대성당)가 있고 그 아래에 동네를 관할하는 교회가 있다. 라틴아메리카는 가장 작은 마을부터 국가에 이르기까지 가톨릭 교회를 중심으로 위계화되어있다. 이런 연유로 근대국가 이전에는 가톨릭이 행정 기능 전반을 담당하였다. 예를 들어 현재 동사무소나 시청에서 담당하는 호적(세례 때문임)에서부터 공동묘지까지 관리하였다. 그 중에서 핵심적인 역할을 수행하는 것은 바로 교육이다. 식민시기 가톨릭은 지금의 초, 중, 고, 대학을 갖추고 있다.

이렇게 가톨릭은 식민시기를 거치면서 라틴아메리카 사람의 일상부터 국가제도에 이르기까지 오랜 기간 영향을 미쳤다. 이런 이유로 지금도 가톨릭 성직자는 사회에서 높은 권위를 가지고 있다.

(2) 원주민 문화와 가톨릭의 전파

라틴아메리카에 본격적으로 가톨릭이 유입된 것은 식민시기이다. 가톨릭은 정복사업에 십자군 전쟁처럼 유럽의 이문화 정복을 위한 명분, 즉 정당성을 제공하였다. 그 명분은 하나님을 믿지 않는 무지한 타민족을 하나님의 뜻에 따라 개종한다는 것이다. 당시 이들의 기준은 하나님을 믿지 않으면 '인간'이 아니었다. 유럽계 정복자들이 아메리카 대륙의 원주민을 보는 시각도 이와 다르지 않았다. 지금의 우리의 사고로는 이해 할 수 없지만, 정복자들은 원주민을 인간으로 보느냐 아니냐를 두고 논쟁을 벌였다.

정복자와 가톨릭 성직자는 '바늘과 실'처럼 정복할 지역을 함께 다녔다. 정복자가 첫 발을 내딛으면 성직자는 십자가와 성경을 들고 이 땅을 주에게 바친다고 고한다. 그 과정에서 원주민이 거부하면 가차 없이 처형하였다. 잉카의 마지막왕도 그렇게 죽었다.

스페인 왕실은 정복자들에게 지역을 통치할 권한을 주는 대신에 원주민을 개종할 의무를 부여하였다. 그것이 바로 엔코미엔다 제도이다. 개종과 함께 정복자들은 원주민의 종교를 우상이라는 이름으로 파괴하였다. 코르테스는 아즈텍을 정복하면서 10년 동안 5,000개 이상의 원주민 사원과 20,000개 이상의 원주민 종교 관련 물품을 파괴하였다. 정복자들이 찬란했던 아즈텍의 유산인 테노츠티틀란을 깔아뭉개고 그 위에 가톨릭 성당과 식민통치를 위한 건물을 지은 것은 우연이 아니다. 원주민의 문화유산은 정복자들의 눈에 단지 파괴의 대상으로만 인식되었다.

정복자들은 원주민의 종교를 우상숭배로 치부하면서 파괴하는데 힘을 기울였으며 그 빈자리를 가톨릭으로 채우려고 했다. 그러나 원주민들은 가톨릭을 쉽게 받아들이기 힘들었다. 왜냐하면 원주민들은 가톨릭에 중요한 죄로부터 구원을 받아 천국으로 간다는 개념이 매우 생소했기 때문이다. 특히 원주민의 사상은 가톨릭의 신앙 구조인 선과 악이라는 이분법이 존재하지 않았다. 당연히 죄와 벌이라는 개념도 이해하기 힘들었다. 파블로 알베르토는 다음과 같이 정복자들이 과라니 원주민을 선교하는데 대한 어려운 이유를 상세히 설명하고 있다.

> 파블로 알베르또 데이로스(Pablo Alberto Deiros)는 1992년 출간한 라틴아메리카 기독주의의 역사(Historia del Cristianismo en América Latina)라는 책에서 다음과 같이 이야기한다. 스페인과 포르투갈 정복자와 선교사들은 과라니 원주민을 가톨릭으로 개종하는데 가장 어려움을 겪었던 일이 바로 '악의 개념의 부재였다. 악의 개념이 없다는 것은 천국에 가기 위한 선한 행동, 하나님에 대한 신앙이 생길 수 없다는 것이다. 즉 아메리카의 원주민들이 모두 유사하지만, 이들은 선악이라는 이분법적 개념이 그들의 세계관과 종교관에서 찾아 볼 수 없었다. 이러한 이분법적 사고는 식민 시기의 유럽인 정복자와 선교사들에 의해

전파되어 결합된 것이다.

이는 과라니에서도 마찬가지 인데, 선교사들은 가톨릭을 전파하기 위해 과라니의 사고에 존재하지 않았던 악의 개념을 만들 수밖에 없었다. 이를 위해 선교사들은 기존의 과라니 신들 가운데서 가장 악해 보이는 신에게 가톨릭에서 말하는 악마 혹은 사탄의 개념을 주입하였는데, 그 대상이 바로 아냐(Aña)이다. 앞서 언급했듯이 냐만두는 과라니 신화의 주신(主神)이다. 냐만두는 보이지 않고 영원하며 전지전능하고 언제 어디에나 있으며, 태초의 생명체들이 있는 곳인 으바가(Yvága)에 거주하는데, 그와 대립하는 자는 바로 아냐이다. 사제들의 눈에는 가톨릭의 하나님에 해당되는 으바가와 대립하는 아냐가 '악과 가장 가까워 보였을 것이다. 그러나 아냐는 가톨릭에서 말하는 악마와 사탄과는 엄연히 다르다.[55]

원주민의 사상과 종교에는 가톨릭처럼 선악(善惡)이 개념이 없었기 때문에 가톨릭 사제들은 이를 해결해야 했다. 이를 위해 가톨릭은 원주민 종교에서 등장하는 신적인 존재 가운데 하나를 선택해서 악의 개념을 주입하였다.

가톨릭 사제들은 선교를 위해 기존의 원주민 종교에 등장하는 신들을 가톨릭 교리 구조에 끼워 맞추는 전략을 사용하였다. 그 결과로 원주민의 종교와 가톨릭이 결합된 신크레티즘(syncretism)이 나타난 것이다. 신크레티즘은 라틴아메리카 가톨릭 전반에서 나타난다. 국가성모는 신크레티즘의 대표적인 사례이다. 예를 들어 멕시코 과달루페 성모의 모습은 하얀 피부의 가톨릭 성모와 외관이 다름을 알 수 있다. 과달루페 성모의 낯빛은 원주민의 피부색과 유사한 어두운 색이다. 이미 성모의 모습에서도 원주민적 특성과 유럽 가톨릭의 특징이 섞여 있다. 특히 과달루페 성모 발현 전설은 두 종교의 결합을

---

55) 구경모외 2016 라틴아메리카 원주민의 어제와 오늘, 부산: 산지니.

잘 보여주는데, 그 내용은 다음과 같다.

과달루페 성모(Vírgen de Guadalupe)[56]

아즈텍 제국이 번영을 누리고 있을 무렵인 1474년, 틀라야칵
(Tlayacac)의 칼풀리(Capulli)1)의 한 귀족의 집에 남자아이가 태
어났다. 아이의 이름은 쿠아우틀라토아친(Cuauhlatoatzin, 말하
는 독수리)이었다. 그는 12살에 입궐하여 아우이소틀 틀라토아
니 치하의 영향력이 있는 사람들과 교제하였고, 목테수마 2세와

56) https://es.wikipedia.org/wiki/Nuestra_Se%C3%B1ora_de_Guadalupe_(M%C3%A9xico)(검색일
2018.8.6)

는 개인적으로도 만났다. 그는 다른 사제들과 함께 아즈텍 제국 멸망의 징조를 보았고, 목테수마 2세에게 인신공양을 자제하도록 여러 번 권고하였다고 한다. 그는 45세 되었을 때 아즈텍 제국이 멸망하는 것을 보았다. 1524년, 50세가 되었을 때 그와 그의 아내는 가톨릭 신자로서 세례를 받았다. 그의 세례명은 후안 디에고(Juna Diego)였다. 5년 후 아내가 죽었다. 1531년 어느 날, 테페약(Tepeya)의 작은 언덕을 지나가는데 그의 이름을 부르는 소리가 들려 올려다보니, 새들이 지저귀고 꽃들이 피어있는 가운데 해와 같이 빛나는 옷을 입고 있는 여인이 있었다. 그녀는 "후안, 어디로 가느냐? 나는 인간을 창조하고, 하늘과 땅의 주인인, 살아있는 신의 성모이다. 이곳에 나의 예배당을 짓기 원해서 나타났다"고 하였다. 후안 디에고는 즉시 교구의 대주교에게 이 사실을 알렸으나 그는 믿지 않았다. 성모는 후안 디에고에게 세 번을 더 나타났고 그래도 대주교가 믿지 않자, 네 번째 발현 때는 증거로서 디에고의 망토에 장미꽃을 가득 담아 주었다. 그때는 겨울이어서 장미가 필 수 없는 때였다. 마침내 대주교는 디에고의 말을 믿고 1533년 그 곳에 과달루페 성당을 세웠다. 테페약은 원래 아즈텍의 대지의 여신인 토난친(Tonanchin)을 예배하던 곳이었다. 따라서 아즈텍의 후예인 쿠아우틀라토아친에게 성모가 나타난 것은 바로 토난친이 모습을 바꾼 것이라 생각되었다. 독수리는 아스테카의 시조 우이칠로포츠틀리의 상징이었다. 후안 디에고의 본명 '쿠아우틀라토아친(즉, 말하는 독수리)'는 그대로 그가 전한 말이 초대선조의 말씀이라는 의미로 생각할 수 있다. 이 성모는 갈색의 얼굴에 청색, 붉은색, 노랑색이 뒤섞여 있는 옷을 입고 있다. 성모의 발현 이후, 원주민들은 빠른 속도로 가톨릭으로 개종하였다. 그리고 독립국이 된 멕시코 정부는 과달루페 성모를 '국가의 수호자'로 인정하고 12월 12일을 발현일로 정했다.[57]

이상의 과달루페 성모에 관한 이야기에서 보듯이, 당시 정복자들은 원주민의 여신인 토난친에 가톨릭 성모를 오버랩하여 가톨릭에

---

57) 정혜주 2004 멕시코 시티-아스테카 문명을 찾아서, 서울: 살림출판사

대한 원주민들의 거부감을 완화하였다. 게다가 아즈텍의 후예인 디에고가 과달루페 성모를 영접한 것도 가톨릭에 대한 의심이나 이질적인 부분을 상쇄하고자 한 의도가 보인다.

카아쿠페 성모(Virgen de Ka'akupé)[58]

---

58) https://es.wikipedia.org/wiki/Virgen_de_Caacup%C3%A9(검색일 2018.8.6)

이러한 구조는 과라니 원주민을 개종하고자 했던 파라과이에서도 유사하게 나타난다. 파라과이의 성모는 카아쿠페(Ka'akupé)인데, 카아(Ka'a)는 과라니어로 나무와 풀을 뜻하며, 쿠페(kupé)는 뒤라는 의미를 지니고 있다. 카아쿠페 성모 전설도 과달루페와 유사한 점이 많다. 디에고처럼 가톨릭 세례명을 받은 과라니 원주민인 호세(José)는 정복자들의 공격에게 쫓기게 되었다. 호세는 나무 뒤에 숨어 성모에게 보호해달라고 기도하였다. 그는 여기서 무사히 빠져나가면 자신의 보호해준 나무로 성모상을 조각하겠노라고 맹세했다. 그는 성모상을 조각하였고 두 교회에 비치하였다. 그러나 그 지역에 엄청난 홍수가 나서 큰 호수가 생겼고, 그 호수의 수위가 점점 높아져 주변의 주민들이 피해를 볼 지경에 이르렀다. 주민들은 루이스 데 볼라뇨스(Luis de Bolaños)신부에게 물이 잦아들게 해달라고 부탁했고 신기하게도 매년 호수의 수위가 점점 낮아지면서 호세가 조각했던 성모상이 나타났다. 그 성모상이 나타난 자리에 카아쿠페 성당을 지었다. 그리고 매년 12월 8일은 카아쿠페 성모 발현일이 되었다.

이렇듯 라틴아메리카의 가톨릭은 기존의 원주민 신앙과 결합되면서 신크레티즘적인 성격이 강하게 나타난다. 오랜 동안 로마가톨릭에서는 최근까지도 라틴아메리카 가톨릭을 이단시하거나 제대로 인정하지 않았다. 그 대표적인 예로서 전 세계에서 가톨릭 인구가 가장 많은 대륙임에도 불구하고, 라틴아메리카 출신이 교황으로 선출되지 못했다. 2013년에야 비로소 아르헨티나 출신의 주교인 프란시스코가 라틴아메리카 출신의 첫 교황이 되었다. 그러나 이것도 절반의 타협이라 볼 수 있다. 프란시스코의 출생지와 국적은 아르헨티나이지만, 그의 양가 혈통은 모두 이탈리아계이다,

(3) '미션'과 예수회

예수회는 가톨릭의 여러 수도회(프란치스코회, 도미니코회, 아우구스티노회) 중 하나이다. 예수회는 교황직속 기구로 교구에 속하지 않는다. 예수회는 가톨릭의 부패로 종교개혁이 일어나는 등 시대적 변화에 대응하고자 생겨났다. 당시 가톨릭의 다양한 수도회에 비해 개혁적인 성격 강하였다. 예수회는 주로 엘리트 교육사업과 선교를 담당하였다. 특히 아무도 가지 않는 오지 선교(mision)에도 적극적으로 임했다.

이런 특성으로 인해 예수회는 라틴아메리카에서도 선교를 했다. 멕시코와 페루 등지에서도 선교를 했지만, 가장 잘 알려진 곳은 브라질과 파라과이, 아르헨티나, 우루과이 국경지대 이다. 이곳은 밀림지대 지역으로 라틴아메리카에서 아주 오지에 해당되었다. 이 지역은 금과 은도 없었기에 정복자들이 관심을 두지 않는 지역이다. 예수회는 라틴아메리카에서도 가톨릭의 손길이 미치지 않은 이곳에서 과라니 원주민을 대상으로 선교하였다.

예수회의 과라니 선교를 사실적으로 묘사한 영화 미션59)은 우리에게 예수회와 원주민의 관계를 대중적으로 알린 계기가 되었다. 당시 영화 주인공인 제레미 아이언스가 과라니 원주민이 살고 있는 이과수 폭포를 거슬러 올라가는 장면과 오보에를 연주하면서 과라니 원주민을 처음 조우하는 장면은 잊을 수가 없다.

예수회는 다른 정복자과 사제들과 달리 과라니 원주민들이 자립할 수 있도록 도우면서 선교하였다. 그들은 레둑시온(reducción)이라

---

59) 1986년에 개봉한 영화로 제레미 아이언스와 로버트 드니로가 주인공이다. 당시 아카데미 영화상을 휩쓸었다.

는 공동체를 만들어 그들에게 종교와 농업, 기술, 음악 등을 가르치고 자립적으로 생활할 수 있도록 도와주었다. 이 공동체는 수시로 내·외부 세력으로 부터 끊임없이 위협을 받았다. 내부세력은 스페인 식민정부였다. 예수회가 세금을 내지 않았기 때문에 식민정부에게 예수회는 눈에 가시 같은 존재였다. 외부세력은 바로 브라질을 정복한 포르투갈 정복자들이었다. 포르투갈 정복자들은 파울리스타(Paulista: 상파울루 사람을 위미)라 불렸는데, 플랜테이션 농장의 노예를 확보하기 위해 원주민을 사냥하였다. 과라니 원주민이 모여 살고 있는 레둑시온은 항상 이들의 표적이 되었다.

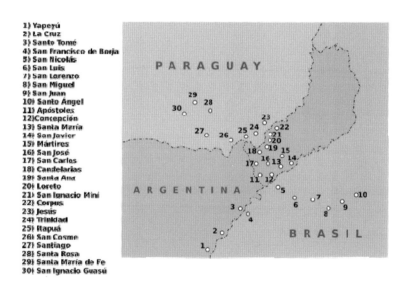

1) Yapeyú
2) La Cruz
3) Santo Tomé
4) San Francisco de Borja
5) San Nicolás
6) San Luis
7) San Lorenzo
8) San Miguel
9) San Juan
10) Santo Ángel
11) Apóstoles
12) Concepción
13) Santa María
14) San Javier
15) Mártires
16) San José
17) San Carlos
18) Candelarias
19) Santa Ana
20) Loreto
21) San Ignacio Miní
22) Corpus
23) Jesús
24) Trinidad
25) Itapuá
26) San Cosme
27) Santiago
28) Santa Rosa
29) Santa María de Fe
30) San Ignacio Guasú

예수회 레둑시온의 수와 위치[60]

60) https://es.wikipedia.org/wiki/Misiones_jesu%C3%ADticas_guaran%C3%ADes(검색일2018.08.27.)

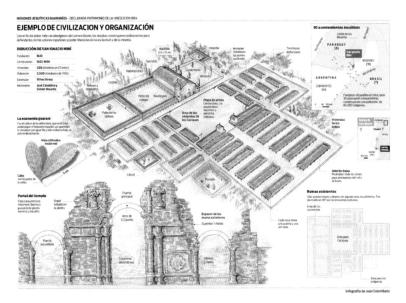

산이그나시오 미니 위치와 구조[61]

레둑시온 18세기에 최대 30개까지 존재했으며, 과라니 원주민은 대략 14만명 정도 있었다. 그러나 스페인과 포르투갈간의 국경협약인 마드리드 조약이 1750년에 체결되면서 7개의 레둑시온과 약 2만 9천명의 과라니 원주민이 브라질령으로 넘어가게 되었다. 브라질은 노예제를 채택하고 있었기에 예수회의 보호를 못 받게 되면 모두 노예가 될 처지에 놓이게 되었다. 이에 과라니들이 반발하거나, 스페인령 레둑시온으로 도망쳤다. 그 조약에 반대하는 과라니들은 스페인과 포르투갈 군에 대항해서 2년 동안 싸웠다. 결국 과라니들은 패하였고 스페인 정부는 1767년 라틴아메리카에 있는 모든 예수회를 철수시키게 된다.

---

61) https://iberoamericasocial.com/misiones-jesuiticas-guaranies/(검색일 2018.08.27.)

(4) 신크레티즘(syncretism)의 다른 사례들

[죽은자의 날: Dia de Muertos]

죽은자의 날은 멕시코에서 주로 연행된다. 이 의례는 메소아메리카 고대 문명에서 비롯되었다. 아스텍 인들은 신을 기리기 위해 두개골을 쌓아놓은 제단인 '촘판틀리(Tzompantli)'를 만들고 '믹틀란테쿠틀리(Mictlantecuhtli)'라는 사후세계와 죽은 자들의 신을 숭배하였다. 원주민들은 가톨릭이라는 새로운 종교에 그들 전통의 상징과 의식을 접목시켰고, 그것이 지금까지 남아 '죽은 자의 날'이라는 가톨릭 전통으로 변모하여 발전하였다.

[죽음의 성자: San la Muerte, Señor De La Muerte, Señor De La Buena Muerte]

산 라 무에르테는 파라과이와 아르헨티나, 브라질에서 주로 연행된다. 과라니족의 믿음인 죽은 사람의 뼈가 자연과 나쁜 영혼으로부터 그들을 보호한다는 것에서 유래하였다. 예수회의 가톨릭과 결합되어 지금 형태로 나타나고 있다. 아프리카 움반다에서 기원했다는 설도 있다.

죽음의 성자[62]

62) https://es.wikipedia.org/wiki/San_La_Muerte(검색일

(5) 식민정부와 가톨릭

가톨릭은 식민 정부와 협력하여 식민지 체제 현상 유지에 도움을 줬다. 또한 대규모의 토지 소유와 식민지 사회 엘리트 교육을 담당하였다. 그리고 학교와 병원, 고아원, 양로원을 운영하였다. 멕시코의 경우 교화가 전국 경작 농지의 절반 이상을 소유하였다. 민사법과 종교법에 종속되었고 호적 업무와 묘지 관리도 교회가 담당하였다. 가톨릭은 막강한 권력과 경제적 부가 증대되면서 특권과 세속적인 일에 치중하였다

독립과정에서 가톨릭은 교회를 이익을 대변하는 보수주의와 손을 잡았다. 대신에 반(反)교회 세력들은 자유주의로 대표되었다. 자유주의자들은 교회의 권력과 부가 국가의 경제발전을 저해한다고 생각하였다. 자유주의자는 정교분리 주장과 교회가 담당한 교육과 호적, 묘지 관리를 세속화 할 것을 요구하였다. 1920년대에 들어 자유주의자의 주장이 수용되어 정교 분리 원칙과 교회의 특권이 제한 받게되었으며 타 종교를 믿을 자유와 공교육 체제가 확립되었다.

(6) 라틴아메리카의 인종과 종족

① 인종

일반적으로 인종(race)은 유전 정보와 체질적 특징에 따른 생물학적 분류체계에 의한 것이기 때문에, 그 분류 방식이 과학적이고 개관적이라는 인식이 강하다. 이는 반은 맞고 반은 틀리다. 일반적으로 인종은 유전학적으로 니그로이드과 몽골로이드, 코카서스 세 종

류로 구분한다. 그러나 인종 분류는 고인류와의 진화적 인과관계의 불확실성과 혼혈, 이주, 소멸로 인해 명확한 분석이 힘들다. 더구나 인간은 윤리적 문제로 인해 동물처럼 연구 할 수 없는 제약이 있어 정확한 계통 분류를 밝히는 것이 쉽지 않다. 이 처럼 세 가지 인종 분류로는 모든 인류를 정확하게 나눌 수 없다.

또한 근대의 유전학은 정치적 이데올로기와 결합되기도 했다. 예를 들어 진화론을 기초로 한 우생학(eugenics)은 인종간의 우열을 따져 열등한 인종을 말살해야 한다는 정책을 펴기 위한 과학적 근거로 제시되기도 했다. 이를테면 유럽과 미국에서는 허약자와 질병을 가진 사람들에 대해 거세하거나 인종의 말살 정책이 시행되었다. 또한 유색인종이 지능이 떨어진다는 속설은 유색인종의 이민을 제한하는 백호주의 사상 등의 인종차별로 이어졌다.

이런 측면에서 인종 분류는 과학적이고 개관적이라 할 수 없으며, 상당한 부분에서 사회문화적인 개념을 내포하고 있다. 이 대표적인 사례가 피부색으로 인류를 분류하는 방식인 데, 흔히 백인과 황인, 흑인으로 나눈다. 이러한 피부색에 의한 구분은 생물학적 지식에 의한 것이 아니다. 예컨대, 흑인이라고 하여 모든 흑인의 피부색이 검정색은 아니다, 일부 흑인들은 갈색에 가깝다. 즉 피부색에 의한 인종의 구분은 역사적으로 계층이나 계급의 구분하기 위한 것이었다. 대표적인 경우가 바로 식민시기 중남미의 사례이다. 중남미에서는 피부색을 통해 수십 종류의 계급으로 나누었다. 그리고 자기가 속한 계급에 따라 사회적 지위가 부여되었다.

즉 인종의 개념은 과학적 지식과 사회문화적인 측면, 정치경제적인 측면이 모두 혼재되어 나타난다. 예컨대 한국에서 외국인 노동자

(동남아)는 부정적 의미를 내포하고 있다. 이들은 구리빛 피부를 가진 제 3세계 지역에서 온 가난한 이주민으로서 불법과 같은 부정적인 이미지를 떠올리게 한다. 반면에 푸른 눈과 하얀 피부, 금발의 영어를 구사하는 서구 사람들에 대해서는 관대한 태도를 보인다. 또한 일상적인 맥락에서 우리는 각 인종에 대한 이미지를 만들기도 한다. '백마'와 '흑형'은 인종에 성적 이미지 부여하여 희화한 사례이다. 때로는 '짱깨이'와 '쪽바리' 등 각 국가의 국민이나 민족에 대해 인종차별적인 이미지를 부여하기도 한다.

이는 다른 대륙과 국가에서도 마찬가지이다. 라틴아메리카에서는 아시아인을 모두 치노(chino)라 부르며 눈을 찢는 행위를 통해 차별을 한다. 또한 역내 국가간에 해당 국가의 국민을 조롱하거나 차별하기 위한 용어를 쓰기도 한다. 예를 들어 아르헨티나에서 페루와 파라과이, 볼리비아 이민자들을 각각 페루카(peruca)와 파라과(paragua), 볼리타(bolita)라 부르며 차별한다. 이에 대응하여 파라과이는 아르헨티나인들을 꾸레삐(Kurepi: 과라니어로 돼지)라 부르면서 조롱하기도 한다.

이렇게 인종은 해당 집단이 처한 상황에 따라 다양하게 인식되기 때문에 생물학적 지식으로만 구분되는 것이 아니다. 인종의 개념과 분류는 사회문화적 맥락에서 생산되고 소비된다고 볼 수 있다.

② 종족

종족(ethnic group)은 친족 혹은 혈통 집단이다. 일반적으로 동일한 언어와 관습, 문화적 정체성을 지니고 있는 집단이다. 때로는 종족은 민족(nation)과 동의어로 쓰이기도 한다. 종족은 중남미의 아마존이나 동남아 밀림, 아프리카 초원의 부족을 떠올리기 십상이다. 하지만 종족은 유럽과 아랍, 동북아 등 모든 지역에 분포하고 있다. 한국처럼 한 국가가 하나의 종족으로 구성된 국가도 있지만, 세계의 대부분의 국가는 다종족 국가이다. 예를 들어 스페인에는 바스크족을 비롯하여 카탈루냐어와 카스티야어, 갈리시아어를 사용하는 사람들이 한 국가를 이루고 있다. 영국에도 켈트족이 주된 인구인 스코틀랜드가 있다. 아시아로 눈을 돌리면, 중국은 약 30개의 종족들이 있으며, 일본에는 아이누족, 대만에는 고산족이 있다.

중남미는 각 국가별로 다양한 종족들이 존재한다. 중남미에는 수많은 원주민 종족들이 있었으나, 식민지를 거치면서 약 500여개로 줄어든 상태이다. 현재 중남미의 종족은 각 국가별로 브라질 241개, 콜롬비아 83, 멕시코 67개, 페루 43개 등 총 522개[63]가 있다.

---

63) https://www.ngenespanol.com/travel/cuantos-pueblos-indigenas-hay-en-america-latina/(검색일 2018.8.22.)

③ 식민시기 라틴아메리카의 인종 분류

인종	비고
백인(Blanco)	본토 출신 스페인, 포르투갈, 기타 유럽계
크리오요(Criollo)	라틴아메리카에 태어난 유럽계(주로 스페인, 포르투갈)
메스띠소(Mestizo)	백인 +인디오
물라또(Mulato)	백인 +흑인
삼보(Sambo)	인디오 +흑인
인디오(Indio)	원주민
흑인(Negro)	아프리카계

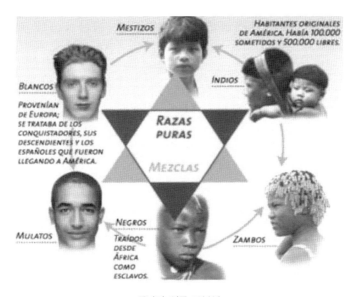

중남미 인종 구분[64]

---

64) http://jcngpm-miscegenation.blogspot.com/2008/07/la-mezcla-de-razas.html 검색일 2018.0727)

18세기 중남미 인종별 계급 분류[65]

65) 멕시코 국립부왕령박물관 소장 사진(https://es.wikipedia.org/wiki/Sistema_de_castas_colonia 검색일 2101.08.26)

④ 크리오요66)

크리오요(criollo)는 부모가 모두 본국(스페인계, 포르투갈계)출신이지만 중남미에서 태어난 사람을 말한다. 크리오요는 본국 출신들로부터 사회적으로 제도적으로 차별을 받았다. 특히 본국의 관리들은 크리오요들이 중요한 관직이나 정치적 힘을 갖는 것을 막았다. 1646년경 중남미에는 본국인이 1만 3,800명, 크리오요는 16만 9,000명에 이르렀다. 17세기 중반을 전후하여 크리오요들의 숫자가 늘어나자 본국에서도 현지의 실력자로 성장한 크리오요 세력을 무시하지 못하게 되었다. 그 이후부터 크리오요는 중남미에서 한 세력을 형성하기 시작했다.

1630년대에는 중남미의 관직을 두고 매관매직(코레히도르의 지방 행정관과 아우디엔시아의 직원)이 이루어졌다. 1750년에는 아우디엔시아의 관리의 44%가 크리오요로 구성되었다. 이들은 각 식민 지방을 이끄는 주도적 계급으로 성장하면서 중남미 각 국가가 독립하는 데 주도적 역할을 담당하였다.

⑤ 메스티소

메스티소는(mestizo)는 스페인어로 혼혈이라는 뜻을 가지고 있다. 이들은 주로 스페인, 포르투갈계 백인과 원주민들 사이에서 태어난 사람들이다. 식민 초기에 메스티소는 정복자와 원주민의 중개자(스

---

66) 이와는 달리 프랑스 및 기타 유럽지역에 크레올(Créole) 프랑스 및 기타 유럽인과 식민지 원주민, 특히 아프리카계 원주민의 혼혈을 일컫는다.
라틴아메리카의 경우 유럽계 이주민과 아프리카계 이주민의 혼혈인 뮬라토와 비슷한 의미이다.

페인어와 원주민어 구사)역할을 하였다. 또한 이들은 수공업과 상업에 종사했고, 일부는 군인과 지주가 되기도 했다. 본국인과 크리오요 인구가 적었던 중미에서는 지방 엘리트로 부상하기도 했다.

메스티소는 각 국가와 지역마다 다른 명칭으로 불리기도 한다. 멕시코와 페루 지역에서는 메스티소(mestizo)라고 불리고, 테말라를 비롯한 중미에서는 라디노(ladino)라고 불린다. 이들은 라틴아메리카의 주요 인종으로서 절대 다수를 차지하고 있다.

⑥ 흑인

흑인은 식민시기 부족한 원주민 노동력을 대체하기 위해 아프리카에서 건너왔다. 이들은 주로 지리적으로 중남미와 가까운 아프리카 서부 지역 출신들이 많다. 흑인들은 당시 대서양 삼각교역의 중심 물품이었던 설탕과 담배, 커피를 재배하기 위한 플랜테이션 농장에서 노예로 일을 하였다. 그래서 이들은 중남미에서 플랜테이션 농장이 활발하게 운영되었던 카리브해 도서 국가 및 연안국(콜롬비아, 베네수엘라 등), 브라질에 정착하였다. 브라질에서는 300년 동안 900만 명의 흑인이 유입되었다, 일부 흑인노예는 농장을 탈출하여 오지에 차치마을 설립(킬롬보: Quilombo)하기도 하였다.

⑦ 원주민

원주민(indigena)은 식민시기 이전 중남미에 살고 있던 사람들이다. 이들 중에는 거대 문명(아즈텍, 마야, 잉카)을 이루고 사회문화적으로 유럽과 아시아 못지않은 제국을 이루고 있었다. 그러나 식민지를 거치면서 원주민들은 학살과 혼혈로 인해 그 세력이 약화되었고 점차 사회적 영향력이 떨어지게 되었다.

현재 대부분의 원주민은 경제적으로 열악하며 하위 계급에 속한다. 중남미 일부 국가를 제외하고 원주민은 정치권력이나 국가 헤게모니에서 벗어난 사회적 소수자로 남아있다. 다만 최근에 원주민 문화의 가치와 인권 문제가 재조명되면서 원주민에 대한 시각이 변화하고 있다. 예를 들어 중남미 각 국가에서는 다문화주의와 복수민족주의(multinationalism)를 채택하여 원주민의 문화와 언어를 사용하게 하고 그들의 정체성을 유지할 수 있도록 법적 제도적 장치를 마련해주고 있다. 하지만 여전히 원주민들은 차별 속에서 고통 받으며 살고 있다.

중남미의 원주민 종족 중 가장 그 수가 많은 집단은 네 개이다. 안데스 지역의 페루를 중심으로 분포하고 있는 케추아족은 600만 명이 있으며, 볼리비아를 중심으로 거주하고 있는 아이마라족은 200만명 가량된다. 멕시코 지역에 거주하고 있는 나우아족은 150만명 정도 되며, 과테말라를 중심으로 분포하고 있는 끼체족은 100만명 가량 된다, 나머지 원주민들은 인구가 약 100만명(과라니족 10만명) 정도 된다. 그 중에서 과라니족은 10만명 가량 된다.

중남미 인구는 총 5억2,500만 명이며 약 10%인 4,400만 명이 원주민이다. 중남미에서 볼리비아는 원주민 인구 비율이 가장 높다. 그 다음으로 과테말라와 페루, 멕시코, 에콰도르 순으로 원주민 인구 비율이 높다. 가장 많은 수의 원주민이 살고 있는 국가는 멕시코로 1,300만 명의 원주민들이 있다.

México 9,44%
Belice 16,61%
Honduras 7,04%
Nicaragua 5,68%
Guatemala 39,93%
El Salvador 0,23%
Costa Rica 1,7%
Panamá 10,05%
Venezuela 2,32%
Guyana 9,16%
Surinam 1,51%
Guyana Francesa 1,93%
Colombia 3,36%
Ecuador 6,83%
Perú 13,89%
Brasil 0,43%
Bolivia 60,75%
Paraguay 2,10%
Chile 4,58%
Uruguay 3,55%
Argentina 1,66%

Población indígena
porcentual
en América Latina

60.75%

0.23%

중남미 원주민 분포[67]

67) https://atlaspueblosindigenas.wordpress.com/mapas-pueblos-indigenas/(검색일 2018.08.25.)

⑧ 백인 및 아시아계

백인은 두 번에 걸쳐서 라틴아메리카 정착하였다 첫 번째는 식민 시기 이베리아 반도, 즉 스페인과 포르투갈계 정복자와 기타 유럽인들(이탈리아계와 독일계)이 이주한 시기이다.

두 번째는 19세기 말과 20세기 초 무렵 유럽계 이주민. 주로 아르헨티나와 우루과이, 브라질 남부, 칠레, 파라과이에 주로 정착한 시기이다. 이 당시에는 스페인계와 이탈리아계가 자장 많으며, 그 다음으로는 프랑스계, 독일계, 유대계, 영국계, 크로아티아계, 그리스계, 체코계 등등이 이주했다. 코스타리카도 백인 비율이 높다. 이들은 라틴아메리카의 근대 정치와 산업 형성에 결정적인 역할을 하였다.

20세기를 전후하여 유럽계 이주민 이외에도 아랍계와 아시아계가 중남미에 이주하였다. 아랍계는 종교적 박해를 이유로 레바논과 시리아 등지에서 거주하던 마론파들이 중남미에 건너왔다. 아시아계는 중국인들이 철도 건설 노동자로 코스타리카와 페루 등지로 넘어왔으며, 일부 아시아계(중국, 일본, 한국)는 농장의 노동자로 이주하기도 하였다. 그 대표적인 예가 멕시코의 에네켄(henequen, 용설란) 농장이다.

제 5 장

라틴아메리카 독립과
근대국민국가 형성

5.1. 라틴아메리카 독립의 배경

라틴아메리카의 독립은 대내외적인 요인에 기인하였다. 대내적으로는 스페인의 식민 통치 방식의 한계와 경제적 쇠퇴 때문이며, 대외적으로는 미국의 독립과 프랑스 혁명, 유럽 각 국가의 발전과 관련이 있다. 특히 스페인은 다른 유럽 국가들이 산업혁명을 통해 새로운 시대의 패러다임에 적응하면서 성장한 동안 과거의 영광에 머무르면서 국력저하로 이어졌고 라틴아메리카에 대한 지배권이 점차 약화되었다.

먼저 스페인의 라틴아메리카 통치 방식은 부왕령 제도였다. 그러나 이 제도는 라틴아메리카 전체를 유기적으로 잘 다스리기보다 효율적인 수탈과 착취를 위한 시스템이었다. 더구나 스페인은 본국의 수십 배 이상이 되는 식민지 영토를 다스리는데 한계를 느꼈다. 스페인은 거대한 영토 다스린 경험이 없었기에 브라질을 제외한 아메리카 대륙을 통치하는데 여러 어려움에 부딪혔다. 콜럼버스가 신대륙을 발견한 후 스페인은 토르데시야스 조약의 동쪽에 해당하는 일부 지역을 제외하고 모든 아메리카 대륙에 대한 지배권을 가지고 있었다. 그러나 스페인이 제대로 통치한 지역은 누에바 에스파냐(지금의 멕시코 지역)와 페루 부왕령(지금의 페루지역)뿐이었다. 사실 북미는 방치 상태에 있었다. 그 땅은 프랑스와 네덜란드, 영국에서 온 유럽인들로 채웠다.

식민지 당시 스페인의 왕실과 정복자의 관심은 오로지 금과 은을 통한 부의 축적이었다. 이들에게 중요한 지역은 금과 은이 있는 광산과 그 광산을 개발할 수 있는 노동력이 풍부한 곳이었다. 그 이외의 지역은 그들에게 아무 쓸모없는 땅이었다. 이들은 모든 아메리카 대륙을 다스릴 만한 통치시스템을 갖추고 있지 못했기에 그들이 원하는 것이 모여 있는 지역에다가 식민지를 관리할 최고의 기구를 세웠다. 그것이 바로 부왕령이다. 그 뒤에 차츰 차츰 다른 지역에 관심을 두면서 두 개의 부왕령을 추가로 설치했다. 지금의 아르헨티나와 우루과이, 파라과이, 칠레를 포함하는 리오 데 라 플라타 부왕령은 라틴아메리카가 독립하기 불과 40~50년 전에 설치되었다. 이 지역은 광산이 없었기에 18세기에 접어들면서 유럽에서 차(마테)와 목축 관련 산업이 각광을 받으면서 스페인에서 관심을 가지게 되었다.

스페인은 아메리카를 자원 수탈 창고쯤으로 여겼다. 스페인 왕실은 정복자들에게 더 많은 세금을 요구했으며, 정복자들은 자기 몫을 챙겨야 했다. 결국 두 집단의 이익을 위해 아메리카 대륙의 노동력인 원주민들이 부족하게 되었고, 급기야는 아프리카에서 노예를 데려오기에 이르렀다. 이러한 상황은 왕실과 정복자가 상호 조력자 아닌 경쟁 관계에 놓이게 되었다. 이는 비단 경제적 문제 뿐만 아니라 정복자들의 출신도 영향을 미쳤다. 대다수의 정복자들은 코르테스와 피사로의 사례처럼 본국의 주요 세력들인 카스티야 왕국 출신들로부터 차별을 받은 안달루시아 출신들이 주를 이뤘다. 그들은 하급 관리이거나 천한 직업 출신들로서 인생역전을 위해 목숨을 걸고 아메리카 대륙에 정착하였다.

이들 정복자들은 차별 없는 아메리카 대륙에서 그들의 왕국을 건설하기를 원했다. 그러나 왕실에서는 지속적으로 이들을 통제하기 위해 본국의 관리들을 파견하면서 양측이 서로 반목하게 되었다. 게다가 스페인 왕실에서는 세수가 줄지 않도록 원주민을 보호하고자 하는 정책을 편 반면에, 정복자들은 그들의 수입을 높이기 위해 본국의 정책을 탐탁치않게 여겼으며 제대로 수용하지도 않았다. 이렇듯 왕실을 비롯한 본국 관리들과 현지 정복자들은 서로 경제적인 이해관계가 상충되었다.

한편으로 고위 관리를 제외한 정복자들은 라틴아메리카에서 그들의 자손을 이어가면서 본국 출신과 다른 크리오요라는 집단으로서 구별되었다. 이들은 왕실을 위해 세금을 내고 위험한 정복 생활을 했음에도 불구하고 높은 직위에 오르지 못했다. 상급 관리들은 항상 왕실에서 파견된 본국 출신들로 구성되었다. 이러한 차별은 크리오요들이 본국과 멀어지게 된 결정적인 계기가 되었다. 식민 초기는 왕실의 의도대로 본국에서 파견한 관리들에 의해 크리오요들에 대한 통제가 가능했으나, 점차 크리오요들의 세력이 커지면서 이들이 상급 관리로 올라가는 경우가 빈번해졌다. 또한 정복자들 스스로도 왕실의 눈치를 보지 않고 그들의 부와 권력을 축적하였다.

결국 스페인 왕실과 정복자와의 경제적 이해관계는 본국과 크리오요 사이의 인종적 대립으로 이어지게 되면서 18세기 후반부터 라틴아메리카 독립의 기운이 일어나게 된다. 특히 스페인의 국력이 약화되면서 라틴아메리카에서 크리오요의 위세가 더욱 거세지게 되었다. 그런 가운데 스페인은 라틴아메리카에 대한 지배력을 잃지 않기 위해 부단히 노력하였다. 하지만 대외적인 변수는 크리오요가 중심이 된 한 라틴아메리카 독립에 손을 들어줬다.

왕위계승 전쟁으로 스페인 왕실은 합스부르크 왕조에서 부르봉 왕조로 바뀌었다. 부르봉 왕조의 카를로스 3세는 1765년 무기력한 상태에 놓여 있던 라틴아메리카에 대한 통치력을 강화하기 위해, '부르봉 왕조의 개혁' 또는 '제2의 라틴아메리카 정복'이라는 개혁조치를 시행했다. 이것의 주요 골자는 식민지의 행정 및 경제체제에 대한 통제를 강화하고 제도를 정비함으로써, 왕실의 수입을 증대시키고 식민지에서의 통치체제를 공고히 하려는 것이었다.

카를로스 3세는 합스부르크 왕조에서 시행되었던 복잡한 행정체제를 감독관제(인텐덴시아, Intendencia)로 바꾸었는데, 이 감독관에 스페인 본토 출신의 스페인 사람인 페닌술라르들을 임명했다. 또한 그동안 크리오요들이 장악해온 식민지의 지방재판소들 역시 페닌술라르의 통제하에 두었다. 이는 식민지에서 국왕의 통치권을 강화하려는 의도였다. 그리고 해외교역에 대한 제재를 강화하고, 밀무역을 통해 크리오요들이 수익을 올리던 많은 상품에 대해 관세를 부과해 왕실의 수입을 증가시켰다.

이러한 개혁정책은 일시적으로 식민지 통치력을 강화시키는 효과를 가져왔지만, 한편으로는 크리오요와 페닌술라르 간의 갈등을 더욱 심화시키는 계기가 되었다. 크리오요들은 식민사회의 토착 엘리트로서 기반을 다졌지만, 정치적 지위나 경제적인 면에서 불이익을 받아왔다. 때문에 스페인 본국의 개혁정책에 강하게 반발했으며, 스페인으로부터의 독립에 대한 필요성을 자각하게 되었다.

한편, 스페인이 1805년 트라팔가 전투에서 영국에 패함으로써 대서양 무역의 독점권을 완전히 상실하게 되었다. 이는 곧 신대륙의 식민지들이 스페인의 무역 독점에서 벗어나 경제적으로 독립할 수 있음을 의미했다. 그 후 신대륙의 식민지는 스페인의 독점 무역체제에서 벗어나 영국과 프랑스 및 네덜란드 등의 유럽 국가들과 교역하게 되었다. 1776년 미국의 독립과 1789년 자유, 평등, 박애를 주장했던 프랑스 대혁명 역시, 크리오요들에게 라틴아메리카 독립의 필요성에 대한 이론적인 정당성을 제공했다. 그러면서 이들이 독립의 의지를 다지는 데 커다란 영향을 끼쳤다.

이러한 국내외의 여러 요인이 라틴아메리카의 독립에 많은 영향을 끼쳤으나, 결정적인 계기를 제공한 것은 무엇보다도 1807년 나폴레옹의 이베리아반도 침공이었다. 나폴레옹은 스페인 침공 이후 자신의 형 호세 보나파르트를 스페인 왕으로 추대했다. 라틴아메리카에서는 이를 정통성이 없는 왕이라고 규정하고 인정하지 않았다. 이는 스페인의 라틴아메리카 식민지배의 진공상태를 의미했다. 그 후 스페인에서 다시 왕정복고가 이뤄졌지만, 그 사이 왕실의 권위와 세력은 상당히 약화되었다. 크리오요들은 이러한 상황을 이용하여 자신들의 독립에 대한 열망을 실천에 옮길 수 있었다.[68]

이처럼 라틴아메리카의 독립은 크리오요의 세력이 커짐에 반해 스페인 왕실의 힘이 약화되었기에 가능했다. 이미 크리오요는 17세기 중반을 거치면서 본국 사람들의 숫자를 넘어서면서 식민 행정 기관에서 무시할 수 없는 존재가 되었다. 그러나 왕실의 통제가 갈수록 심해짐에 따라 내부에서 독립의 기운이 서서히 일어나기 시작했으며, 마침 외적으로도 프랑스 혁명과 미국의 독립 등의 영향으로 독립에 대한 열망이 무르익어갔다. 라틴아메리카의 각 식민 행정 조직은 이미 크리오요를 배제할 수 없는 수준에 이르렀지만, 왕실은 그들을 그대로 두고 볼 수 없었다.

왜 식민지 말기에 본국은 크리오요의 통제를 더욱 강화했는가? 스페인 왕실은 식민지 개척으로 부귀영화를 가져다 준 은의 가격이 폭

---

68) 이강혁 2008, 라틴아메리카역사 다이제스트 100, 가람기획.(부르봉 왕조의 개혁과 크리오요들의 반발 - 독립운동)

락하면서 걷잡을 수 없이 쇠락의 길로 접어들었다. 그 이유는 다른 유럽의 국가들은 종교개혁과 산업혁명, 시민 혁명을 통해 새로운 정치경제 패러다임으로 전환하는 순간에도 스페인은 여전히 라틴아메리카의 자원과 가톨릭, 왕실만을 굳건히 믿고 있었기 때문이다. 이 때문에 스페인은 유럽에서도 가장 늦게 산업화에 뛰어 든 국가에 속했다. 이미 스페인이 과거에 패러다임에 머물러 쇠락하고 있음은 18세기 라틴아메리카의 무역 지형에서도 찾아 볼 수 있다. 스페인은 실질적으로 라틴아메리카 통치하고 있었지만, 대서양 무역은 영국과 프랑스, 네덜란드에게 잠식당하였다. 크리오요들은 그들의 부를 축적하기 위해 세금을 많이 매기는 스페인 왕실보다 자유무역을 추구하는 다른 국가들과 무역을 하기를 원했다. 그러나 스페인 왕실은 가뜩이나 줄어드는 수입이 새나가는 것을 막기 위해 크리오요에 대한 무역 제재와 행정적 통제를 강화할 수밖에 없었다. 스페인 왕실은 이미 이러지도 저러지도 못한 상황에 식민 통치를 위해 오랫동안 쓴 방법 중의 하나인 내부 단속에 다시 집중하였다.

이는 라틴아메리카에서 스페인 왕실의 힘이 약화된 상황에서 이는 '벌집'과도 같았던 크리오요들을 불만만을 들쑤신 꼴이 되었다. 이 때부터 식민지 내부의 문제가 본격적으로 표출되었고, 영국과 프랑스, 네덜란드 등 당시 득세하던 강국들이 아메리카 대륙에 식민지를 개척하면서 아메리카 대륙에서의 스페인의 영향력은 점차 약화되었다. 특히 영국은 북미지역과 함께 중남미의 자메이카와 벨리즈, 가이아나를 식민지화하였고, 프랑스와 네덜란드는 각각 아이티와 수리남에 대한 지배권을 공고히 하게 되었다. 또한 영국과의 트라팔가 해전에서의 패배는 스페인이 외견상 점유했던 대서양 무역권을 완전히 빼앗겨 버린 결과를 가져왔다, 이것은 스페인 경제의 근간을 흔든 치명적인 사건으로 이때부터 스페인은 라틴아메리카에 대한 실질적인 교역권을 잃어버렸다. 이 일을 계기로 19세기 라틴아메리카의 가장 하단부에 있던 부왕령인 리오 데 라 플라타까지 영국의 손에 의해 좌지우지 되었다. 엎친 데 덮친 격으로 프랑스 나폴레옹의 스페인 침략으로 인한 왕실의 교체는 라틴아메리카에 대한 스페인의 상징적인 영향력조차 남김 없이 앗아간 계기가 되었다. 영국과 해전에서의 패배가 스페인의 라틴아메리카 지배권에 대한 실질적인 상실이라고 본다면, 프랑스 침략으로 인한 왕실의 교체는 스페인 몰락에 종지부를 찍는 것과도 같았다.

5.2. 부왕령에서 근대국민국가로

스페인의 몰락과 크리오요의 자각은 라틴아메리카 각 국가들의 독립을 앞당겼다. 또한 같은 아메리카 대륙의 미국이 영국으로부터 독립한 사건은 라틴아메리카의 크리오요들에게 독립에 대한 기운을 불어 넣어 줬다. 독립 무렵 라틴아메리카는 총 4개의 부왕령이 존재했는데, 멕시코와 중미를 중심으로 한 누에바 에스파냐 부왕령과 페루와 안데스 지역의 페루 부왕령, 그리고 베네수엘라와 콜롬비아를 위시한 누에바 그라나다 부왕령, 마지막으로 아르헨티나를 중심으로 한 리오 데 라 플라타 부왕령이 있었다. 독립 초기에는 각 부왕령 전체가 독립을 추구하였으나, 각 부왕령 내부의 크리오요들의 이해관계에 의해 지금의 국가 경계로 분리되었다. 이 시기에는 근대국민국가로 영토 경계가 확정된 후에도 라틴아메리카 곳곳이 서로간의 사상적 견해와 인종적 차이 등으로 인해 곳곳에서 충돌하였다. 이와 같은 상황은 왕당파와 독립파의 갈등과 대립을 넘어선 것이었다.

예컨대 리오 데 라 플라타 부왕령은 중앙집권주의자(centralista)와 연방주의자(federalista)들이 대립하였다. 중앙집권주의자는 지금의 아르헨티나인 부에노스아이레스를 중심으로 리오 데 라 플라타 부왕령의 영토에 포함되는 지역을 중앙집권적으로 통일하고자 하였다. 반면에 연방주의자들은 각 주의 자치권 보장을 요구하였다. 이러한 양측의 대립은 리오 데 라 플라타에서 볼리비아와 파라과이, 우루과이가 분리되었다. 이와 같은 사례는 리오 데 라 플라타 뿐만 아니라 다른 부왕령에서도 유사한 움직임들이 일어났다. 멕시코의 경우에는 유카탄이 따로 독립을 선언하여 두 지역이 오랫동안 전쟁을 벌였다. 이 전쟁은 카스타 전쟁[69]이라 불린다. 특별히 카스타 전쟁은 멕시코 독립에서 배제된 마야 원주민들에 의해 촉발 된 것으로 이는 크리오요와 메스티소 중심의 독립 국가 건설에 반기를 든 역사적 사건이었다. 독립한 이후 20시기 초까지 라틴아메리카 국가들은 인종 및 정치적 문제(자유주의와 보수주의)로 인해 빈번하게 분리 독립 투쟁이 일어나기도 하였다.

이 처럼 크리오요들은 왕정주의와 독립주의, 연방주의와 분리주의, 보수주의와 자유주의로 서로 분리되어 그들이 추구하는 독립 국가를 건설하기 위해 끊임없이 반목과 갈등을 거듭하였다. 특히 근대 국민국가 수립 과정에서 크리오요들은 보수주의와 자유주의로 분리되어 대립하하였다. 보수주의는 급진적인 개혁이나 독립 보다는 스페인의 왕정과 식민 시기의 가톨릭을 그대로 이어받기를 원하였다. 이와 달리 자유주의는 왕정을 벗어나 시민 중심의 공화주의 국가를

---

69) 카스타 전쟁은 계급 전쟁으로 번역할 수 있으며, 자세한 내용은 정혜주가 2011년에 저술한 '마야 원주민의 전쟁과 평화' 참고하기 바람.

설립하고 정교 분리를 추진하였다. 자유주의자들은 가톨릭 교회가 정치와 행정적 부분에서 손을 떼고 종교적인 부분에만 관여해야 한다고 주장했다. 결국 대부분의 라틴아메리카 국가에서는 자유주의자들이 승리하여 공화제 형태의 근대국민국가가 채택되었으나 그 내부 갈등은 20세기 초까지 지속되었다.

크리오요들의 이해관계와 인종간 차별 등의 문제가 서로 엮이면서 라틴아메리카의 개별 국가들이 독립을 시도를 할 때, 이와 반대로 라틴아메리카 전체를 통합하려는 움직임도 존재하였다. 그들은 바로 라틴아메리카 독립의 아버지라 불리는 시몬 볼리바르와 산 마르틴이다. 이 둘은 모두 크리오요 출신이었다. 시몬 볼리바르는 스페인계 가문

시몬볼리바르의 모습70)

---

70) Luis Marden의 사진(https://www.nationalgeographic.org 검색일 20181112)

으로서 누에바 그라나다 부왕령의 중심지인 카라카스에서 태어났으며, 산 마르틴도 스페인 군인의 아들로서 리오 데라 플라타 부왕령의 야페유(Yapeyú: 우루과이강의 예수회 마을)에서 출생했다.

시몬 볼리바르는 현재의 베네수엘라에서 태어나 어린시절부터 여행을 통해 다른 곳의 지식인들과 교류하였다. 청소년기에는 멕시코와 유럽을 다녔다. 멕시코에서 같은 처지의 다른 크리오요들을 만나면서 독립에 대한 생각을 갖기 시작하였다. 그는 결혼 후 아내가 죽고 다시 유럽으로 건너가 나폴레옹과 국제 정세에 대해 탐구하였다. 유럽에서 돌아 온 후에, 그는 독립운동에 뛰어들었다. 그러나 왕당파에게 패하여 지금의 콜롬비아 카르타헤나로 피신하였다. 볼리바르는 그 곳에서 전열을 가다듬어 독립을 선언하고 다시 베네수엘라로 진격하였다. 그의 부대는 스페인 왕실에 반감을 가진 시민들의 지원을 받아 전쟁에서 승리하였다. 그 뒤로 스페인의 반격으로 전쟁에서 패배와 승리를 반복하였으나 결정적인 승리를 거두지는 못하였다.

볼리바르는 1891년 보고타 인근에서 스페인 군대를 상대로 승리를 거둔 후 그곳에서 그란 콜롬비아를 선포하였다. 이는 볼리바르가 생각하던 독립 국가의 시작을 알리는 것이었다. 그는 미국이 연방 국가를 건설하는 데 자극을 받아 그란 콜롬비아를 구상하였다. 그 뜻을 실현하기 위해 볼리바르는 지금의 베네수엘라와 에콰도르를 일대를 통일하였다. 그란 콜롬비아는 중미와 남미를 포괄하는 거대한 지역이었는데 현재의 베네수엘라와 콜롬비아, 에콰도르, 파나마 전체와 코스타리카, 페루, 브라질, 가이아나의 일부 영토를 포함하였다.

볼리바르와 함께 또 다른 남미의 '해방자'였던 산마르틴은 남미남부지역인 리오 데 라 플라타 지역에서 출생한 크리오요였다. 그는 유년시절 가족들과 스페인으로 가서 귀족 교육을 받고 스페인군에 입대하였다. 그리고 장교서 스페인에 침입한 무어족과 포르투갈군, 영국군, 프랑스군을 상대로 전투를 치른 베테랑이었다. 그런 그가 1811년 부에노스 아이레스로 돌아와 크리오요들과 함께 스페인군을 상대로 싸우게 되었다. 오랫동안 스페인의 충성스런 장교였던 그가 라틴아메리카 독립에 투신했는가에 대한 부분은 많은 의문이 남는 다. 아마도 당시에 프나폴레옹에 의해 스페인이 몰락하는 것을 눈으로 목격을 했고, 또한 그 자신도 크리오요로서 본국에서 출신의 한계를 느꼈기 때문에 그의 고향과도 같은 부에노스 아이레스에 돌아와 독립운동에 뛰어 든 것으로 보인다.

산 마르틴의 모습[71]

산 마르틴은 부에노스 아이레스에서 스페인군을 몰아내고 리오 데 라 플라타를 독립시켰다. 리오 데 라 플라타를 독립시킨 후, 그는

---

71) https://www.clarin.com 17/08/2018

리마에 있는 스페인 군을 물리치지 않으면 위험하다고 판단했다. 산 마르틴은 현재의 페루에 있던 스페인 군을 몰아내기 위해 안데스 산맥을 넘어 칠레를 정복하였다. 그리고 칠레의 발파라이소항에서 출발하여 리마의 카야오항에 도착하였다. 그러나 페루 지역의 스페인 군이 강했기에 리마로 함부로 진격할 수 없었다. 산 마르틴은 페루 일부 지역을 장악한 후 남미 북부 일대를 장악한 볼리바르와의 협력이 불가피하다고 생각하였다. 이러한 과정에서 남미를 독립시킨 두 영웅이 만남을 가졌는데, 그 만남이 바로 과야킬 회담이다.

과야킬 회담

1822년, 볼리바르와 산 마르틴은 에콰도르의 과야킬에서 남미 지역의 독립문제에 대해 협의했다. 권력에 대한 야심이 없었던 산 마르틴은 라틴아메리카의 독립만이 목표였고, 아르헨티나, 칠레, 페루를 어떻게 통합할 것인가 하는 문제에 관심을 가졌다. 그는 한 나라가 '행운을 가진 한 명의 군인'의 손아귀에 들어가는 것을 반대했고, 강력한 지배자가 아닌 강력한 정부를 원했다. 이에 대해 볼리바르는 인종적인 불평등이 횡행하는 아메리카 대륙에 '효과적인 전제주의', 즉 법적인 평등을 강제할 수 있는 능력을 겸비한 강력한 행정기관을 제안했다. 그는 또한 "비록 그들이 자유를 말하고 또 자유의 보장을 말하지만, 그것은 민중을 위한 것이 아니라 순전히 자신들을 위한 것이다. · · ·그들은 하층계급의 사람들과 똑같은 수준에 있고자 해서가 아니라 자신들의 지위만을 높이기 위해서 평등을 원한다"라고 말하면서 '지위, 직업, 부에 입각한 귀족정치'에 반대했다.

회담이 끝난 후, 산 마르틴은 볼리바르에게 "나는 내 과업을 완수했네. 뒤에 오는 영광은 다 자네 것일세"라는 말을 남기고 아르헨티나 멘도사의 농장에서 은거하다가, 부에노스아이레스로 다시 돌아가서는 일체 정치활동에 참여하지 않았다. 그 후 1824

년 딸과 함께 영국과 벨기에에서 살다가 자신이 해방시켰던 라틴아메리카에는 두 번 다시 돌아오지 못한 채, 72세의 나이로 프랑스 파리에서 생을 마감했다.

역사적인 과야킬 회담의 내용은 알려지지 않았다. 이 회담은 라틴아메리카 전체를 하나의 나라로 묶는 강력한 대통령제 실시를 주장한 볼리바르와, 대통령제를 시행하기에는 아직 라틴아메리카의 정치상황이 맞지 않다고 판단해 입헌군주제를 주장한 산 마르틴의 입장 차이만 확인한 채 끝났다.

그 후 볼리바르는 산 마르틴의 당부에 따라 페루의 완전 독립을 위해 더욱 매진했다. 결국 1824년 12월, 아야쿠초 전투에서 승리함으로써 페루를 정치적으로 완전히 독립시켰다. 그리고서 안토니오 호세 데 수크레와 함께 알토 페루(Alto Perú, '높은 페루'라는 의미로 지금의 '볼리비아'에 해당한다)를 해방시켰다. 여기에서도 볼리바르는 페루와 알토 페루를 하나로 묶는 대 페루국 구상을 제시했으나, 결국 알토 페루의 크리오요들의 지지를 얻지 못해 실패하고 말았다. 그러나 스페인으로부터 해방된 알토 페루는 볼리바르의 이름을 따서 '볼리비아'라 부르게 되었다.[72]

라틴 아메리카 식민지 해방 및 독립의 선구자인 시몬 볼리바르와 산 마르틴은 그들의 목적처럼 라틴아메리카 땅에서 스페인을 몰아내는 데 성공했지만, 하나의 라티아메리카를 만드는 것은 실패했다. 한 하늘에 두 개의 태양이 있을 수 없는 것처럼 산 마르틴은 볼리바르에게 독립 이후의 모든 것을 맡기고 낙향하였다. 볼리바르는 라틴아메리카를 미국과 같은 연방제를 만들고자 추진했지만, 각 부왕령 단위로 묶는 것도 힘에 부쳤다. 볼리바르는 차선책으로 그란 콜롬비아만이라도 하나의 국가로 만들고자 했으나 결국 각 지역별 크리오요들의 이해관계에 부딪혀 그 조차도 실패하였다.

---

72) 이강혁 2008, 라틴아메리카역사 다이제스트 100, 가람기획.(페루의 보호자 –산 마르틴)

과야킬 회담을 기념한 시몬볼리바르와 산 마르틴 동상(에콰도르 과야킬)

이미 크리오요들은 각 지역과 지방의 토호로서 그들만의 권력과 세력을 유지하기를 원했다. 또한 앞서 언급했듯이 크리오요간의 정치경제적 이해관계는 매우 복잡했다. 게다가 미국과 영국도 라틴아메리카 강력한 하나의 국가로 통합되는 것를 원하지 않았다. 이는 각 부왕령 단위로 독립하는 것 초자 힘든 원인이 되었다. 1832년에는 볼리바르가 사망한 지 2년 만에 그란 콜롬비아는 보란 듯이 베네수엘라와 콜롬비아, 에콰도르로 분할되었다.

브라질은 라틴아메리카에서 유일하게 포르투갈 식민지였지만, 프랑스 혁명과 미국의 독립, 나폴레옹의 이베리아 반도 침공이라는 세계사적 변화에 다른 라틴아메리카 국가들처럼 변화의 물결에 조응해야 했다. 브라질에서도 당시의 개혁적인 사상인 자유주의가 움트기 시작했다. 이들은 공화국을 건설하는 것이 목표였는데, 브라질의

미나스 제라이스 지역을 중심으로 티라텐티스가 주도하였다. 티라텐티스는 혁명을 꾀했으나 식민 정부에 노출되어 사형을 당하였다. 그러나 브라질 전 지역은 이미 자유주의 사상이 널리 퍼진 상태였다. 이로 인해 브라질도 크리오요들이 자유주의와 보수주의로 대립하게 되었다.

그러나 브라질은 스페인령 라틴아메리카와 확연히 다른 길을 걸어갔다. 프랑스 나폴레옹군의 이베리아 반도 침공은 스페인과 포르투갈 왕실을 벼랑으로 내몰았다. 포르투갈 왕실은 스페인 왕실과 달리 본국을 버리는 결정하였다, 당시 동 주앙 6세는 프랑스군에 영국 함대의 도움으로 브라질로 도망치게 된다. 브라질의 보수주의 크리오요들은 왕실이 거세게 몰아치는 자유주의 바람을 막아 줄 우군이었기에 열렬히 환영하였다. 보수주의 크리오요의 지지에 힘입어 포르투갈 왕인 동 주앙 6세는 포르투갈과 브라질을 포르투갈 브라질-알가르브 연합왕국으로 선포하면서 브라질을 포르투갈과 대등한 관계에 있는 국가로 인정하게 되었다. 동 주앙 6세에 의해 식민지였던 브라질은 포르투갈과 연합 왕국이 되는 아이러니한 상황에 놓이게 된다.

그러나 자유주의의 바람은 쉽게 꺾이지 않았고, 혁명군은 브라질 정부를 상대로 페르남부코와 인근 도시에서 독립을 선포하였다. 동 주앙 6세는 왕권을 바탕으로 혁명군을 진압하였다. 만약 스페인처럼 포르투갈에 동 주앙 6세가 있었다면, 왕당파가 개혁 세력들을 이긴다는 보장이 없었을 것이다. 1821년 포르투갈의 왕가가 복귀하면서 동 주앙 6세도 더 이상 브라질에 머물 명분이 없었다. 그는 입헌 군주제를 채택한 포르투갈로 다시 돌아갔다. 그러나 그의 아들인 페드로 1세는 포르투갈로 가는 것을 거부하였고, 그대로 브라질에 머물렀다. 포르투갈 정부는 연합왕국을 해체하고 브라질을 다시 식민지로 돌리고자 하였으나, 이미 브라질은 본국을 능가할 정도로 힘이 축적되어 있었기에 페드로 1세를 중심으로 1822년 10월 17일에 브라질 제국을 선포하면서 독립 국가 된다. 브라질은 라틴아메리카 유일하게 입헌군주 국가로 독립을 했고 페드로 2세가 물러난 1889년에야 비로소 공화국을 수립하게 된다.

5.3. 라틴아메리카의 근대국민국가와 민족주의의 탄생[73)]

19세기 초 라틴아메리카의 각 국가들은 유럽의 영향을 받아 독립과 근대 국민국가 설립 과정에서 민족주의를 적극적으로 동원하였다. 이러한 배경으로 인해 라틴아메리카의 민족주의도 근대적 영역에서 설명하고자 하는 시도가 많았다. 이와 같은 흐름을 주도한 학자는 바로 '상상의 공동체'를 저술한 베네딕트 앤더슨(1983)이라 할 수 있다.

라틴아메리카의 민족주의는 앤더슨이 주장한대로 크리오요(criollo)이 주도했다는 것이 아주 일반적인 학설이다. 앤더슨류의 근대주의 계열의 학자들은 라틴아메리카 유산의 '절반' 이상을 차지하고 있는 에스닉 문화가 민족주의 형성에 미친 영향에 큰 관심을 두고 있지 않다. 물론 민족주의의 직접적인 발생 원인이 근대국가를 세운 지배계층과 그들의 정책이었다는 것을 부인할 수는 없다. 또한 크리오요들이 라틴아메리카 각 국가들의 독립을 주도했던 계층이었고, 이들

---

73) 본 장은 구경모 2016 라틴아메리카 민족주의와 지역통합, 에스닉: 파라과이의 사례, 민족연구 68, pp.206~208의 3장에 게재된 내용을 수정한 것임.

은 독립 이후에도 근대국가를 건설 과정에서 다양한 인종과 원주민들을 하나의 국민으로 통합하기 위해 민족이라는 이데올로기를 동원한 것도 사실이다.

그러나 과연 크리오요들이 독립 과정에서 이전의 역사, 문화적 산물, 즉 에스닉 문화를 완전히 무시할 수 있었을까? 식민 시기이전의 원주민 문화권은 완벽하지는 않지만, 지금의 국가 경계와 유사하게 형성되어 있었다. 예컨대, 멕시코의 아스텍(나우아틀), 과테말라의 마야, 페루의 잉카(케추아), 볼리비아의 아이마라, 파라과이의 과라니 등 각 국가를 대표하는 에스닉들이 여전히 존재하고 있다. 물론 상기의 에스닉들이 각 국가의 경계와 완벽하게 일치하는 것은 아니지만, 근대국가 형성 단계에서 역사, 문화적으로 하나의 국민 혹은 민족 정체성을 만드는데 일조한 것은 분명하다. 이렇듯 근대국민국가의 경계를 규정짓고 나아가 민족주의를 부각시킨 기저에는 바로 근대 이전부터 존재한 원주민 문화의 역할이 있음을 부인할 수 없다.

원주민 유산은 비단 역사, 문화뿐만 아니라 정치 및 경제, 행정적인 부분에서도 남아있다. 스페인과 포르투갈 정복자들, 특히 스페인 정복자들은 아주 넓은 아메리카 대륙을 모두 통치할만한 행정가와 군인을 갖추지 못하였다. 그들은 전략적으로 주요 지역을 정복하였으며, 그 지역조차도 다스리기 버거웠다. 정복자들은 부족한 통치 역량을 원주민으로부터 차용하였는데, 그 대표적인 사례가 바로 원주민 추장인 까시께(cacique)에게 지역의 통치를 위임하는 것이었다. 또한 일부 통치 제도는 원주민의 정치경제 시스템에서 빌려왔다. 예를 들어 레파르타미엔토(repartimiento) 제도는 안데스의 잉카 원주민의 부역제도인 미따(mita)에서 응용한 것이다(Susnik 1982). 즉 스페인 정복자들은 때에 따라 각 원주민의 권역을 인정하면서 그들의 부족한 통치 역량은 원주민의 인력과 제도를 적극적으로 차용하였다. 물론 다수의 원주민 집단들이 정복 과정에서 사라지기도 하고 다른 원주민 집단에 통합되기도 하였으나, 원주민의 사회 및 정치경제 제도가 식민시기를 거치면서 근대국민국가 성립에 영향을 준 것은 분명한 사실이다.

흔히 라틴아메리카에서 원주민은 근대국민국가에서 주변적인 존재, 근대적이지 못한 존재로 묘사되어왔다. 이는 독립이후에도 잔존해있던 제국주의적 사고가 남아있었기 때문이다. 또한 정치적으로 독립을 이끌었던 크리오요들도 스페인과 포르투갈의 후손이라는 점을 상기한다면, 원주민에 대한 사고가 갑작스럽게 바뀌긴 어려웠다. 예를 들어 크리오요들은 근대 국가 수립을 위해서는 전근대적인 원주민을 문화를 버리는 것이 우선이라 생각하여 원주민어 사용을 금지하였다. 라틴아메리카의 대부분의 국가들은 이미 19세기 초에 식민지배에서 벗어났지만, 원주민들 여전히 크리오요로 불리던 유럽계 백인들과 혼혈 인종인 메스티소(mestizo)에 의해 차별을 겪어야만 했다.

라틴아메리카의 각 국가들이 원주민 정체성을 인정하기 시작한 것은 독립을 선언하고도 거의 한 세기가 지날 무렵쯤이었다. 라틴아메리카의 각 국가에서는 공화정을 확립하려는 자유주의자들과 군주제를 주장하는 보수주의자들의 갈등이 첨예하게 일어났다. 그러한 갈등은 빈부격차 해소를 위한 토지개혁과 혁명 등을 통해 폭발되었고, 혁명 이후에 점차 공화제에 기반을 둔 국가들이 등장하기 시작한다. 이와 같은 과정을 거쳐 대부분의 라틴아메리카 국가들은 19세기 말과 20세기 초 공화주의 기틀을 마련하였다.

이 시기부터 라틴아메리카의 각 국가들은 에스닉 문화를 통원하여 민족주의를 강화하기 시작한다. 하나의 국가와 국민을 강조하는 것이다. 다양하게 나눠진 인종을 하나로 묶는 작업을 실시하였다. 특히 당시에 소외되었던 원주민과 흑인들을 하나의 국민으로 끌어 들이는 작업 전재하였다. 이 당시에는 원주민과 흑인 운동이 활발히 일어났는데, 대표적인 운동이 바로 인디헤니스모(indigenismo)이다. 이 운동은 라틴아메리카의 원래 주인인 원주민이 주체가 되어 라틴아메리카의 정체성을 회복하자는 것으로 당시의 사상에 폭넓게 영향을 미쳤다. 각 국가들은 원주민의 문화를 자랑스러운 유산으로서 인정하는 정책을 실시하였고, 이를 국가통합의 기제로 활용하였다.

당시 라틴아메리카의 국가들은 근대국민국가 건설에 방해가 된 다양한 인종적 스펙트럼을 하나로 묶어내기 위해 원주민 문화를 동원한 것이었다. 이러한 과정은 원주민 언어 교육과 박물관 확충, 벽화운동, 문학 작품 등의 실제적인 행위로 드러났다. '원주민 문화 다시보기'는 라틴아메리카 각 국가의 민족주의, 즉 멕시코인과 브라질인과 같은 민족 통합 이데올로기로 작용한 '혼혈에 대해 다시보기'로 이어지는데 큰 역할을 하였다.

멕시코의 초대 교육부 장관이자 국립대 총장을 역임한 호세 바스콘셀로스(1925)는 우주적 인종(La Raza Cósmica)을 통해 혼혈인 메스티소에 대한 당연함과 우수함을 역설하였다. 이는 멕시코, 나아가 라틴아메리카의 일반적인 현상인 인종과 문화적 섞임에 대한 자부심을 강조함으로서 멕시코인이라는 하나의 국민으로서의 정체성을 강조한 것이다. 이를 통해 멕시코에서는 메스티소 민족주의가 탄생하였다. 우주적 인종은 순혈주의, 특히 정복자들이었던 백인 제국주의에 대한 대항논리와 그 동안 배격되었던 원주민의 정체성을 수용하는 의미가 내포되어있다. 이러한 움직임은 브라질에서도 유사하게 나타나는데, 질베르투 프레이리(1933)는 인종민주주의라는 개념을 통해 백인과 흑인, 원주민이 모두 평등하게 섞인 브라질인이라는 민족 개념을 제시하였다. 인디헤니스모 운동과 '혼혈에 대한 다시보기'를 통한 근대국가 만들기는 바로 에스닉 문화라는 공통분모위에 존재했다고 볼 수 있다.

제 6 장

라틴아메리카와
과거사청산

6.1. 과거사청산의 의미와 과정

과테말라 시민사회단체 사무실에 게재되어 있는 과거사청산 관련 포스터

(1) 과거사청산의 의미

흔히 과거사청산(Transitional Justice)이라 불리우는 과정은 전 세계에서 다양한 사례로 관찰되고 있다. 과거사청산의 의미는 과거 특정 국가 정치체제 혹은 전쟁하에서 자행되었던 잔혹행위 및 인권유린들을 새롭게 들어선 체제 하에서 어떻게 청산해야 하는 가의 문제를 논하는 것이다. 과거사청산이 실시되는 범위는 개인 및 가족으로부터 시작해 공동체, 지역, 나아가 국가 및 초국가에 이르기까지 다양하게 나타날 수 있으며, 전 세계적으로 과거사청산의 범위에 속한 경우는 전쟁, 국가폭력, 인종학살, 인권침해 등이 주요 범주를 이루고 있다. 예를 들어 한국의 경우에는 한국전쟁 당시 국군이나 미군에 의해 자행되었던 민간인학살과 1960-70년대 박정희 독재정권 시절에 행해졌던 인권침해 사건 등이 과거사청산의 대상에 포함된다고 볼 수 있다.[74]

(2) 과거사청산의 과정

과거사청산의 과정은 새롭게 들어선 '정치 혹은 사회체제'가 과거 권위주의 시기 악행들을 조사하고 처벌하는 과정으로 구성되어 있으며, 이러한 활동의 주요 범주는 '진상(진실)규명'과 '가해자·책임자 처벌', '피해자 배·보상', '위령과 역사화작업, 화해' 등으로 나눌 수 있다.

먼저 진실(진상)규명은 과거 권위주의 체제하에서 행해졌던 모든 행동들에 대한 정확한 조사가 이루어져야 함을 전제로 하고 있다.

---

74) 실제 한국의 경우에는 2006년부터 2010년까지 '진실화해를위한과거사정리위원회'라는 기구를 통해 위에서 언급하였던 케이스에 대해 과거사청산을 일부 실시한바 있다.

즉 과거 특정체제하에서 행해졌던 악행들을 청산하기 위해서는 먼저 그 당시에 발생하였던 일들에 대한 조사가 철저하게 이루어져야 함을 말한다. 진실규명은 과거사청산에서 가장 중요한 과정 중의 하나이며, 과거사청산의 향후 모든 과정은 진실규명의 토대위에서 이루어질 수 있다.

대개의 경우 진실규명이 끝나게 되면 본격적인 과거사청산의 세부 과정이 시작된다. 진실규명 이후 과거사청산의 두 번째 중요 세부 과정은 인권이나 민주주의를 유린하였거나 폭압적인 독재정치를 일삼았던 주요 가해자에 대한 처벌이다. 가해자 처벌은 과거사청산의 성패를 이루는데 중요한 요소를 이루지만, 아이러니하게 과거사청산 과정에서 가장 힘든 부분은 가해자에 대한 처벌이라 할 수 있다. 대부분의 과거사청산의 경우, 권위주의 시기가 끝났음에도 불구하고 완전하게 사회조직이 변화하지 않아 악행의 주요 가해자들을 마음대로 처벌하지 못하는 경우가 많다. 많은 라틴아메리카 국가에서 과거사청산이 실시되어 진실규명 등의 활동을 전개하였지만, 효과적인 가해자 처벌이 이루어진 국가는 거의 드물다고 볼 수 있다. 마찬가지로 한국의 경우에도 5.18 광주민주화운동 등에 대한 과거사청산이 일부 실시되기는 하였지만, 핵심 가해자(책임자)에 대한 처벌은 형식적으로 이루어지거나 시도되지 않았다. 하지만 과거 특정체제하에서 악행을 일삼았던 주요 가해자 혹은 책임자들을 처벌하지 못한다면 진정한 과거사청산이 될 수 없고, 미래에 다시금 유사한 폭력이 재현될 수 있다. 이와 같은 측면에서 가해자 혹은 책임자 처벌은 가장 어려운 부분에 속하지만, 과거사청산에서 가장 중요한 부분일 수밖에 없다.

과테말라의 산타마리아 네바흐(Santa Maria Nebaj)에 있는
민간인학살 희생자 유족회 사무실 전경.
36년 간의 과테말라 내전 당시 약 200,000명 이상의 마야 원주민이 학살되었으며, 그 유가족
들은 그 문제를 해결하기 위해 다양한 노력을 펼치고 있다.

가해자 처벌과 더불어 피해자에 대한 배보상 문제도 과거사청산
의 주요한 과정이다. 과거사청산 관련 사건의 많은 피해자들은 대부
분 국가폭력의 피해자이며, 이들은 단순히 개인적인 한 사람으로서
의 피해자가 아니라 사회공동체 전체의 대표적 피해로 상징화될 수
있다. 또한 이들의 피해는 자신뿐만 아니라 가족과 공동체에 상당한
트라우마를 발생시킨 다중적 피해구조로 속한 경우가 대부분이다.
결국 과거사청산은 이와 같은 국가폭력의 피해를 당한 사람들을 어
떤 방식으로 구제하고 보상하는 가의 문제로 귀결될 수 있다. 이것
을 피해자 배보상의 문제라고 한다. 피해자 배보상에 있어서 가장

큰 원칙은 '피해 이전의 상황으로 피해자들'을 '원상회복'시켜 놓는 것이다. 하지만 이것은 실질적으로 불가능한 경우가 많은데, 대부분의 국가폭력 피해자들은 사살되거나 실종되었고, 비록 생명을 유지했다하더라도 심각한 정신적 장애 및 트라우마 등을 겪는 경우가 대부분이기 때문이다. 이에 국가폭력 범죄에 대한 피해 배보상은 피해자뿐만 아니라 피해자의 가족들, 그리고 국가폭력 사건과 직접적 연관성은 없으나 그 사건으로 인해 심각한 장애를 앓게 된 모든 이들에게 해당이 될 수 있다. 배상과 보상은 각기 상황에 따라 다른 용도로 쓰일 수 있는데, 먼저 '보상' 개념은 자발적이고 불가피한 '희생'이었다는 측면에 기인한 것으로서, 국가의 고의적이고 불법적 행위가 없었음에도 불구하고 불가피하게 죽음에 이르게 되었을 때 사용하는 용어이다. 하지만 '배상'은 불법행위에 대한 논리적 귀결로서, 행위의 불법을 인정하고 나아가 피해의 완전한 회복을 요구할 때 사용하는 용어이다(이재승 2014, 185-195). 배상의 방식에는 다양한 종류가 존재하지만, '유엔인권피해자 권리구제 원칙'에 의해 볼 때 '원상회복'과 '금전배상', '재활조치', '만족', '재발방지 보증' 등의 방식이 존재함을 알 수 있다.

과거사청산의 마지막 단계는 기념과 위령, 화해이다. 앞에서 언급한 가해자 처벌과 피해자 배보상은 과거사청산의 핵심 단계에 속한 것은 사실이지만, 이 과정을 통해 해당 사회는 누군가에게 강한 응징과 징벌을 줄 수밖에 없으며, 이를 통해 분열과 대립의 기운이 조장될 수도 있다. 이에 많은 사회에서는 과거사청산의 마지막 과정으로서 피해자와 가해자 사이의 화해와 통합, 그리고 과거의 교훈을 후속 세대에게 전달하는 작업에 몰두하게 된다. 이와 같은 핵심과정들은 화해와 위령, 기념사업의 과정이라고 불리우고 있다. 이것은 잘못된 과거의 부정적 기억을 성찰하고, 이러한 과거가 다시금 재발되지 않도록 하기 위해서 사회적으로 어떠한 기념 작업들이 필요한가에 대한 문제이다.

과거사 문제 치유 · 화해를 위한 주요 대상과 과제

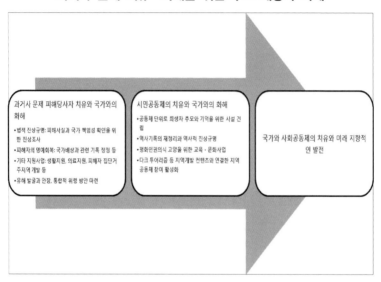

과거사 문제 피해당사자 치유와 국가와의 화해
- 법적 진상규명: 피해사실과 국가 책임성 확인을 위한 진상조사
- 피해자의 명예회복: 국가배상과 관련 기록 정정 등
- 기타 지원사업: 생활지원, 의료지원, 피해자 집단거주지역개발 등
- 유해 발굴과 안장, 통합적 위령 방안 마련

시민공동체의 치유와 국가와의 화해
- 공동체 단위로 희생자 추모와 기억을 위한 시설 건립
- 역사기록의 재정리와 역사적 진상규명
- 평화인권의식 고양을 위한 교육 · 문화사업
- 다크 투어리즘 등 지역개발 컨텐츠와 연결한 지역공동체 참여 활성화

국가와 사회공동체의 치유와 미래 지향적인 발전

(3) 과거사청산과 인권

전 세계 과거사청산 사례에서 다루고 있는 주요 과제는 각종 분쟁 (내전 등) 및 권위주의 통치와 그 이후의 정치체제에서 행해지는 인권보장 문제 등을 포함하고 있다. 특히 유엔 인원위원회와 인권소위원회 등의 국제인권기구에서는 '중대한 인권침해의 피해자 배보상'과 주요 가해자 '불처벌' 사항 등에 대해 꾸준한 관심을 가져온 것이 사실이다. 이와 같이 1970년대 이후 전 세계 많은 나라에서는 상호

간의 경험을 바탕으로 보편적인 인권 의제를 선정하여 과거사청산의 실현에 기준점으로 삼고 있다. 현재 국제사회에서 과거사청산 등의 문제와 연관하여 관심을 가지고 있는 인권 의제들은 다음과 같다.

- 중대한 인권침해가 야기되는 사회 분열 문제에 대한 대책
- 진실규명을 통한 개인과 사회의 상처 치유 및 종식
- 희생자의 정의구현과 가행자의 책임추궁
- 정확한 역사적 기록
- 법치 구현
- 민주화와 인권의 지속적 보장을 위한 제도 구현
- 인권침해 방지의 예방
- 동일범죄 재발의 예방
- 새 체제의 사법, 정체제도에 대한 신뢰 구축
- 불처벌 관행의 종식
- 가해자의 권력화 방지
- 가해자와 피해자가 공존할 수 있는 현실의 창출
- 갈등당사자들의 사회적 재통합
- 피해자 고통의 경감, 상처의 치유
- 공동체 건설을 통한 미래 갈등의 예방

과테말라의 "경찰문서 아카이브"(Archivo Histórico de la Policia Nacional) 센터
담벼락에 그려진 과거사청산을 상징하는 그림

6.2. 과거사청산의 방법과 모델

(1) 국제적 수준

대개 과거사청산은 다양한 레벨에서 이루어지는데, 크게 살펴보면 '국제적 수준'과 '일국(一國) 수준'으로 나누어 볼 수 있다. 국제적 수준은 문자 그대로 과거사청산의 초국가적 수준에서 진행되었다는 것을 의미하며, 그 형식은 '전범재판소', '국제형사재판소' 등의 형태로 나타날 수 있고, 국제 인도주의법과 국제인권법 등의 적용에 의하여 과거사청산이 진행될 수 있다. 국제적 수준에서 진행되었던 과거사청산의 대표적인 사례로는 제2차 세계대전 이후 나치 독일 전

범과 유대인 학살 관여자에 대해 처벌을 실시한 '뉘른베르그 재판'(Nuremberg Trials)과 극동지역(태평양전쟁) 전범들을 단죄한 '극동국제군사재판(The International Military Tribunal for the Far East, IMTFE)' 을 들 수 있다. 이 재판들에서는 제2차 세계대전의 1급 전범으로 기소된 수 십 명에 대해 사형 등의 판결이 내려지는 등 신속하고 강력한 과거사청산이 국제사회의 기준에서 이루어진 경험이 있다.[75]

제2차 세계대전의 사례 이외에도 국제사회에는 국제적 수준의 다양한 과거사청산 경험이 존재하고 있다. 예를 들어, 옛 유고슬라비아연방 내전 중 발생하였던 학살, 고문, 강간 등을 조사하기 위해 설립된 기구로서 ICTY(International Criminal Tribunal for the Former Yugoslavia)를 들 수 있다. 이 단체는 유엔안정보장이사회의 비상권한에 의거하여 창설된 국제형사재판소로서, 제네바협약 위반, 전쟁범죄, 집단학살, 반인륜적 범죄 등을 조사하였으며, 유고연방이라는 일국 내 사건을 조사하지만 다국적 외국인으로 이루어진 재판부를 구성하였다. 또한 다른 사례로는 1975년부터 1979년까지 캄보디아의 '민주캄푸치아공화국'에서 발생한 민간인 집단학살, 즉 '킬링필드'의 주역들을 단죄하기 위해 만들어진 'ECCC(Extraordinary Chambers in the Courts of Cambodia)' 국제전범재판소를 들 수 있다. ECCC는 국제연합과 국제사회 15개국, 그리고 캄보디아 정부가 긴밀히 협조하여 만든 특별재판소로서, 킬링필드가 발생하는데 가장 큰 원인이 된 것으로 보인 주역들을 처벌하고 재판하기 위해 세워졌다.

---

75) 뉘른베르크 전범재판에서는 헤르만 괴링과 요아힘 폰 리벤트로프 등의 주요 전범 12명에 대한 사형 판결이 이루어졌고, 극동국제군사재판에서는 도조 히데키 등 총 7명에 대한 사형 판결이 내려졌다. 당시 뉘른베르크의 경우에는 제2차 세계대전 승전국인 미국과 영국, 소련, 프랑스에서 판사와 검사 등을 구성하였고, 극동국제군사재판 '에서는 미국과 호주, 캐나다, 중국, 인도 등의 승전국에서 판사와 검사를 파견하여 재판을 진행하였다.

위와 같은 국제적 수준의 과거사청산 기구들은 빠른 시간내에 효과적인 법집행을 통해 가해자 처벌 등에 탁월한 효과를 가져올 수 있다는 장점을 가지고 있으나, 반면에 특별재판소 등의 기구를 구성하는데 많은 국가들의 동의를 구하는 것이 상당히 어렵고, 또한 기구를 운영하는 과정에서의 복잡성 등은 일국 수준의 운영보다 훨씬 더 크다는 것이 단점이라 할 수 있다.

뉘른베르크 국제전범재판 광경[76]

---

76)
https://m.blog.naver.com/PostView.nhn?blogId=baboutchun&logNo=220138713109&proxyReferer=https%3A%2F%2Fwww.google.com%2F

극동군사재판에 참석한 전범 도조 히데키[77]

(2) 일국(一國) 수준

대개의 과거사청산은 국제적으로 발생하는 것이 아니라 일국가 수준에서 이루어진다. 한 국가 내부에서 과거사 문제를 청산하기 위해 활용하는 방식으로는 어떤 기구를 설치하는가에 따라 '특별법정 (special court)'과 '진실위원회(truth commission)'를 통한 방법으로 나눌 수 있다.

특별법정은 반인륜적 범죄 행위와 국가범죄, 그리고 잔혹행위 등을 조사하면서 일국가 수준의 과거사청산을 시도한다. 상당수의 특별법정은 앞서 언급한 국제적 수준에서 운용되는 경우가 있으며, 각

---

77) http://www.nocutnews.co.kr/news/4504380

기 중대한 사건별로 고유한 법정을 만들어 과거사청산을 실시한다. 특별법정의 경우 신속하고 보다 완벽한 과거사청산이 이루어질 수 있는 법적 기반이 만들어질 수 있고, 가해자에 대한 처벌 및 피해자에 대한 배보상 등이 법에 의해 원활하게 운용될 수 있지만, 이 법정을 만들기까지 상당한 시간과 노력이 필요한 것이 사실이다.

오히려 과거사청산의 대부분은 설립에 있어 상당한 기간을 요하는 특별법정보다 '진실위원회'를 통한 방법이 보다 대중화되어 있는 추세이다. 진실위원회를 통한 과거사청산은 일국가 내 과거사청산을 실시하는데 있어서 특별법정의 구성이나 강력한 법률의 지원을 받지 못할 경우 실시될 수 있다. 이것은 설치 및 운영이 특별법정 등에 비해 쉽고 용이한 측면은 있으나, 강제 권한을 가지지 못하는 한계를 가진다. 하지만 진실위원회가 항상 특별법정의 대안으로만 작동하는 것은 아니다. 진실위원회는 복잡한 과거사청산 가운데서 진실규명과 위령, 화해 등에 목표를 가지면서 자칫 잊혀질 수도 있는 과도기의 역사를 충실히 기록하고 이에 기반해 사회의 전반적인 미래를 개선할 수 있다는 장점을 가지고 있다. 이이 진실위원회를 통한 과거사청산은 대한민국을 비롯하여 아르헨티나, 칠레, 파라과이, 볼리비아, 우루과이, 엘살바도르, 남아프리카공화국, 시에라리온, 필리핀, 르완다, 동티모르 등에서 운용된 바 있으며, 현재도 많은 국가에서 위원회를 운영중에 있다.

진실위원회를 통한 접근은 상당히 효율적으로 조직을 운용할 수 있다는 장점에 비해 상당한 약점을 가지고 있는데, 그것은 무엇보다도 진실위원회의 결정사항이 과연 현실 사회에서 얼마나 과감하게 집행될 수 있을까에 대한 의문이다. 진실위원회는 대개 특별법과 같은 강력한 강제력을 행사하지 못하며, 한시적으로 운영되는 한계를 가지고 있다. 그러므로 진실위원회의 권고 사항이 발표되었다고 하더라도 이것의 이행을 결정하는 해당 정부의 의지에 따라 집행 결과는 달라질 수밖에 없다. 진실위원회 운영에 있어서 권고 및 결론 사항에 대한 불이행 사례는 아르헨티나와 엘살바도르, 한국, 과테말라, 남아프리카공화국 등 세계 도처의 사례에서 발견할 수 있는 것이다 (노용석 2012. 403-404).

한국의 진실화해위원회 회의실 전경

사진은 넬슨만델라가 감옥에 투옥되었을 당시 석방 구명 운동을 하는 모습.
남아프리카공화국 진실화해위원회가 탄생하게 된 배경에는 대통령 넬슨만델라의 노력이
큰 역할을 하였다.

(3) 과거사청산의 모델들

전 세계 과거사청산은 각각의 국가 및 지역이 가지고 있는 정치사
회적 특수성에 따라 고유의 특성을 가지게 된다. 하지만 앞서 언급
한 바와 같이, 과거사청산 혹은 이행기정의의 보편적 프로세스는 진
실규명, 책임자 및 가해자 처벌, 피해자에 대한 배보상, 위령 및 화
해 프로그램 가동으로 볼 수 있는데, 이 네 가지 요소 중 어느 부분
에 가중치를 두느냐에 따라 아래 4개의 모델로 구분할 수 있다.

- 사면 모델 : 가해자에 대한 대규모 사면 및 과거에 대한 망각
- 역사규명모델 : 역사적 기억을 중심으로 한 과거청산
- 기억 및 처벌 모델 : 약간의 처벌을 겸비한 역사적 기억
- 처벌 모델 : 가해자에 대한 완전 처벌, 과거와의 완전 단절

사면모델(프랑코 이후 스페인)	기억 및 약간의 처벌 모델(남아프리카공화국)
·과거사처리 여론 저조 ·민주화 초기 경기 침체 ·불행한 과거 잊기의 담론이 등장하여, 과거를 잊고 미래로 나아가자는 '망각협정'이 과거청산 방향의 대세를 이룸 ·하지만 1990년대말부터 과거청산에 대한 새로운 움직임이 나타났으며, 2007년 제정된 '역사기억법'은 스페인에서 과거청산이 종결되지 않았음을 보여주는 중요한 증거임	·진실화해위의 대표적 사례로 손꼽힘 ·1995년 제정된 '국민화해 및 화해증진법'을 통해 2만건 이상의 피해자 진술을 받아 이중 19,000건 이상을 인정함 ·또한 사면위에서는 모두 7천명 이상의 사면건을 신청받아 1,200여명의 주요 가해자에게 사면을 내림
역사규명 + 약간의 처벌 모델(과테말라)	완전 처벌 모델(전후 독일)
·1996년 36년간의 내전 종식 ·유엔 중재 하 평화협정 및 과거청산 합의 ·역사규명위원회의 각종 권고를 정부는 무시 ·집권 군부의 계속적인 권력 ·시민사회단체의 노력으로 과거사법 재개정 및 학살 책임자에 대한 사법처벌 재개 (2011년부터)	·제2차 세계대전 이후 나치즘과 홀로코스트에 대해서 꾸준한 과거청산 정책을 유지함 ·특히 1960년대부터 이스라엘 및 외부의 과거청산 요구를 수용하여, 독일 사회 내부에 잔재한 나치즘과 홀로코스트 사죄론을 확산시킴 ·나치 희생자에 대한 배상과 보상, 그리고 부역자에 대한 재산 환수 등이 포함됨

위의 네 가지 모델에서 볼 때, '역사규명모델'이란 피해자 구제와 진실규명을 전제로 한 대립세력 간의 상호이해와 화해에 초점을 맞추고 있으며, 주요 정책으로는 '국민통합', '진실규명-역사기록', '화해', '화해를 통한 치유', '핵심 책임자 처벌', '과거사청산 조기 종료', '현 법치질서 존중' 등의 내용을 담고 있다. 이것은 결국 느슨한 형태의 과거사청산을 말하며, 역사적으로 반드시 규명해야 할 몇 가지 부분과 일부 가해자에 대한 처벌을 제외한다면, 전체적으로 핵심적 과거사청산 항목을 포기하는 것과 같다.

이에 반해 '기억 및 처벌 모델'은 민주화 이행기의 정의를 구현하고 국가에 의한 인권침해를 중심으로 '국가폭력 피해자를 중심에 두는 가치'를 의미한다. 즉 진실규명과 더불어 국가폭력의 책임자를 반드시 처벌하겠다는 국가의 의무를 강조한다. 주요 정책으로는 '민주화 이행기 정의구현', '중대한 인권침해에 대한 국가의 의무 강화', '보편적 인권기준 제시', '피해자 원상회복 중심의 정책', '진실규명을 통한 화해', '핵심 가해자 불처벌의 종식', '재발 방지의 보장', '진실규명과 연계된 처벌', '처벌을 통한 예방' 등이 포함된다.

<참조> 스페인의 '망각모델'

또한 과거 1970-80년대 스페인에서 실시한 과거사청산 모델로서 '망각모델'이 존재한다. 스페인은 '스페인내전'과 그 이후부터 국내 정치의 핵심 문제를 발생시킨 독재자 프랑코가 1975년 사망하자, 내전 기간 중(1936-39)과 프랑코 정권 기간 중(1939-75) 발생한 국가폭력 및 인권침해 사례를 정리하기 위한 움직임이 시작되었다. 하지만 스페인은 본격적인 과거사 청산 보다는 '미래를 향해 나아가자'는 슬로건 하에 불행했던 과거를 '망각'하는 이른바 '망각협정'을 진

행하게 된다. 이러한 망각협정에 근거한 스페인의 과거사청산 정책은 1996년까지 계속적으로 이어지게 되었다.

　1990년대 말부터 프랑코 독재정권 이후 세대들이 스페인의 주도적 세력으로 떠오름에 따라 '망각협정'에 근거했던 과거청산의 방향성이 조금씩 변화하기 시작했으며, 2004년 로드리게스 사파테로 총리 하에서 '내전과 프랑코 체제 하 희생자들의 상황을 조사하기 위한 범정부위원회'가 구성되어, 2007년 '역사기억법'(Ley de Memoria Histórica)이 제정되기에 이르렀다.

스페인에 있는 '전몰자 계곡(Valle de los caídos). 스페인은 내전 당시 희생되었던 이들의 유해를 좌파와 우파를 가리지 않고 모두 전몰자 계곡에 합사하였다. 이것은 과거 사건에 대한 책임을 특정하는 것이 아니라 망각하는데 목적이 있었다.[78]

---

78) http://rigvedawiki.net/w/%ED%94%84%EB%9E%80%EC%8B%9C%EC%8A%A4%EC%BD%

<참조> 남아프리카공화국의 '진실화해 모델'

남아프리카공화국은 전 세계에 가장 널리 알려진 '진실화해' 프로그램의 상징으로 꼽히고 있다. 남아프리카 공화국의 진실화해위원회(Truth and Reconciliation Commission)는 주로 넬슨 만델라 정부 수립 이후 아파르트헤이트(Apartheid)[80] 정책 하에서 자행되었던 고문, 폭행, 인권침해 전반에 대한 조사를 실시하였는데, 이 위원회는

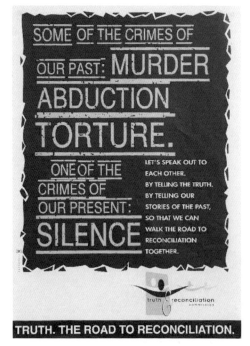

남아프리카공화국의 진실화해위원회 공청회 관련 문건[79]

94%20%ED%94%84%EB%9E%91%EC%BD%94

79) http://www.saha.org.za/news/2014/September/gallery_trc_posters.htm

80) 남아프리카공화국의 극단적인 인종차별 정책을 말하며, 원래 의미는 '분리' 혹은 '격리'를 의미한다. 이 정책은 1994년 남아프리카공화국에서 최초로 흑인 대통령 넬슨 만델라가 취임하면서 철폐되었다.

1995년 넬슨 만델라 대통령 취임 이후 조직되었고, 남아프리카공화국의 민주주의 이행 과정에서 중요한 역할을 담당하였다. 위원회는 중앙위원회와 인권위원회, 사면위원회, 보상위원회 등으로 업무를 나누어 보았으며, 중앙위원회 위원은 정파, 시민단체, 인종, 분야, 지역별로 골고루 안배하였다. 특히 사면위원회는 가해자에 대해, 정치적 동기를 가진 사건에 한해서 사실을 전면 밝히는 조건으로 사면을 부여할 수 있었음. 사면위원회는 직접 사면을 부여하는 사법적 권한을 가지고 있었으며, 활동기간 중 7,000명 이상이 사면을 신청하였고, 최종적으로는 약 1,200여 명이 사면을 받은 것으로 보고되고 있음.

6.3. 라틴아메리카의 과거사청산

(1) 라틴아메리카 정치의 특징

라틴아메리카는 19세기 초반부터 스페인과 포르투갈의 식민지배를 벗어나 근대국민국가를 만들기 위한 투쟁을 시작하였다. 이러한 투쟁에 힘입어 20세기 이전까지 대부분의 라틴아메리카 지역들은 이베리아 반도로부터 해방되어 독립을 쟁취하게 되었다. 하지만 라틴아메리카 근대국민국가 형성은 타지역의 국가형성 및 정체성 확립과 상당한 구별성을 가지고 있는데, 그것은 끄리오요(criollo) 중심의 독립운동으로 인한 지배층과 피지배층 간의 명확한 구분이었다.

멕시코의 대통령궁(Palacio Nacional) 내부에 있는
디에고 리베라의 벽화 '멕시코의 역사'.
이 그림에는 고대 문명부터 현대의 근대국민국가 형성까지의 과정이 그림으로 그려져
있다.

실제 베너딕트 앤더슨과 같은 학자는 그의 책 '상상의 공동체'에
서 라틴아메리카의 민족주의가 서구 유럽의 전통적 민족주의와 상
당한 차이점을 보이고 있으며, 그 중 대표적인 차이점이 오랜 기간
동안 끄리오요에 의해 행정적으로 지배당해온 특정지역의 특수성이
독특한 민족주의로 발전했음을 말하고 있다. 이렇듯 이베리아 반도
의 스페인 정부로부터는 신임을 얻지 못했으나, 스페인의 하부관리
로써 오랜 기간 동안 라틴아메리카에서 '지배세력'으로 등장하게 된
끄리오요들은 비록 이베리아 반도 국가의 귀족으로 입성할 수는 없
었으나 새로운 세계의 주인으로 등장할 수는 있었다. 대부분의 라틴
아메리카 독립전쟁은 끄리오요에 의해 수행되었으며, 그들은 스페인

과 단절된, 하지만 유럽의 사상과 문화가 가미된 새로운 국가를 건설하고자 노력하였다. 이 과정에서 일부 라틴아메리카 원주민과 메스티소들은 독립전쟁 과정에서 소외될 수밖에 없었다. 결국 라틴아메리카 정치지배체제는 이베리아 반도의 백인들은 물러갔으나, '새로운 백인' 즉 끄리오요들을 중심으로 재편되기에 이르렀다.

끄리오요 중심의 정치체제는 독립전쟁 이후 '까우디요(caudillo)'라는 문벌귀족의 탄생을 촉발하였으며, 이것은 라틴아메리카 과두제 정치의 시작을 알리는 계기가 되었다. 많은 라틴아메리카 국가들은 20세기가 되어서도 일부 유력 집안의 인사들이 권력을 독식하였고, 이것은 상대적으로 권력에서 벗어나 있던 원주민과 다수의 메스티소들의 불만을 고조시키는 계기가 되었다.

특히 라틴아메리카는 제2차 세계대전 이후 동서 냉전이 본격화되기 시작하면서 많은 나라들이 미국과 소련의 권력다툼에 있어서 대리전장으로 전락하였고, 이 과정에서 많은 국가들이 군부독재와 군사쿠데타, 그리고 무장게릴라와의 내전으로 점철된 격동의 시기를 겪어야만 했다.

국가명	군사독재기간
아르헨티나	1946-55, 1966-73, 1976-83
에콰도르	1963-66, 1972-78
파나마	1968-81
페루	1968-75
볼리비아	1964-70, 1971-82
브라질	1964-85
칠레	1973-90
과테말라	1963-85
온두라스	1972-82
우루과이	1973-84

라틴아메리카의 주요 군사쿠데타 소개[81]

위의 표와 그림은 20세기 초반부터 라틴아메리카에서 발생한 주요 국가의 군사독재 기간이다. 19세기 초반부터 라틴아메리카 각 국의 정치에 등장한 군사쿠데타는 250여 차례에 달했으며, 많은 국가들이 20년에서 30년까지 장기간 군사독재정권의 철권 통치를 감수해야만 했다. 이렇듯 라틴아메리카에서 군사쿠데타 및 군부독재가 성행했던 이유는 앞서 언급한 바와 같이 일부 지배층이 권력을 독식하는 과정에서, 이들을 비호하는 군부에 의한 정치가 활성화되었기 때문이다. 또한 취약한 민주주의 기반을 이용하여 미국 등의 국가가 자국의 이익이나 냉전 이데올로기를 강화하기 위해 수 차례 우익 군사쿠데타를 적극적으로 지원했기 때문이다.

이 과정에서 상당수의 국가에서는 민간인학살과 민간인 납치, 암살, 실종자 문제, 인권유린 등이 발생하였고, 민주주의에 근거한 정상적 국가운영이 불가능하게 되었다. 예를 들어 콘도르 작전

---

81) https://www.hispantv.com/noticias/ee-uu-/376280/intervencionismo-golpes-estado-america-latina

(Operación Condor)은 라틴아메리카 국가들이 냉전 시기 어떠한 방식으로 수많은 민간인들을 학살했는가를 보여주는 적절한 사례라고 보여진다. 1975년 11월, 아르헨티나와 볼리비아, 칠레, 파라과이, 우루과이의 군사첩보 기관 지도자들이 칠레의 비밀경찰 조직인 DINA(Dirección de Inteligencia Nacional)의 마누엘 콘트레라스와 만나, 자국의 군사독재정권에 반대하는 공산주의자 및 반대세력을 테러하기 위해 만든 작전이 콘도르 작전이다. 이후 콘도르 작전과 관련한 문서는 1992년 교육가이며 시민운동가인 마르틴 알마다(Martín Almada)에 의해 파라과이 아순시온의 위성도시인 람바레(Lambare) 경찰서 지하창고에서 발견되었는데, 이 문서에는 파라과이의 독재자였던 스트로에스네르(Stroessner) 정권 당시 살해된 50,000명의 명단과 30,000명의 실종자 명단, 그리고 400,000명에 이르는 투옥자의 신상정보가 포함되어 있었으며, 콘도르 작전에 미국 CIA가 아주 깊이 관련되어 있었다는 정보가 드러나게 되었다.[82)

위와 같은 정치적 폭력은 경제와 사회안정에도 영향을 미쳐 많은 국가들의 경제가 파탄났고 빈부 차별의 양극화가 심대해졌다. 이러한 상황에서 군부독재 이후 들어선 민선정부 혹은 민주정부에서는 무엇보다도 군사독재 기간 중 발생하였던 각종 '악행'들을 어떻게 청산하는가의 문제가 핵심 정치 아젠다로 떠오르게 되었다. 이 지점이 바로 라틴아메리카 사회에서 과거사청산이 왜 중요한가에 대한 지점이다.

---

82) 현재 이 문서들은 일명 '테러 아카이브(Archivo del Terror)'로 명명되어 문서들을 보관하고 디지털화하기 위한 작업을 진행 중에 있다.

(2) 라틴아메리카 주요 국가의 과거사청산

이 절에서는 라틴아메리카 과거사청산의 대표적 케이스로 여겨지는 과테말라, 아르헨티나, 엘살바도르, 칠레, 페루, 파라과이의 사례를 세부적으로 살펴보고자 한다.

○ 과테말라

과테말라는 19세기 근대국민국가 건립과 동시에 극심한 빈부격차와 냉전시기 미국과 소련의 대리전장으로 전락하는 아픔을 겪었으며, 특히 현대사에 있어서 가공할 만한 국가폭력 및 인권침해 사건으로 전 세계에 알려지게 되었다. 특히 1960년부터 1996년까지 발생한 내전 기간 동안 200,000명 이상의 주민들이 학살되거나 실종되었으며, 이 사건의 피해자 중 대부분은 마야 원주민들이었다.

과테말라는 1524년 멕시코 정복자였던 에르난 코르테스의 부하였던 알바라도에 의해 정복이 되었고, 1800년대 이후 중미(Central America) 지역이 스페인으로부터 독립하여 '중앙아메리카 연합주'를 형성할 때 주도적인 역할을 하였으며, 이후로도 줄곧 중미의 대표적 국가로서 자리잡았다. 하지만 1870년 이후 미국의 자본주의가 과테말라로 들어오게 되었으며, 특히 유나이티드프루트(Unaited Fruit Company)의 과테말라 진출은 국가 내 모든 경제력이 외국 사기업의 손에 넘어가고, 급기야 과테말라가 '바나나공화국'으로 불리게 되는 결정적 요인이 된다. '바나나공화국'이라 불리우게 된 이유는 과테말라의 유나이티드프루트 농장에서 바나나를 많이 생산했기 때문이지만, 또한 1차 농산물에 의존하면서 서구 자본에 예속된 국가를 흔히 '바나나공화국'이라 부르기 때문이었다. 이처럼 과테말라는 19세기말부터 20세기 초반에 이르기까지 미국 및 서구 여러 나라에 의해 경제가 예속된 상황이었고, 이로 인해 과테말라의 민족경제는 완전히 말살되었고 일반 국민들의 삶은 종속의 나락으로 떨어질 수밖에 없었다. 하지만 1944년 과테말라의 정권을 잡게 된 아레바로(Juan Jose Arevalo Bermejo) 대통령은 국민의 피폐한 삶과 경제구조를 개선하기 위해 노동법 개정, 자국산업자본의 육성, 정치의 민주화 등을 위해 노력하였다. 이러한 아레바로의 노력은 외세에 의해 경제가 예속화 된 후 최초의 개혁적 시도였다고 볼 수 있다. 아레바로 이후 대통령에 당선된 이는 야코보 아르벤스 구스만(Jacobo Arbenz Guzman)이었다. 아레바로가 중도적 노선에서 개혁을 추구하는 인사였다면, 아르벤스는 좌파적 시각에서 과테말라의 정치경제를 개혁하고자 한 대통령이었다. 그는 아레바로의 개혁 정치를 완성하기 위하여 국가개발 5개년 계획을 수립하였고 도로와 발전소를 설립하여 국가개발에 박차를 가하였다. 무엇보다도 아르벤스는 유나이티드프루트와 같은 외국 기업이 과테말라 부의 대부분을 독점하고 있는 구조를 바꾸기 위해 유나이티드프루트가 소유하고 있던 토지 16만 헥터를 몰수하여 국유화하고, 토지없는 농민들에게 농지를 공급하기 위해 농지개혁을 단행하였다. 이러한 조치는 1950년대 초반의 상황을 고려한다면 상당히 파격적인 개혁정치였으며, 그동안 권력을 소유하지 못했던 민중들과 좌파운동가들에게는 너무나 큰 혁명과도 같은 시도였다. 실제 쿠바혁명의 영웅 체게바라도 1951년 아르벤스의 개혁 정치 당시 이를 지지하고 배우기 위해 과테말라에 머물러 있었다.

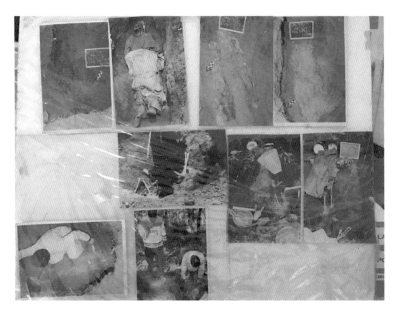

과테말라 네바흐에서 원주민 피학살자의 유해 발굴이 실시되었던 광경

　하지만 제2차 세계대전이 끝나고 갓 냉전에 돌입한 상황 속에서, 자신의 국경을 멕시코와 과테말라에 두고 있는 미국의 입장에서 아르벤스와 같은 '공산주의자'의 존재는 크나큰 위협이 아닐 수 없었다. 미국은 비밀리에 과테말라의 아르벤스 정권을 무너뜨리기 위한 작전을 구상하였으며, 그리고 1954년 6월 아르벤스 정권은 우파들의 혁명으로 막을 내리게 된다. 이후 과테말라 정권은 군부 및 소수 엘리트로 구성된 전통적 지배층과 마야원주민 및 하층민으로 구성된 피지배층으로 명확하게 갈리게 되었으며, 군부에 반대한 반정부 세력은 1960년대에 좌익 게릴라 단체를 구성하여 맞서게 되었다. 1982년 4개의 반정부 게릴라 단체는 '과테말라 민족혁명연합(Unidad Revolucionaria Nacional de Guatemala, URNG)을 구성하여 본격적

인 과테말라 내전으로 발전하게 되었다.

　과테말라 내전 중 극심한 국가폭력이 발생했던 기간은 크게 두 영역으로 구분할 수 있다. 첫 번째 국가폭력의 시기는 과테말라 공권력이 무자비한 폭력을 최초로 일으켰던 1960년대 초반이었다. 이 당시 과테말라 정부는 주로 과테말라시티와 동부지역에서 반정부 세력에 대해 대규모 폭력을 행사했다. 이후 두 번째 대규모 폭력시기는 1970년대 말에서 1980년대 초에 발생하였다. 특히 1982년에 군사쿠데타로 집권한 리오스 몬트(José Efraín Ríos Montt)는 마야 원주민이 거주하고 있던 5개 주의 산악지대(altiplano)를 좌익 게릴라 세력의 근거지로 보고 이 지역에 대해 소위 '초토화 작전'을 실시하였다.

사진은 2017년 1월 네바흐에서 이실 원주민들로부터 학살 당시의
상황을 현지조사하고 있던 모습.
과테말라의 이실(Ixil) 마야원주민들이 모여 살고 있는 산타마리아 네바흐(Santa Maria Nebaj)
지역은 1982년부터 83년 사이에 수많은 원주민들이 희생된 곳이다.

1982년부터 1985년까지 리오스 몬트와 빅토레스(Oscar Humberto Mejia Victores) 정권은 특히 마야 원주민에 대한 학살을 진행하였다. 이들은 산간 지역에 거주하고 있는 마야 원주민들이 게릴라와 조우하여 공산주의자가 되었을 가능성이 많다고 보았으며, 이에 산간지역의 마야 원주민 공동체를 완전히 파괴하였다.

과테말라 내전에서 발생하였던 모든 대학살(massacre)의 95%는 1978년부터 1984년 사이에 발생하게 된다. 인류학자인 빅토리아 샌포드(Victoria Sanford)는 과테말라 내전의 기억을 서술한 자신의 저서에서, 1978년부터 1982년 사이의 과테말라를 '라 비올렌시아(La Violencia)'로 서술하고 있다(Sanford, Victoria 2003). 라 비올렌시아는 스페인어로 '폭력'이라는 의미를 가지고 있으며, 이 시기가 얼마나 끔찍한 폭력의 시기였는가를 말해주고 있다.

이와 같은 정책은 게릴라를 소탕하겠다는 의지가 표현된 것이기는 하지만, 다른 한편으로는 과테말라 사회에 뿌리깊게 자리잡고 있던 '원주민(indigenous)' 혹은 '인디언(indian)' 문화에 대한 '경멸감'에서 기인한 것이기도 하다. 빅토레스 전(前) 대통령이 '우리는 원주민과 인디언이라는 단어를 없애고 모든 과테말라인을 하나로 결집시키는 것이 목표'라고 할 만큼 과테말라에는 전통적으로 원주민을 멸시하는 문화가 자리잡고 있었다. 1980년대 당시 군부는 산악지대에서 근대국민국가인 과테말라와 동떨어져 농사를 지으며 살고 있는 마야 원주민들의 모습이 좋아 보이지 않았으며, 그들의 공동체를 모두 파괴하고 학살을 해서라도 국민국가 속으로 편입하겠다는 강한 의지를 가지고 있었다. 예를 들어 초토화 학살 작전 당시 생존한 마야 원주민들은 모두 '모델 빌리지(Model Village)'라는 집단 수용 캠

프로 끌려갔으며, 거기서 전통적인 마야 원주민의 옷(Traje tipico)을 벗고 원주민 언어를 사용하지 않은 채, 스페인어와 과테말라 국가(國歌) 등을 교육받았다. 이것은 과테말라의 원주민 대학살이 단순히 대공산주의 정책에 있어서 게릴라 지지세력을 격퇴하기 위한 활동이 아니었으며, 보다 심층적으로는 과테말라 국민의 50% 이상을 차지하고 있는 마야 원주민을 좀 더 '근대국가의 국민'으로 만들어 소수 지배 계층의 통치를 원활하게 하기 위한 의도도 내포하고 있다는 것을 말한다.

네바흐 마야원주민 피학살자 유족회 회장의 모습

36년간 지난하게 끌어오던 과테말라 내전은 1996년에 이르러서야 종착점을 보게 되었다. 1996년, 당시 반군이었던 과테말라 민족혁명연합과 정부군은 유엔의 중재 하에 평화협정을 체결하였고, 이 과정에서 '과테말라 역사진실규명위원회'(Comisión para el Esclarecimiento Histórico, 이하 CEH)의 설립에 합의한 후 본격적인 과거사 청산 작업에 돌입하였다. CEH는 앞서 살펴본 과거사청산의 유형 중 진실위원회의 구성에 속한다. CEH의 권한은 상당히 미약한 것이 사실이었지만, 상당한 사안에 대해 구체적인 권고 사항을 제시하였다. 예를 들어 마야 원주민에 대한 학살을 제노사이드(genocide)로 규정하면서 국가의 원주민 정책 및 인종차별 정책을 폐기하도록 권고하였다. 또한 실종자들에 대한 유해 발굴과 보상 계획의 수립, 그리고 내전 기간 동안 폭력 행위를 일삼았던 과테말라 군대의 재정비 등에 대해서도 권고하였다. 하지만 과테말라 정부는 권고의 대부분을 받아들이지 않았고, 1998년 4월 과거사청산에 적극적으로 참여하였던 후안 헤라르디 주교가 괴한에게 테러를 당하여 숨지는 사건까지 발생하였다.

과테말라는 제도적 과거사청산을 통해 제대로 된 결론을 이끌어내지 못하였으나, 시민사회단체를 중심으로 계속적인 과거청산 및 사회개혁을 요구하는 중이다. 이 결과로 2011년과 2012년 과테말라 법원에서는 뻬뗀 주 라리베르땃 지방의 도스 에레스(Dos Erres)라는 마을에서 1982년 발생했던 원주민 201명의 학살 혐의로 전직 군인 5명에게 각각 징역 6,060년 형을 선고하는 판결이 이루어지기도 하였다.

과테말라 네바흐 주에 위치한 공동묘지 전경.
내전 기간 동안 피학살된 일부 마야원주민의 시신은 이곳 공동묘지에 안장되어 있다.

과테말라 카톨릭 대교구에서 제작한 '과테말라 눈까 마스'.
이 책에는 과테말라 내전 당시 발생한 민간인학살뿐만 아니라 각종 인권침해를
조사한 내용들이 수록되어 있다.

○ 아르헨티나

아르헨티나는 1940년대까지 전 세계에서 신흥 선진국으로서의 위상을 가진 국가였다. 하지만 국내의 정치 불안은 이러한 위상을 단숨에 바꿔버렸다. 아르헨티나는 1916년부터 1976년까지 무려 22번의 정권교체가 이루어지는 등의 극심한 정치불안정이 도래하였고, 이와 마찬가지로 상당히 많은 수의 군사쿠데타를 경험해야만 했다. 이러한 고통 속에서 아르헨티나의 국가 위상은 계속 하락하였고, 결국 1976년에 이르러서는 군부가 군사쿠데타를 일으켜 정권을 장악하기에 이르렀다. 이 당시 군부통치 기간은 흔히 '더러운 전쟁(Dirty War)'이라는 이름으로 불리우고 있다. '더러운 전쟁'은 1976년 3월 호르헤 비델라(Jorge Videla) 장군을 비롯한 군부가 아르헨티나의 '국가재건과정'을 슬로건으로 내세워 일으킨 군사쿠데타이다. 당시 군부에서 내세운 국가재건과정의 요소로는 '기독교적인 삶'과 '아르헨티나적 삶', '마르크스주의자의 제거' 등을 꼽을 수 있다. 군부통치 기간이 '더러운 전쟁'으로 불리우는 이유는 군부가 위와 같은 어려운 세 가지 일을 '더러운 과정'을 거쳐 몸소 실천하였다는 의미에서 붙여진 이름이다.

1976년에 발생한 '더러운 전쟁' 기간은 1982년 말비나스(Malvinas)[83] 전쟁에서 아르헨티나가 패하여 군부가 축출될 때까지 계속 진행되었으며, 전국적으로 약 10,000명 이상의 실종자와 수 천 명의 국외 망명자를 배출하였다. 아르헨티나 군부는 정권에 반대하는 사람들을 처형하기 위해 전국적으로 약 300여 개의 비밀수용소를 설치하였고, 비밀수용소에서 민간인들을 고문한 후 학살하는 패턴이었다. 당시

---

83) 영어권 세계에서는 포클랜드(The Falklands) 전쟁으로 알려져 있다.

연행되었다 실종된 민간인들의 분포를 보면, 노동조합에 활동하고 있던 노동자들이 30.3%였고, 사무원이 17.9%, 전문직이 10.7%, 학생이 21%의 비율을 보이고 있다. 고문을 당한 이후 살해되거나 실종된 이들은 다양한 방식으로 죽음에 이르게 되었는데, 그 중 아돌프 실링고(Adolfo Scilingo)의 증언은 학살의 진면목을 볼 수 있게 하는 대목이다. 전직 아르헨티나 해군 대위였던 아돌포 실링고는 1997년 자발적으로 스페인에 입국하여 자신이 '더러운 전쟁' 기간 동안 부에노스아이레스 인근의 해군기술학교(ESMA)에 수용된 정치범들을 군 수송기에 실어 바다에 내던졌다는 폭로를 하였다. 당시 스페인은 아르헨티나의 '더러운 전쟁' 기간 동안 자국민(스페인인)의 피해 여부를 조사하고 있을 때였다. 이 당시 아돌포 실링고의 증언에 의하면 약 1만 4천 여 명의 정치범들이 진정제 주사를 맞고 정신을 잃은채 비행기로부터 바다에 던져졌다. 2005년 스페인 검찰은 아돌포 실링고에서 30건의 대량학살과 30건의 살인, 93건의 상해 및 255건의 테러에 대한 책임을 물어 징역 9138년형을 구형하였으며, 이후 아돌포 실링고는 640년의 징역을 선고받았다.

'더러운 전쟁' 시기 수많은 민간인들을 학살한 아돌프 실링고의 모습[84]

위와 같이 아르헨티나의 '더러운 전쟁'은 많은 민간인 피해자자와 실종자들을 양산하였다. '오월광장 어머니회(Asociación Madres de Plaza de Mayo)'로 대표되는 실종자 가족들은 1977년 4월부터 현재까지 아르헨티나 대통령궁이 보이는 5월 광장에 모여서 실종자들의 귀환과 국가 잔혹행위의 진실규명을 요구하고 있는 등, 오랜 시간이 흘렀지만 당시 국가범죄의 실상은 명확히 규명되지 않고 있다. 하지만 그렇다고 아르헨티나의 과거사청산 과정이 없었던 것은 아니다.

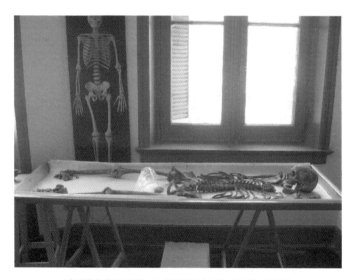

아르헨티나의 부에노스아이레스에 있는 EAAF 사무실.
EAAF는 '더러운 전쟁' 시기 실종자들에 대한 유해 발굴을 실시하는 단체로서, 2019년 현재까지도 피학살자와 실종자들의 유해를 찾아 조사를 행하고 있다.

---

84) https://alchetron.com/Adolfo-Scilingo

아르헨티나는 1983년 '더러운 전쟁' 시기 발생하였던 각종 실종자 문제 및 인권침해 사례를 청산하기 위하여 '실종자 진상조사 국가위원회'(Comisión Nacional sobre la Desaparición de Personas)가 구성되었다. 국가위원회에서 발간한 최종보고서 '눈까마스'(Nunca Mas)는 세계적으로 상당한 주목을 받았으며, 군부가 독재체제를 유지하기 위해 강제연행과 고문 등 방대한 폭력을 조직적으로 행사했음을 밝히고 있다. 하지만 이후 이어진 주

아르헨티나 진실위원회의
최종보고서인 '눈까 마스'

요 가해자에 대한 기소 및 재판은 '기소종결법'(1986년)과 '강제명령에 따른 복종법'(1987년), 카를로스 메넴 대통령의 사면령(1990년) 등에 의해 실제 처벌이 거의 이루어지지 못하였다. 이러한 과정에서도 2007년 아르헨티나 연방대법원은 1990년 사면령이 위헌임을 판결하고, 2010년 1월, 살인 30건, 납치 555건, 고문 264건에 연루된 전직 대통령 호르헤 비델라의 혐의를 인정하기도 하였다. 아르헨티나의 과거사청산 동향은 남아프리카공화국 등의 사례에서 찾아볼 수 있는 '화해'의 개념이 없다. 즉 아르헨티나 사례는 진상규명과 가해자 처벌, 피해자에 대한 배보상 없이는 화해가 없다는 견해가 뚜렷한 경우이다.

○ 파라과이[85)

파라과이는 남미에 위치한 내륙 국가로서 수도는 아순시온이다. 본디 이 지역에는 유럽인이 도착하기 전에 과라니족이라고 하는 원주민이 거주하고 있었으며, 이 원주민의 역사는 영화 미션(Mission)에서도 소개된 바 있다. 18세기 라플라타 부왕령이 건설될 때 파라과이의 아순시온은 중심적 역할을 하였으며, 부왕령 기간 동안 예수회 조직의 중심지 역할을 하였다. 1865년 파라과이는 주변국인 아르헨티나와 브라질, 우루과이 등 3국 동맹과 전쟁을 겪기도 하였는데, 이 전쟁으로 말미암아 크나큰 상처를 입게 되었다. 이 전쟁으로 파라과이는 황폐화되었고 이후 끊임없는 정치 불안정과 내란 등을 겪게 되었다. 특히 파라과이에서 겪은 정치적 불안정 중 가장 엄중한 시기는 스트로에스네르 집권 시기라 할 수 있다.

1954년부터 1989년까지 파라과이 정치는 홍색당(Partido Colorado) 출신의 스트로에스네르(Stroessner) 체제하에서 군부독재를 경험하였다. 스트로에스네르는 35년간 통치하였는데, 이것은 라틴아메리카 국가 내부에서도 상당히 긴 독재기간이라 할 수 있다. 스트로에스네르는 1989년 2월 3일 그의 측근이자 파라과이 권력의 2인자인 안드레스 로드리게스 뻬도띠(Andrés Rodríguez Pedotti) 장군의 쿠데타로 물러나게 되는데, 안드레스는 군부독재에 지친 민중들과 가톨릭교회, 미국의 지원을 받아 대통령에 취임할 수 있었다. 이후 1993년 8월 15일에는 와스모시(Wasmosy) 문민정부가 들어섰지만, 와스모시는 군부였던 안드레스보다 개혁적이지 못했으며, 오히려 스트로에스네르와 피노체트식 정책을 혼합하여 계승함으로서 민주정부라는 인

---

85) 파라과이 사례에 대해서는 노용석·구경모(2012) 논문의 내용을 토대로 재구성하였다.

상을 줄 수 없었다. 와스모시는 안드레스가 추진했던 개혁 정책을
모두 무시하고 구(舊)스트로에스네르 세력과 결합하면서 과거로 회
귀하였다.

라틴아메리카의 주요 독재자들[86]

이후 파라과이의 정치는 1999년 3월 루이스 앙헬 곤살레스 마치
(Luis Àngel González Macchi)가 대통령으로 취임하였다. 정치 불안
정과 남미에 불어 닥친 경제 위기를 극복하기 위해 루이스 마치 정
부는 야당인 청색당과 연합정부를 구성하였고, 청색당 출신인 훌리
오 세사르 프랑꼬(Julio César Franco)가 부통령을 맡았다. 그러나 연
합정부는 오래가지 못했고, 루이스 마치 정부는 경제위기가 심화되
면서 정치적인 동력까지 잃게 되었다.

이렇듯 파라과이는 군부독재정권인 스트로에스네르가 물러났음에

---

86) https://historiaybiografias.com/hacia_la01/

도 불구하고 군부의 영향으로 약 20년간 정치적 불안정이 지속되었다. 이런 가운데 집권 여당의 세대교체 세력인 니까노르 두아르떼는 군사독재정권과의 단절을 선언하고 2003년 8월 15일에 대통령으로 당선되었다. 그의 핵심 경제 정책은 자유무역주의와 더불어 거시경제의 회복이었다. 또한 민주화를 통한 정치적 안정을 꾀하였으며, 이를 실현하기 인권 회복과 사회 통합 차원에서 '과거와의 화해'를 시도하였다.

파라과이는 니까노르 두아르떼 집권 당시 '과거와의 화해'를 위해 CVJ를 2004년 6월에 발족하였고, 이 정부의 임기인 2008년 8월까지 위원회가 가동되었다. 위원회의 설립 목적은 군부독재의 시작인 1954년부터 2003년까지 파라과이 국민을 대상으로 자행된 각종 인권 유린에 관한 진실을 밝히는 것이었다. 하지만 실질적으로 CVJ가 발족하게 된 경위는 좀 더 이전으로 돌아가 설명할 수 있다.

앞서 언급한 바와 같이 독재자인 스트로에스네르를 몰아낸 로드리게스 정부와 1993년 집권한 와스모시 문민정부는 그 성격에 있어서 개혁적이지 못했다. 이러한 정권의 성격으로 말미암아 스트로에스네르 집권 당시의 독재 및 잔혹 행위를 단죄할 수 있는 이행기 정의 프로그램 가동이 여의치 않았지만 민주화를 향한 변화의 움직임은 감지되었다. 로드리게스 정부는 1992년 6월 20일 제 3차 헌법 개정에서 스페인과 포르투갈, 그리고 다른 라틴아메리카 국가들의 법제를 비교하여 국가인권위원회(Defensoría del Pueblo)에 관한 내용을 부가하였다. 이에 따라 파라과이에서는 인권과 관련된 다양한 시민사회조직이 나타나기 시작했다.

이러한 와중에 스트로에스네르 정권 당시에 자행되었던 각종 인권탄압문서들이 발견되었다. 1992년 12월 22일, 교육가이며 시민운동가인 마르띤 알마다(Martín Almada)는 호세 아구스띤 페르난데스 (José Agustín Fernández) 판사의 도움으로 과거 독재정권의 기록들을 추적하던 도중, 아순시온 인근의 위성도시인 람바레(Lambare) 경찰서 지하창고에 아무렇게나 흐트러진 채 산더미처럼 쌓여있는 문서들을 확인하였다.(Boccia & Palau & Osvaldo 2008: 23~26). 이 문서들은 1993년 1월에 '테러 아카이브'(Archivos del Terror)로 인정되었다. 그 이후에 곧바로 아순시온의 경찰서와 까아과수의 주정부에서도 유사한 문서들이 발견되었고, 이 문서들도 '테러 아카이브'에 포함되었다. 곧바로 대법원과 검찰청은 시민사회단체와 함께 자료를 정리하였다. 문서연구소(CDE)와 긴급구호를 위한 교회위원회(CIPAE)는 전문적인 지원을 했으며, 국회상원 인권위원회와 피해자와 피해자 가족들은 참관하였다. 1993년 3월에는 대법원의 산하기관인 인권보호

파라과이의 람바레에서 발견된 테러와 관련된 문서 기록들[87]

---

87) http://www.acal.es/index.php/actualidad/item/494-paraguay-conmemora-los-20-anos-del-descubrimiento-del-archivo-del-terror

위원회가 '테러 아카이브' 자료들을 보관하고 디지털화하기 위한 아카이브문서센터(CDyA)를 설립[88]하였다.

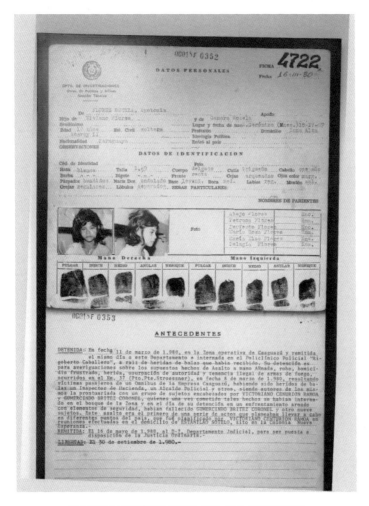

파라과이의 람바레에서 발견된 테러 관련 문서기록들[89]

88) 이 센터 설립은 대법원과 검찰청, 미국의 해외원조기구인 USAID의 지원으로 이루어졌다.

89) https://www.pj.gov.py/notas/14978-recuerdan-25-anos-del-hallazgo-del-archivo-del-terror

와스모시 정부는 1995년 11월 14일에 스트로에스네르 집권 당시의 인권 피해자에 대한 보상을 위한 국가인권위원회 설립법률을 공표하였다. 그러나 와스모시는 정부는 스트로에스네르 세력과 우호적인 관계를 유지하고 있었기 때문에 '테러 아카이브' 발견 등 국내외적인 민주화 이행 분위기에 떠밀려 법률안을 승인했을 뿐 실제적으로 위원회를 설립하여 가동하지 않았다. 비록 로드리게스와 와스모시 정부 시기는 민주화를 위한 구체적인 조직이나 실천이 이루어지지 않았지만, '이행기 정의'를 위한 법률적인 기반이나 사회적 분위기를 조성하는 데 기여하였다고 볼 수 있다.

1999년에 집권한 곤살레스 마치는 야당과 연합정부 구성 등 국가 통합의 노력으로서 민주화에 관심을 기울였으며 그 결과로 수년 동안 표류상태에 있던 국가인권위원회를 2002년 1월 2일에 발족하였다. 그 이듬해에 집권한 니까노르 두아르떼는 독재 권력의 잔재와의 단절을 선언하였고 그에 대한 실천으로서 CVJ를 설립하였다. 이러한 결단이 가능했던 것은 니까노르 두아르떼가 다른 전임 대통령들과 달리 홍색당내의 스트로에스네르의 계파의 영향을 받지 않는 소수 계파 출신이었기 때문이다.

CVJ는 2003년 10월 파라과이 의회에서법률 2225(Ley No. 2225)에 의거하여 진실과정의위원회 설립 법안을 통과시키면서 활동이 시작되었고 의회와 행정부 산하에 조직되었다(Florentín 2006).

이렇게 설립된 CVJ는 구체적으로 1954년부터 1989년까지 스트로에스네르 독재정권 기간 동안 발생한 인권 범죄를 조사하는 목적을 가졌으며, 더불어 가해자로 판명된 이들을 기소하는 임무를 부여받았다. CVJ의 조사대상 범위는 1954년부터 본 위원회의 설립 직전까지이지만, 실제적으로는 파라과이를 장기 군부독재체제로 몰고 간

스트로에스네르 정권(1954~1989)시기에 집중하였다. 조사대상에는 실종자와 즉결 처형자, 고문과 그에 따른 부상을 당한자, 추방자, 인권에 위배되는 폭력을 당한 자가 포함된다. 또한 아이와 여성, 원주민과 같은 사회적 약자에 대한 인권침해와 토지무단점유 사례도 포함한다.

CVJ의 조직은 정부와 시민단체, 피해자들이 추천한 사람들로서 총 9명으로 구성되었다.[90] 위원회는 활동기간 동안 총 2,059건의 증언조사와 9,923건의 독재시기 희생자 자료의 분석, 그리고 8차례에 걸친 공청회를 개최하면서 조사를 진행하였다(CVJ I 2008: 23~28). 증언조사는 본부인 아순시온을 포함하여 미시오네스(Misiones)와 카아과수(Caaguazú), 알토 파라나(Alto Parana), 코르디예라(Cordillera) 등의 각 지역 사무소에서 수집하였다. 증언을 수집한 도시는 뀐드(Qundy)와 파라과리(Paraguari), 산페드로 델 파라나(San Pedro del Parana), 산 페드로 델 으쿠아만드주(San Pedro del Ycuamandyyú), 엔카르나시온(Encarnación), 마리아 아욱실리아도라(María Auxiliadora), 카아사파(Caazapá), 콘셉시온(Concepción), 산 에스타니스라오(San Estanislao), 알토 파라과이(Alto Paraguay) 등이 있다(CVJ I 2008: 22~23). 또한 국내뿐만 아니라 브라질과 스페인, 아르헨티나에서도 수집하였다. 희생자 자료 분석은 '테러아카이브'를 보관하고 있는 아카이브문서센터(CDyA)와 긴급구호를 위한 교회위원회(CIPAE), 안

---

90) 이 중 위원장은 마리오 메디나(Monseñor Mario Melanio Medina) 신부가 임명되었으며 피해자 측에서 추천하였다. 부위원장은 의회 추천 대표로서 후안 마누엘 베니떼스 플로렌띤(Juan Manuel Benítez Floentin)이다. 위원들은 행정부에서 추천한 마리오 산도발(Mario Sandoval)과 피해자측에서 추천한 후디스 롤론 학껫(Judith Rolon Jacquet)과 미겔 앙헬 아끼노(Miguel Ángel Aquino),까를로스 루이스 까사비안까(Carlos Luis Casabianca), 시민단체에서 추천한 까를로스 뽀르띠요(Carlos Portillo)와 에리베르또 알레그레 오르띠스(Heriberto Alegre Ortiz), 빅또르 하신또 플레차(Victor Jacinto Flecha)가 임명되었다.

또니오 가우치 파라과이 연구센터(CEPAG)에 보관된 자료를 통해 이루어졌다. 8번의 공청회는 각기 다른 장소와 주제를 가지고 열렸다. 주제는 독재시기 희생자의 증언과 농민 탄압, 토지무단점유, 망명자, 여성 및 아동, 원주민 등이 있으며, 장소는 아순시온을 비롯하여 지방과 아르헨티나에서 개최되었다(CVJ I 2008: 25). 특히 위원회는 해외 조사 가운데 아르헨티나에 주로 집중하였다. 그 이유는 스트로에스네르 독재시기에 탄압받은 대부분의 인사들이 아르헨티나로 떠났으며, 아르헨티나 정부도 암묵적으로 반(反)스트로에스네르 기조를 유지하면서 반정부 인사들을 지원한 관계로 독재시기에 탄압 받은 피해자들이 많이 남아 있기 때문이다.

조사기간은 원래 2004년 6월에서 2006년 2월까지였으나, 같은 해 8월까지 6개월 연장하였다. 그러나 일각에서 조사기간이 부족하다는 청원이 일어나면서 CVJ의 연장이 거론되었다. 그 결과로 2006년 8월부터 니카노르 두아르테 대통령의 임기가 끝나는 2008년 8월까지 2년이 연장되었다. 그 결과물로서 CVJ는 2008년에 총 9권으로 구성된 최종보고서인 '아니베 아구아 오이코'(Anive hagua oiko)[91]를 펴냈다.

4년 2개월간의 CVJ 조사 결과, 독재정권 기간 동안 19,862건의 불법 구금과 18,772건의 고문, 최소 59건의 즉결 처분, 336건의 실종 등을 포함해 총 128,000여 명이 학살되었음을 발표하였다. 위원회는 이러한 범죄들이 모두 우발적 상황에서 발생한 것이 아니라 국가의 체계적인 계획으로 진행되었으며, 좌파 등의 특정 집단을 겨냥하기보다 광범위한 일반 대중을 겨냥했다고 발표하였다.[92] 또한 조사결과

---

91) 이 문장은 과라니어로서 '절대로 반복하지 말자'라는 의미이다.

92) CVJ의 최종조사보고서는 2008년 8월 28일 공개되었다.

에는 스트로에스네르 정권 기간 동안 7,851,295 헥터(19,400,972 acres)의 토지가 독재정권에 동조하는 정치인과 군인들에게 불법적으로 증여되었다는 내용이 포함되었다. 이 문제는 파라과이의 빈곤과 경제침체를 설명하는데 중요한 내용으로 인식되었다. 위원회는 독재 기간 중 발생한 상당수의 인권침해가 최고 통치자였던 스트로에스네르에게 있다고 보았으며, 이에 2006년 4월, 60건의 인권침해 사건에 스트로에스네르가 책임을 져야 한다는 결과를 발표하였다.[93]

하지만 CVJ의 활동이 원활하게 수행된 것만은 아니었다. 파라과이 의회 및 정부는 초기부터 위원회의 활동을 견제하기 위해 예산 삭감 등의 방해공작을 일삼았으며, 이로 인해 위원회의 조사가 수개월 동안 정지되기도 하였다. 이렇듯 수많은 어려움을 뚫고 활동기간을 종료한 위원회는 파라과이의 더 나은 민주주의를 위해 정부에 몇 가지 중요 사항을 권고하였다. 먼저 위원회는 위원회 활동이 종료된 이후에라도 실종자들의 유해를 찾는 일을 계속할 것과 실종자 신원을 확인할 수 있는 DNA 데이터베이스 센터 설립을 권고하였다. 또한 위원회의 결과물들이 교과서에 실려 향후 과거의 잔혹 행위들이 재발되지 않도록 하는 사항을 권고하였다. 하지만 잔혹행위의 핵심 가해자를 처벌하는 것은 타국의 사례와 비슷하게 전격적으로 이행되지 못하였다(Valiente 2003). 예를 들어 위원회는 스트로에스네르를 기소하기 위해 노력하였으나 실패하였고, 결국 2006년 8월 스트로에스네르가 사망함에 따라 권고사항을 이행하지 못하였다.

몇 몇 권고사항의 불이행에도 불구하고 파라과이의 이행기 정의는 상당히 긍정적으로 평가되고 있다. 2005년 유엔 인권 감시위원회

---

93) 이 발표에 대해 당시 많은 인권단체들은 결과가 상당히 축소되었다며 비판하였다.

(UN Human Rights Committee)는 파라과이의 성차별 문제 등에 있어서 상당히 긍정적인 변화가 일어나고 있음을 보고하였다. 또한 독재 정권 시기 사망한 피해자 유가족 400여 명이 이행기 정의 이후 정부로부터 총 2천만 달러(USD)에 달하는 금전 보상을 받기도 하였다.

니카노르 두아르테 정부는 군부 독재의 잔재를 청산하고 '이행기 정의'를 실천했다는 점에서 정치적으로 높은 평가를 받을 만하다. 그러나 니까노르 두아르떼 정부는 과거 청산에 있어서 한계가 분명하였다. 앞서 언급했듯이 파라과이는 1947년부터 홍색당이 정권을 잡고 있었다. 스트로에스네르가 물러난 이후 군부에서 문민정부로 바뀌긴 했으나 여전히 홍색당 후보가 대통령에 당선되어 기존 정당의 헤게모니를 탈피하지 못했다. 그나마 대내외적인 민주화에 대한 시대적 요구와 '테러 아카이브'의 발견 등이 겹치면서 CVJ가 발족된 것이다.

이러한 역사적 배경에서 페르난도 루고(Fernando Lugo)의 대통령 당선은 파라과이 역사뿐만 아니라 '이행기 정의'에 있어 큰 의미를 가지고 있다. 그의 집권은 구시대의 독재세력을 상징하던 홍색당으로 부터 민중을 대변하는 진보세력이 파라과이 역사에 공식적으로 등장하면서 큰 변화를 예고하였다. 실제로 페르난도 루고는 토지 개혁을 주요 공약으로 내세웠으며 인권과 복지, 자주적인 에너지 정책 등을 펼쳤다. 특히 그가 가난한 농민들과 민중에 대한 권리와 삶의 질에 관심을 가진 것은 그의 정치적 과정에서 잘 드러난다.

루고는 가톨릭 사제로서 산페드로(San Pedro) 주에서 주교를 역임했다. 산페드로 주는 파라과이에서도 오지로서 멕시코의 사파티스타 지역처럼 가난한 농민을 대변하는 반군인 파라과이 민중군(Ejército del Pueblo Paraguayo)들의 주둔지로 널리 알려져 있다. 루고는 거기서 가난한 농민들을 대변하면서 대통령에 당선될 수 있었던 수식어인 '빈자의 아버지'라는 이미지를 구축하였다.

루고의 등장은 파라과이 역사에서 획기적인 사건이지만, 그의 개혁적인 정책을 담보하기 위해서는 많은 장애물이 존재하였다. 미약한 정당 기반은 집권기간 동안 그의 정책을 뒷받침해줄지가 의문이었다. 특히 의회에서는 보수당 세력들이 장악을 하고 있었고, 연립정부의 핵심인 청색당도 그다지 개혁적이지 못하였다. 예를 들어 농지 개혁은 의회에서 다수를 차지하고 있던 보수정당에 의해 번번이 좌절되었다. 더구나 루고와 연립정부를 구성한 청색당 조차 나중에는 그의 정책에 노골적으로 반대하였다. 루고의 적은 단지 군부독재 권력이 아니라 파라과이를 백여 년간 지배했던 수권정당들이었다. 이러한 루고 정부의 실패는 '이행기 정의'의 한계와 그 맥을 같이 하고 있다.

CVJ는 니카노르 두아르테 정부와 함께 총 4년 2개월간의 사업이 종료되었다. 그러나 CVJ는 희생자들의 유해 발굴 문제와 실종자 가족 DNA 검사 등 산적한 미해결 과제들에 대해 접근하지 못했다. 또한 페르난도 루고 정부의 핵심 공약인 농지 개혁을 위해 스트로에스네르 시기에 자행되었던 토지부당점유에 대한 해결도 중요하였다. 이에 루고는 CVJ의 위원장이었던 메니나 신부와 함께 위원회가 상시적인 정부조직으로의 전환이 필요하다는데 인식을 같이하였다.

그 결과로 CVJ는 루고가 집권한지 5개월 만에 국가인권위원회(Defensoría del Pueblo)의 하부조직인 진실과 정의보상부(Dirección General de Verdad, Justicia y Reparación: 이하 DGVJR)로 편성되었다. 전임 위원장인 메디나 신부는 명예디렉터로 임명되었고 피해자 가족 출신인 유디스 롤론(Yudith Rolón)이 디렉터로 부임하였다.

CVJ와 DGVJR의 큰 차이점은 보상(Raparación)이라는 단어가 포함되어 있다는 것이다. 여기서 보상은 금전적인 보상 혹은 가해자에 대한 처벌을 뜻하는 것이 아니며 과거와의 화해 혹은 미래를 위한 상처의 치유와 회복의 성격이 짙으며, 나아가 과거에 대한 교육과 홍보를 통해 이러한 역사가 반복되지 않도록 하는 것이다.

파라과이 아순시온에 위치해 있었던 진실과 정의보상부(2013년 촬영).

파라과이 진실과 정의보상부 내에 보관되어 있던
과거사 사건 관련 기록들

DGVJR은 이전의 CVJ와 비교하면 활동 면에서 여러모로 진일보한 측면이 있다. 먼저 사업기간에서는 정부 직속 상설 기관으로서 일시적인 프로젝트형이 아닌 지속적으로 사업이 가능해졌다. 또한 사업부분도 확대되고 정교화 되었다. 예를 들면 사회적 교육 기능이 추가되었으며, 희생자 유해발굴과 DNA신원확인 작업 등의 전문적인 프로그램이 가동되었다. 그러나 보상과 처벌에 관해서는 이전보다 후퇴한 면이 없지 않다. 오히려 DGVJR은 사회적 통합과 화해, 상처의 회복에 주력하고 있어 독재시기부터 상존한 구조적인 문제들에 대한 해결의 실마리를 제공하지 못하였다. 특히 루고 정부는 농지 개혁 등 상당히 급진적인 정책을 추진했던 것에 비해, DGVJR은 그러한 정책을 뒷받침할만한 대안이 되지 못했다.

○ 칠레

칠레는 라틴아메리카 국가 가운데서도 독특한 특성을 가진 나라 중의 하나이다. 19세기 초반 스페인으로부터 독립이후 칠레는 여타의 라틴아메리카 국가와는 달리 민주주의를 발전시키기 위한 토대 기반이 잘 닦여져 있었고, 이에 각기 다른 성향의 정치계급들이 잘 어우러져 국가 정치를 발전시켜 왔다. 이러한 정치혁신에 있어서 가장 특이한 점이 바로 살바도르 아옌데(Salvador Allende)의 대통령 당선이었다.

칠레 전 대통령 살바도르 아옌데[94]

아옌데는 1937년 자신의 고향인 발파라이소에서 사회당 소속으로 하원의원에 당선되면서 정치에 입문하였고, 이후 칠레 보건사회부 장관과 상원의원 등을 거친 정치인이다. 그리고 그는 1952년부터 1970년 대통령에 당선될 때까지 무려 네 번에 걸쳐 좌파연합의 대선 후보로 선거에 나왔으며, 마침내 1970년 선거에서 36.2%의 지지율로 대통령에 당선되었다. 이것은 세계 최초로 평화적 선거에 의해 사회주의 정권이 탄생한 것을 의미한다. 아옌데는 집권 후 미국 소유의 구리광산을 무상몰수 하였고, 농업협동농장 건설을 위해 대단위 농지를 접수했으며, 소득재분배를 위해 임금을 대폭 인상하고 물가를 동결하는 조치를 취하였다.

하지만 아옌데의 집권은 동서냉전이 극심하던 시기에 누구에게나 유쾌한 소식은 아니었다. 특히 라틴아메리카에서 자신들의 정치적 영향력과 이데올로기의 확산을 꾀하던 미국에게는 더욱 그러한 것이었

94) http://sensesofcinema.com/2012/cteq/funeral-for-a-memory-patricio-guzmans-salvador-allende/

다. 미국은 아옌데 집권 이전부터 이미 칠레에 대한 영향력을 높이기 위해 상당한 노력을 기울였고,[95] 1975년 12월 18일 미 상원에 보고된 '1963년부터 1973년 칠레에서 벌인 첩보활동' 문건에 의하면, 미국의 CIA는 1964년 칠레 대선을 견제하기 위하여 300만 달러를 사용하였고, 1970년부터 1973년까지 모두 800만 달러에 가까운 지원을 하였다. 특히 대통령 선거가 계획되어 있던 1970년에는 닉슨 정부하에서 '진보를 위한 행동'이라는 조직을 구성하여 라틴아메리카에 대한 미국의 영향력을 높이려 하였고, 이와 동시에 미 백악관 '40인 위원회'[96]를 구성하여 '칠레에서 군부 쿠데타 필요성 논의'(12만 5천 달러 지원), '반 아옌데 선전선동 비용 승인'(30만 달러 지원), '1970년 칠레 대선 이후 투표 결과를 바꾸기 위한 책동'(25만 달러 지원), '1970년 첩보 작언을 위한 승인'(75만 달러 승인) 등을 모의하였다. 이와 같은 행동은 모두 칠레 정권에 친미주의를 이식하기 위함이었고, 또한 당선가능성이 있었던 아옌데를 낙선시키고자 하는 노력이었다.

하지만 1970년 미국의 끈질긴 노력에도 불구하고 아옌데는 대통령에 당선이 되었다. '40인 위원회'는 칠레 정국에 불안을 조장하고 군사쿠데타를 통해 정권을 무너뜨리려 했으며, 마침내 1973년 9월 11일, 아옌데 정부의 육군참모총장이었던 피노체트(Augusto José Ramón Pinochet Ugarte)는 군사쿠데타를 일으켜 아옌데 정부를 무너뜨렸다. 9월 11일 당시 아옌데는 대통령궁이었던 라모네다(La Moneda)에서 국외 망명을 거부한 채 끝까지 소총과 철모를 쓰고 쿠데타군과 교전을 벌이다 숨졌다. 이렇듯 허무하게 칠레의 사회주의 정권은 몰락하였다.

---

95) 살바도르 아옌데·파블로 네루다, 정인환 역(2011) 참조.
96) 이 위원회의 위원장은 당시 미국의 국가안보보좌관이었던 헨리 키신저이다.

이번이 제가 여러분에게 말하는 마지막이 될 것입니다. 곧 마가야네스 라디오도 침묵하게 될 것입니다. 그리고 여러분에게 용기를 주고자 했던 나의 목소리도 닿지 않을 것입니다. 칠레 만세! 민중 만세! 노동자 만세! 이것이 나의 마지막 말입니다.

나의 희생을 극복해내리라 믿습니다. 머지않아 자유를 사랑하는 사람들이 보다 나은 사회를 향해 위대한 길을 열 것이라고 여러분과 함께 믿습니다. 그들은 힘으로 우리를 지배하는 것처럼 보이지만 무력이나 범죄행위로는 사회변혁 행위를 멈추게 할 수는 없습니다. 역사는 우리의 것이며, 인민이 이루어내는 것입니다. 언젠가는 자유롭게 걷고 더 나은 사회를 건설할 역사의 큰 길을 인민의 손으로 열게 될 것입니다.

<아옌데 대통령의 마지막 육성 방송 내용>

살바도르 아옌데 최후의 사진.
1973년 9월 11일, 아옌데 대통령은 직접 철모와 소총을 든 채 쿠데타 세력에 맞서 대통령 궁에서 항전하였고, 이날 오후 최후를 맞이하였다[97]

---

97) https://www.newstatesman.com/world-affairs/2013/04/why-allende-had-die

아옌데 이후 집권한 군사쿠데타 세력은 피노체트를 중심으로 극도의 공포정치를 실시하였고, 이 과정에서 좌파 혹은 반정부인사들의 많은 수는 구금이 된 후 목숨을 잃었다. 특히 피노체트는 집권한지 3개월 만인 1973년 12월까지 공산당원을 비롯한 좌파계 지식인과 예술인 등 약 3천 여 명을 공설운동장에 집결시킨 후 사살하였고, 이후에도 군부에 반대하는 많은 민간인들에 대해 지속적인 감시정치와 인권침해, 학살 등을 자행하였다. 피노체트는 "이 나라에서 나뭇잎 하나라도 내 명령 없이는 움직이지 못한다"라는 발언으로 유명하며, 이러한 기조를 가지고 1989년까지 독재정치를 이어나갔다. 하지만 1988년 피노체트는 자신의 집권연장을 묻는 국민투표에서 피배하여 대통령직에서 물러나게 되었으며, 이후 민선 아월원 정부가 탄생하게 되었다.

1990년 민선 아일원 대통령은 피노체트 독재 하에서 발생하였던 실종 및 학살, 인권침해 사례에 대한 조사를 위해 '진실화해국가위원회'를 설치하였다. 위원회는 1973년부터 1990년 사이에 발생한 약 3,000여 건의 인권침해 사건을 조사한 후 1992년 보고서(Rettig 보고서)를 제출하였다. 1992년 3월 4일, 아일원 대통령은 위원회 조사결과를 발표하면서 '한 국가의 대통령으로서 칠레공화국의 이름으로 관련된 사건의 피해자와 가족들에게 깊은 사과를 전한다'는 말을 하였고 자신을 변호할 기회조차 박탈당한 채 죽어간 이들의 인권이 존중되지 못한 것이 안타깝다는 발언을 하였다.

그러나 보고서 제출 이후 정치적 암살 등이 발생하여 사실상 과거청산에 대한 향후 논의는 중지되었고, 가해자 처벌 등과 관련한 부분에 있어서 명확한 진전을 이루지 못하였다.

위와 같은 어려움 속에서도 칠레에서는 보고서에 제안된 내용 중

많은 부분들이 '국가배상화해재단'이 설립되면서 구체화될 수 있었다. 칠레는 진실화해국가위원회의 최종보고서에서 인권침해에 의한 국가 책임을 인정하기 위해서 피해자 배보상이 중요함을 부각하였고, 이에 칠레 정부는 1992년 위원회의 보고서에 입각하여 '국가배상화해재단'을 설립하였다. 재단은 1992년부터 2년간 한시적으로 운영될 예정이었으나, 2년이 연장되어 총 4년간 운영되었고, 피해자 확인 프로그램, 피해자의 최종 주거지 조사 프로그램, 사회적-법적 조력 프로그램, 교육 및 문화 장려 프로그램, 법률연구 및 조사 프로그램, 아카이브와 문서정리 센터 프로그램, 도덕적 배상 등의 업무[98]를 실시하였다.

재단에서는 진실화해국가위원회의 미규명 사건과 위원회 종료 이후 제기된 신규 사건을 조사하였고, 피해자의 최종 거주지 조사, 피해자 가족에 대한 사회적-법적 원조, 인권 문화의 개선을 위한 교육 및 문화 장려, 아카이브 설립 준비, 도덕적 배상을 위해 기념광장 건립과 산티아고 국립묘지 내에 분향소 등을 설치하였다.

칠레 정부는 진실화해국가위원회의 피해자에 대한 배상 권고를 수용하여, 1992년 법령 19,123을 발효하여 인권침해나 정치적 폭력에 희생된 피해자 2,298명에게 매월 배상연금을 지불토록 하였다. 이외에도 칠레는 '통합적 보건의료 프로그램'[99]과 '망명 귀환자를 위한 보상 프로그램'[100] 등을 수립하여 실시함으로서 피해자 배보상에

---

98) 1991년 실종구금자가족연합과 정치적 처형 피해자가족연합이 제안한 기념광장 건립안과 산티아고 국립묘지 내에 분향소를 설치하는 안을 실행하였다.

99) 피노체트 독재 시절에 자행된 인권침해로 인해 희생자와 그 가족 구성원들이 정신적, 육체적 고통을 당하고 있으므로, 이에 대한 정서적, 정신의학적 구호를 하기 위해 시작한 프로그램임.

100) 1973년 피노체트의 군사쿠데타 이후 수천 명의 사람들이 정치적 박해를 피해 외국으로 망명하였음. 이후 아일윈 민선 정부는 망명자들에 대한 대규모 귀환 프로그램을 만들었으며, 이것은 망명자 귀환 프로그램의 일부이다.

있어서 상당한 성과를 남기게 되었다.

○ 엘살바도르

엘살바도르는 라틴아메리카 국가 중 가장 작은 면적을 가진 나라로써 정치경제적으로 큰 영향력을 가진 국가는 아니다. 하지만 20세기 동서냉전 과정에서 발생한 엘살바도르 내전은 상당히 중요한 영향력을 가지고 있으며, 라틴아메리카 및 전 세계 과거사청산을 연구하는데 있어서 좋은 소재가 되고 있다. 엘살바도르 내전의 기원은 역사구조적으로 내재해 있던 엘살바도르의 문제가 수면 위로 떠오른 것과 연관되어 있다. 1821년 엘살바도르는 스페인으로부터 독립을 쟁취하였지만 정치경제적 지배권은 소수 과두집단에 집중되어 있었던 것이 사실이다. 일명 '14가문(Los Catorce)'은 엘살바도르 과두제 정치를 설명하는데 있어서 가장 좋은 본보기이며, 이것은 14가문이 이 나라의 정치경제를 모두 석권하고 있음을 말해주고 있다.

1931년 엘살바도르에서는 공산당의 지원하에 개혁주의자였던 아라우호가 대통령에 당선되면서 개혁을 추구하였으나 곧 좌절되었고, 이후 1932년 파라분도 마르티(Farabundo Marti)가 중심이 된 농민봉기가 발생하여 고질적으로 가지고 있던 토지 문제 등에 대한 농민의 봉기가 시작되었다. 하지만 파라분도 마르티의 농민봉기는 지배세력에 의해 간단히 진압되었고, 이 과정에서 민간인 약 30,000여 명이 학살되는 사태가 발생하게 된다. 엘살바도르 역사에서 이 봉기는 '대학살(La Matanza)'로 기억되고 있으며, 이 당시 활약했던 파라분도 마르티는 비록 실패한 봉기의 상징이지만, 이후 역사에서 민중의 봉기를 이끌어낸 '지도자'로 인식되게 되었다.

1930년대의 불합리한 엘살바도르의 사회구조는 1970년대까지 그대로 이어졌으며, 1970년대부터 군부독재 등이 심각해지자 반군 게릴라들이 결성되기 시작하였다. 이 과정에서 반군 게릴라 세력들은 1980년 서로 연합하여 단일 조직을 만들게 되는데, 그 조직명이 바로 '파라분도 마르티 민족해방전선(Farabundo Marti para la Liberación Nacional, 이하 FMLN)'이다. 게릴라 연합전선이 그들의 조직명에 파라분도 마르티를 사용한 것이다.

표면적으로 엘살바도르 내전은 FMLN과 정부군 사이의 각축전이었지만, 실제 내용은 양 진영의 조직을 지원하고 있는 미·소 양국의 '대리전장'이었다. FMLN은 엘살바도르 내부에서 산악지대가 발단한 모라산(Morazan) 지역을 점령한 채 항전을 이어나갔고, 정부군은 미국의 지원을 받아 게릴라 세력의 거점을 파괴하는데 중점을 두었다. 당시 미국은 다른 라틴아메리카 국가의 경우와 마찬가지로, 니카라과 혁명이후 중미지역에서의 도미노 현상을 막기 위해 천문학적인 자금을 엘살바도르 내전에 지원했고, 이러한 지원의 효과는 고스란히 엘살바도르 민중의 피해로 귀결되었다. 대표적인 예로 모라산 지역에 위치하고 있던 엘모소떼(El Mozote) 민간인 학살 사건이 있다. 이 사건은 1981년 12월 10일부터 12일 사이에 엘모소떼 마을에서 발생한 학살 사건으로서, 엘살바도르 정부군은 미국에서 훈련받은 특수부대를 동원하여 마을 주민들이 게릴라와 내통하고 있다는 명분을 내세워 집단학살한 사건이다.

이 사건으로 엘모소떼를 비롯한 인근 주민 약 1,000여 명이 학살되었으며, 이 결과는 1982년 초 미국의 워싱턴포스트와 뉴욕타임즈에 보도됨으로써 엘살바도르 내전에 미국의 지원이 어려워지는 결과를 낳게 되었다.

현재 엘살바도르의 엘모소떼 마을 입구에는 1981년 학살 당시 상황을 기리기 위한 작은 기념 공간이 마련되어 있다.

1980년부터 계속적으로 진행되어 오던 엘살바도르 내전은 일련의 평화협정 체결 노력에 힘입어 마침내 1992년 1월 멕시코의 차뿔떼 빽에서 결실을 맺게 되었다. 당시 내전의 당사자들은 '정치적 방법에 의한 무력대결의 종식'과 '민주화', '인권존중'과 같은 명분을 내세워 내전을 종식하였고, 이후 유엔의 중재하에 내전 기간 동안 발생하였던 잔혹행위 및 인권침해 사항에 대해 과거사청산을 실시하기로 합의하였다.

1992년 엘살바도르에서는 과거사청산을 위해 엘살바도르 진실위원회가 출범하였으며, 위훤회는 군대에 의한 대규모 민간인 학살 사건, 불법적인 처형, 불법기구에 의한 암살, 고문, 게릴라에 의한 민간인 학살 및 납치 사건 등을 조사하는데 합의하였다. 엘살바도르 진실위원회는 조사의 공정성을 담보하기 위하여 3명의 위원을 외국인으로 선임하였고, 총 8개월 동안의 조사기간을 거쳐 내전 기간 동안 약 75,000명의 민간인이 목숨을 잃었고 약 400,000명의 난민이 발생하였다는 최종보고서(From Madness to Hope)를 발간하였다.

하지만 엘살바도르의 보수 우파 및 군부는 진실위원회의 최종보고서에 대해 '편협하고 일방적이며 진실이 결여된 것'이라는 의견을 피력했으며, 일부 폭력이 발생할 수밖에 없었던 것은 좌익 무장 게릴라의 공격이 있었기때문이라는 의견을 견지했다. 실제 엘살바도르 진실위원회의 최종보고서 발간 이후 사회 내부에는 더 이상 과거를 논하지 말고 '밝은 미래'로 향하자는 담론이 형성되었다. 그러나 이러한 담론의 원천은 피해 당사자들이 아니었으며, 내전 기간 동안 악행을 자행하였던 가해자의 입장에서 나온 것들이었다. 엘살바도르 정부는 1993년 3월 20일 '대사면법'을 제정하여 폭력행위 가해자들을 처벌할 수 있는 기회를 무산시키기에 이르렀다(노용석 2011. 60).

이렇듯 좌초된 엘살바도르의 과거사청산은 21세기에 와서도 계속적으로 사회에 영향을 미치고 있다. 2019년 현재 엘살바도르는 과거 게릴라 그룹이었던 FMLN이 수권 정당으로 발돋움하여 국가의 부흥을 이끌고 있다. 하지만 완성되지 못한 과거사청산으로 인해 사회의 치안과 분위기는 상당히 어두운 편이며, 내전의 아픔을 딛고 일어서는데 화해나 협력의 분위기가 형성되지 못하고 있다.

○ 페루

페루의 과거사청산은 전 대통령 알베르토 후지모리와 밀접한 연관성을 가지고 있다. 후지모리는 일본계 이민 2세대로서 원주민과 메스티소에게 지지를 호소하여 1990년 페루 대통령에 당선되었다. 후지모리는 1990년 대통령에 당선된 이후 좌익 게릴라와의 전면전에서 과감한 결단력으로 대중의 인기를 끌어모았다. 특히 1996년 12월, 좌익 게릴라 투팍아마루가 리마 소재 일본 대사관에서 외교관 등 72명을 인질로 잡은 채 넉 달을 저항하자, 특수부대를 파견하여 게릴라 14명을 전원 사살함으로서 강인한 지도자로서의 이미지를 구축하였다. 하지만 이러한 강인함은 반대쪽으로도 영향을 미쳐, 좌익 게릴라 척결이라는 명분을 내세워 정치 반대세력을 탄압하고 각종 인권침해 사건을 만들기도 하였다.

페루의 과거사청산과 연관을 가지고 있는 후지모리 전 대통령[101]

페루 내전은 무장 게릴라 조직이었던 '빛나는 길(Sendero Luminoso) '혹은 투팍아마루 게릴라 운동과 깊은 연관성을 가지고 있다.'빛나는 길 '은 대학교수 출신인 아비마엘 구스만(Abimael Guzman)의 주창으로 1969년 창설되었으며, 본격적인 무장 게릴라 활동을 시작한 것은 1980년부터이다. 그는 주로 농촌지역을 중심으로 반군 활동을 이어갔으며, 농민을 먼저 혁명세력으로 만든 후 국가혁명을 완성하는 모택동 주의 노선의 채택하였다. 이들은 자신들의 목적을 달성하기 위하여 주로 납치 및 테러활동을 자행하였으며, 이 과정에서 상당수의 민간인을 학살하기도 하였다. 하지만 구스만은 1992년 체포되었으며, 이후 종신형을 선고받고 옥중생활을 하고 있다. 이에 반해 투팍아마루는'빛나는 길 '에 이어 두 번째로 큰 규모를 유지하던 게릴라 단체로서, 쿠바의 영향을 받아 주로 도시지역 게릴라 활동에 주력하였다. 이들은 주로 도시지역에서 요인 납치 및 암살 등을 통해

페루의 게릴라 조직 '빛나는 길'의 지도자였던 아비마엘 구스만[102]

101) http://www.hurriyetdailynews.com/perus-ailing-ex-president-fujimori-pardoned-124700

102) https://mundo.sputniknews.com/america-latina/201811281083744677-peru-absuelve-a-sujetos-vinculados-a-sendero-luminoso/

자신들의 주장을 전달하였고, 1992년 조직의 지도자인 빅토르 폴라이와 페테르 카르데나스가 체포된 이후 조직의 활동력이 축소되었다. 본디 투팍아마루는 잉카 제국 최후의 황제로서 스페인 통치에 항거하다 1781년 처형된 이를 말한다.

후지모리는 2000년 납치 및 불법 구금 혐의, 그리고 부정부패 혐의를 안고 탄핵의 위기에 몰리자 돌연 일본으로 피신하였다. 당시 페루 대법은은 후지모리가 일본에 체류하고 있어 부재한 가운데 재판을 열어, 살인과 납치, 학살, 인권침해 등의 '간접적 원인제공자'로 판시하여 징역 20년을 구형하였다.[103]

2001년 후지모리의 뒤를 이어 대통령이 된 알레한드로 톨레도 대통령은 경제 개혁과 과거사청산을 주요 과제로 대통령에 당선되었으며, 이후 2001년부터 페루의 진실위원회가 설립되어 활동을 시작하였다. 페루의 진실위원회는 뉴욕 유엔 본부에서 위원회 활동 상황에 대한 회의를 가진 뒤 1980년부터 2000년까지 페루 전역에서 정부군과 좌익 반군 간의 무력 충돌로 희생된 사건에 대해 진실을 규명하고, 이에 대한 국가적 화해 프로그램을 만든다는 계획을 세웠다.

2001년 6월부터 활동을 시작한 페루의 진실위원회는 모두 12명의 위원을 임명하였는데, 위원들의 대부분은 페루인으로 구성되었다. 이것은 여타 라틴아메리카 국가의 진실위원회 위원 구성이 공정성을 견지하여 외국인을 임명한 것과 비교해 색다른 경우라 할 수 있다. 위원회 활동은 처음에 18개월 간 계획되었으나 조사를 하는 과정에서 6개월이 연장되었다. 위원회의 최종보고서는 2003년 8

---

103) 이후 후지모리는 2005년 체포되어 2009년 25년 징역형을 선고받았으나, 2017년 12월 건강상의 이유로 사면이 결정되었다. 하지만 2018년 페루 법원은 후지모리의 사면을 취소하였다.

월에 제출되었는데, 여기에는 페루에서 반군과 정부군 간의 유혈 사태로 20년 간 약 69,000명의 민간인이 희생되었고, 주요 가해자는 전체 희생자 가운데 절반 이상이 '빛나는 길'로 특정되었고, 3분의 1이 정부군에 의한 학살이었다고 발표하였다. 진실위원회는 최종보고서 제출 후 후속 조치를 위해 지속적으로 모임을 개최했는데, 이것은 위원들이 정부의 후속조치 여부를 계속 감시하기 위한 일환이었다.

최종조사보고서에 대한 일반인과 사회의 반응은 뜨거웠다. 많은 페루 국민들은 진실위원회의 조사결과에 공감하였고, 일부 사실과 다르다고 판단한 건에 대해서는 여러 의견을 가진 집단들이 공방을 하며 사회적으로 큰 파장을 일으켰다. 물론 페루에서도 진실위원회 활동 결과에 대해 부정적으로 생각하는 기류는 존재하였다. 특히 군부와 후지모리 정부의 관료들, 정치인들은 자신들이 주요 가해자로 지목된 것에 대해 상당히 비판적 입장을 지녔으나, 대부분의 대학생과 지식층들은 이러한 회피에 대해 상당히 비판적인 인식을 가졌다.

그러나 총괄적으로 볼 때 페루의 과거사청산은 후지모리가 구속되는 등 일련의 성공을 거두기는 하였으나, 진실위원회에서 권고한 사항들이 제대로 이행되지 않고 있고 피해자에 대한 배보상도 원활한 궤도에 들어온 것은 아니다.

국가	과거청산의 계기	과거청산의 기구 및 특징	모델의 유형

과테말라	- 내전과 폭정 후 정부
	- 반군 협상에 기초한
	  민선정부 이행
		- 시민사회의 중재로 평화협정
		- 시민사회와 유엔의 압력으로 역사
		  진실규명위원회 설립
			역사규명 및
			약간의 처벌

남아공	- 아래로부터의 힘에
	  기초한 민주화
	- 협상과 선거 통한
	  정권교체
		- 국내외적 관심 속에서 과거청산
		  실시
		- 구체제와의 합의에 의한 이행
		- 진실과 화해에 역점, 진실화해위
		  로 설립
		- 진실, 사면, 보상을 동시 진행
		- 모범적인 보고서 발간
			기억 및
			약간의 처벌

전후 독일	- 패전과 승전국의 점령 - 집단 학살과 전쟁범죄 단죄	- 승전국 군정 주도의 이행 - 인적 청산 적극 추진 - 전범재판과 군정청의 조사	완전 처벌

스페인	- 내전, 폭정, 유화국면
	  이후 타협에 의한 위로
	  부터의 점진적 민주화
		- 구체제와의 '망각협정'에 따른
		  사면과 침묵의 화해
		- 정권 재교체 이후 다시 부각
		- 역사기억법 제정 이후 과거청산에
		  대한 논의 다시 쟁점화
			사면

아르헨티나	- 탈군부 민선정부	- 군부의 실종, 살해 규명 집중 - 인권재판으로 책임자 문책 - 양원 합의로 실종자조사기구 구성	기억 및 약간의 처벌

칠레	- 탈군부 민선정부	- 대통령령으로 진실규명 중심 추진
		- 진실화해국가위원회로 설립
		- 재정, 실무 뒷받침
		- 단기간에 다수 사건 조사
		- 정치불안으로 활동 종료
		- 위원회 종료 이후 국가배상화해
		  재단 설립으로 각종 피해자 배보
		  상 정책 실시
			역사규명

참고문헌

Azpuru, Dinorah.(2010), "The salience of Ideology: Fifteen Years of Presidential Elections in El Salvador", *Latin American Politics & Society*, Vol.52, No.2, pp.103-138.

Boccia & Palau & Salerno. 2008. *Paraguay: Los Archivos del Terror: Papeles que Resignificaron la Memoria del Stronismo*. Asunción: Servilibro.

Carlos Chen Osorio(2009), *Historias de Lucha y de Esperanza*. ADIVIMA (Asociación para el Desarrollo Integral de las Víctimas de la Violencia en las Verapaces Maya Achí).

Castaneda, R. G.(2003), *El Salvador's Democratic Transition 10 Years after the Peace Accord*. Woodrow Wilson International Center for Scholarswww. wilsoncenter.org (2011.6.2).

CVJ. 2008. *Anive Haguã Oiko: Sintesis y Caracterización del Régimen Tomo I*. Asunción: Servis.

Danner, Mark(1993), *The Massacre at El Mozote*. New York: Vintage Books.

EAAF. 2006. *Annual Report 2005*.

EAAF. 2007. *2007 Annual Report*.

Eqipo Argentino de Antropología Forense(EAAF)(2002), *Informe Mini Annual 2002*.

Eqipo de Antropología Forense de Guatemala(EAFG)(1997), *Las Masacres en Rabinal*.

Equipo de Estudios Comunitarios y Ación Psicosocial(ECAP)(2009), *Working for International Consensus on Minimum Standards for Psychosocial Work in Exhumation Processes for The Search for Disappeared Persons*, Guatemala City: F&G Editores.

Esparza, Marcia. 2010. "Globalizing Latin American studies of atate violince and genocide". *State violence Genocide in Latin America -The Cold War Years-*. New York: Routledge.

Florentín, Juan. 2006. "Comision de Vedad Y Justicia del Paraguay y la Lucha Antiterrorista". Buenos Aires.

http://ejp.icj.org/IMG/BenitezFlorentin.pdf (accessed Jun 18. 2012).

Fogel, Ramon. 2005a. "Efectos socioambientales del enclave sojero", en Fogel, Ramón y Marcial Riquelme. *Enclave sojero, merma de soberanía y pobreza*, Centro de Estudios Rurales Interdiscipinarios. 35-112.

Foster, Lynn V.(2007), *A Brief History of Central America*. New York: Checkmark Books.

Fundación de Antropología Forense de Guatemala(FAFG)(2004), *A La Memoria de las Victimas*.

García-Godos, Jemima and Andreas O. Lid, Knut.(2010), "Transitional Justice and Victims' Rights before the End of a Conflict: The Unusual Case of Colombia", *Journal of Latin American Studies* Vol.42, No.3, pp.487-516.

Grandin, Greg(2004), *The Last Colonial Massacre*. Chicago: The University of Chicago Press.

Greene, Samuel R, and Keogh, Stacy(2009), "The Parliamentary and Presidential Elections in El Salvador", *Electoral Studies* Vol.28, pp.666-669.

Grupo de Apoyo Mutuo(2000), *Masacres en Guatemala*.

Hayner, Priscilla B.(2002), *Unspeakable Truths: Confronting State Terror and Atrocity*, New York: Routledge.

Kalyvas, Stathis N. and Balcells, Laia.(2010), "International System and Technologies of Rebellion: How the End of the Cold War Shaped Internal Conflict", *American Political Science Review*, Vol.104, No.3, pp.415-429.

Morínigo, José. 2005 "La matriz histórica del problema de la tierra en la sociedad paraguaya." Navapolis 10. http://www.novapolis.pyglobal.com/10/matrizhistorica.php (accessed Agu 22. 2012).

Munck, Gerardo L. and Kumar, Chetan.(1995), "Civil Conflicts and the Conditions for Successful international intervention: A Comparative Study of Cambodia and El Salvador", *Review of International Studies*, Vol.21, pp.159-181.

Oficina de Derechos Humanos del Arzobispado de Guatemala(ODHAG)(1998), *Nunca más III : El Entorno Histórico*. Guatemala City.

Payne, Leigh. 2009. "The Justice Balance: When Transitional Justice Improves

Human Rights and Democracy". 『세계 과거사청산의 흐름과 한국의 과거사정리 후속 조치 방안 모색』. 진실화해를 위한 과거사정리위원회(Truth and Reconciliation Commission, Republic of Korea).

Pearcy, Thomas L(2006), *The History of Central America.* New York: Palgrave Macmillan.

Pérez-sales, P(2009a), "Estudios Sociológicos sobre Verdad, Justicia y Reparación en El Contexto de Violencia Politica. Circunstancia Cociopoliticas, Iniciativas y Resultados", in ECAP/GAC. *Exhumaciones, Verdad, Justica y Reparación en Guatemala. Estudio de Opinión,* Guatemala City: F&G Editores.

Popkin, Margaret(2004), "The Salvadoran Truth Commission and the Search for Justice", *Criminal Law Forum*00, pp.1-20.

Robben, A. C. G. M.,(2004), "Death and Anthropology: An Introduction", *Death, Mourning, and Burial,* London: Blackwell Publishing.

Roht-Arriaza, N.(2006), "The New Landscape of Transitional Justice", *Transitional Justice in the Twenty-First Century-Beyond versus Justice,* New York: Cambridge University Press.

Roht-Arriaza, Naomi(2006), Transitional Justice in the Twenty-First Century, New York: Cambridge University Press.

Rothenberg, Daniel(2012), *Memory of Silence -The Guatemalan Truth Commission Report-.* New York: Palgrave Macmillan.

Salvesen, Hilde(2002), *Guatemala: Five Years After The Peace Accords -The Challenges of Implementing Peace-.* Oslo: International Peace Research Institute.

Sanford, Victoria(2003), *Buried Secrets -The Truth and Human Rights in Guatemala-.* New York: Palgrave Macmillan.

Santiago Otero Diez(2008), *Gerardi -Memoria Viva-.* Guatemala: ODHAG.

Segovia, Alexander(2009), Transitional Justice and DDR: The Case of El Salvador. International Center for Transitional Justice www.ictj.org (2011.5.20).

Shaw, Martin. 2003. *War & Genocide.* Cambridge: Polity Press.

Snow, C. and Bihurriet, M. J(1992), "An Epidemiology of Homicide: Ningún Nombre Burials in the Province of Buenos Aires from 1970 to

1984". in T.B.Jabine and R.P. Claude(Eds). *Human Rights and Statistics-Getting the Record Straight-*. Philadelphia: University of Pennsylvania Press.

Studemeister, Margarita S(ed).(2001), El Salvador -Implementation of the Peace Accords-. United States Institute of Peace www.usip.org (2011.4. 28).

Teitel, Ruti G.(2000), *Transitional Justice*. New York: Oxford University Press.

Truth and Reconciliation Commission, Republic of Korea(2009), *Truth and Reconciliation-Activities of the Past Three Years-*.

United Nations(1993), *From Madness to Hope: the 12-year war in El Salvador -Report of the Commission on the Truth for El salvador(English Version)*.

Valiente, Hugo. 2003. "Comisión de Verdad y Justicia en Paraguay: Confrontando el pasado autoritario." Navapolis 5. http://www.portalguarani.com/obras_autores_detalles.php?id_obras=15107 (accessed Jun 6. 2012).

곽재성(2007), 「과거청산의 국제화와 보편적 관할권의 효과」, 라틴아메리카 연구 Vol.20, No.2, pp.

구경모. 2010. 「파라과이 소농의 생존전략으로서의 공정무역: 만두비라 협동조합의 사례」. 『중남미연구』29-1. 한국외국어대학교 중남미연구소.

_____. 2011. 「아르헨티나 거주 파라과이 이민자의 차별과 통합의 한계」. 『비교문화연구』14-1. 경희대학교 비교문화연구소.

_____. 2012. 「자유주의와 보수주의의 대립에 따른 파라과이 국토정책의 변화」. 『이베로아메리카』14-1. 부산외국어대학교 중남미지역원.

김세건. 2010. 「파라과이 농촌의 세계화와 농민의 저항: '콩 전쟁(la guerra de la soja)' 을 중심으로」. 『이베로아메리카』. 제 12권 1호. 55-86.

김은중. 2006. 「스페인의 과거청산은 아직도 '망각협정'인가?」. 『민주주의와 인권』6-1. 전남대 5.18연구소.

노용석. 2011. 「발전전략으로서의 과거청산-엘살바도르 이행기 정의의 특수성 사례분석-」. 『이베로아메리카』. 부산외대 중남미지역원.

_____. 2012. 「과테말라 시민사회의 과거청산 활동과 민주주의 발전」. 『스페인어문학』제63호. pp. 392-418. 한국스페인어문학회.

노용석·구경모. 2012. 「페르난도 루고 탄핵과 파라과이 이행기 정의의 특수성」. 『민주주의와 인권』12-3. 전남대학교 5·18 연구소.

박구병. 2005. 「눈까 마스'와 '침묵협정' 사이: 심판대에 선 아르헨티나 군부
　　　의 '더러운 전쟁'」, 『라틴아메리카연구』18-2. 한국라틴아메리카학회.
　　　. 2010. 「진실·화해 위원회 이후: 아르헨티나와 페루의 배·보상과 추
　　　모 정책」. 『이베로아메리카연구』21-1. 서울대 라틴아메리카연구소.
살바도르 아옌데·파블로 네루다, 정인환 역. 2011. 「선거를 통한 최초의
　　　사회주의 정권, 아옌데의 인민연합이 집권하기까지」. 『칠레, 또 다
　　　른 9·11, "기억하라 우리가 이곳에 있음을』. 파주: 서해문집.
이재승. 2002. 「이행기의 정의」, 법과 사회 Vol.22, 서울: 동성출판사.
　　　. 2014. 『국가범죄』. 서울: 도서출판 앨피.

노용석(대표저자)

부경대학교 국제지역학부 교수
영남대학교 문화인류학과 박사

주요저서

「국가폭력과 유해발굴의 사회문화사」, 「라틴아메리카의 과거청산과 민주주의」

구경모(공동저자)

부산외국어대학교 중남미지역원 HK교수
영남대학교 문화인류학과 박사

공저

「라틴아메리카 세계화를 다시 묻다」

논문

"라틴아메리카 민족주의 경향과 분석틀에 관한 고찰"

구경모(공동저자)

부산외국어대학교 중남미지역원 HK연구교수
멕시코 시몬볼리바르대학 인류학 박사

논문

"재난과 공동체: 2010년 칠레 광산붕괴사고를 중심으로"

저서

「멕시코를 맛보다」

라틴아메리카의 이해

초판인쇄 2019년 2월 25일
초판발행 2019년 2월 25일

지은이 노용석 · 최명호 · 구경모
펴낸이 채종준
펴낸곳 한국학술정보㈜
주소 경기도 파주시 회동길 230(문발동)
전화 031) 908-3181(대표)
팩스 031) 908-3189
홈페이지 http://ebook.kstudy.com
전자우편 출판사업부 publish@kstudy.com
등록 제일산-115호(2000. 6. 19)

ISBN 978-89-268-8772-1 93340